선한창조 2

선한 창조 2

지은이 황명환·강기호 외 4인
펴낸이 김명식
펴낸곳 (주)넥서스

초판 1쇄 발행 2016년 1월 5일
초판 2쇄 발행 2016년 1월 10일

출판신고 1992년 4월 3일 제311-2002-2호
04044 서울시 마포구 양화로 8길 24(서교동)
Tel (02)330-5500 Fax (02)330-5555

ISBN 979-11-5752-119-7 03230
　　　 979-11-5752-117-3 （세트）

저자와 출판사의 허락 없이 내용의 일부를 인용하거나
발췌하는 것을 금합니다.
저자와의 협의에 따라서 인지는 붙이지 않습니다.

가격은 뒤표지에 있습니다.
잘못 만들어진 책은 구입처에서 바꾸어드립니다.

www.nexusbook.com
넥서스CROSS는 (주)넥서스의 기독 브랜드입니다.

제자 훈련 그 이후

GOD'S CREATION

2

황명환·강기호 외 4인 지음

넥서스CROSS

▶ 서문

하나님의 선하신 창조의 눈으로
나와 세상을 다시 본다

목사 안수를 받은 지 20여 년이 지나 어느덧 목회자로 잔뼈가 굵어진 친구들이 모여 성도들의 영적 성장에 관해 이야기하던 자리가 있었습니다. 목회에 관한 여러 가지 고민을 나누다가 성경 공부 교재가 지나치게 '구원'에 초점이 맞춰져 있다는 데 의견이 모아졌습니다. 그렇다면 이를 극복하기 위해 우리가 할 수 있는 일은 무엇인지 토의하다가 '창조'에 초점을 맞춘 교재를 만들어 함께 사용해 보자는 데 뜻을 같이 하게 되었습니다. 2014년 11월 《선한 창조》 1권이 발행된 이후 1년간의 후속 작업을 거쳐 이제 2권이 얼굴을 내밀게 되었습니다.

구원이라는 앵글로 보면 세상은 죄악된 곳이요, 인간은 죄인입니다. 반대로 창조라는 안경으로 바라보면 세상은 하나님이 만드신 아름다운 곳이요, 인간은 하나님의 형상을 가진 선한 존재입니다. 저희는 창조라는 앵글로 성경을 공부하기로 했습니다. 하나님이 창조하신 본래의 세상, 그리고 예수 그리스도를 통해 회복된 인간의 본래 모습은 어떤 것인지 드러내서 신앙과 삶이 균형을 이룬 그리스도인이 되도록 돕는 데 초점을 맞추었습니다. 이 책을 통해 하나님의 선하신 창조에 걸맞는 신앙적 틀을 갖게 되고, 회복된 그리스도인으로 살게 되리라 믿습니다.

묻고 답하는 식의 공부에서 벗어나 스토리에서 감동받을 수 있게 집필한 점

선한창조

은 기존의 교재들과 비교할 때 차별적이라 하겠습니다.

이 책은 총 59개 주제를 다룹니다. 1권 6단원 30과(1단원 인간, 2단원 환경, 3단원 역사, 4단원 치유, 5단원 삶, 6단원 소통)에 이어 2권 6단원 29과를 엮었습니다. 7단원 성경, 8단원 기도, 9단원 전도, 10단원 천국 백성의 삶, 11단원 훈련, 12단원 교회가 그것입니다. 특히 12단원 교회에서는 선교적 교회론과 교회의 사회 봉사 문제를 심도 있게 다뤘습니다. 그런데 원래 계획한 것에서 주제 하나가 빠지게 되어 2권은 모두 29개 주제를 다루고 있습니다.

수서교회 황명환 목사, 성남교회 지광복 목사, 서울장로교신학교 송인설 교수, 상일교회 노철규 목사, 오병이어교회 김형제 목사, 드림교회 강기호 목사가 함께 참여하여 각자 맡은 주제의 글을 쓰다 보니 문체가 동일하지 않다는 약점이 있습니다만 도리어 각자의 색깔이 전체의 조화를 이루는 일곱 색깔 무지개처럼 아름답게 펼쳐진 장점도 있습니다.

구원에 관한 기본적인 진리를 배운 성도들이 구원 그 이후의 과정으로 공부하면 좋겠다 싶어 만든 책이어서 약간 어려운 주제와 개념도 내포되어 있습니다. 그럼에도 이런 개념들을 다루게 된 이유는 이미 성도들의 지적 수준도 높아졌고, 성경 공부가 '구원의 확신'을 맴도는 수준을 넘어섰으면 하는 마음의 소원이 있었기 때문입니다.

이 책이 나올 수 있도록 격려해 주신 넥서스 크로스 김명식 목사님과 편집을 맡아 주신 김혜전 부장님, 그리고 이번에도 1박 2일 여정의 원고 리딩을 위해 장소를 제공하신 이옥준 권사님과 임지현 집사님께 감사드립니다. 바쁜 시간에도 교정을 봐 주신 강영길 선생님, 김인정 선생님께도 감사드립니다. 이 책이 성도들의 영적 성장을 이끄는 데 일익을 감당할 수 있게 되기를 바라는 마음 간절합니다. 감사합니다.

글쓴이들

 **교재 활용법**

이 교재는 스토리텔링이라는 방식으로 만들어졌습니다. 저자와 독자가 마주 앉아 이야기를 나누는 것 같은 형식입니다. 편히 앉아 유익하고 즐거운 이야기를 듣겠다는 마음으로 공부하시면 좋은 깨달음에 이르게 될 것입니다. 이를 위해 몇 가지 제안을 드리겠습니다.

🍂 먼저, 본문 말씀을 읽으십시오

하나님은 성경 말씀 속에서 우리를 기다리고 계십니다. 본문 말씀을 여러 번 읽으면 그 속에서 기다리고 계시는 하나님을 만날 수 있습니다. 제목과 연관하여 본문을 묵상하면 각 과에서 말하고자 하는 핵심적인 내용을 미리 묵상하는 유익이 있습니다.

🍂 성령님의 '생각나게 하는 은혜'를 사모하십시오

모든 성경은 하나님의 감동으로 된 것입니다. 그러므로 원 저자이신 성령님의 도우심을 사모하는 기도로 시작하는 것이 좋습니다. 이 주제를 공부할 때 하나님이 말씀하고자 하시는 것이 무엇인지 생각나게 해 달라고 기도하십시오.

🍂 '지난 한 주 하나님께서는'이라는 은혜 나누기로 각 과를 시작합니다

기도를 마친 다음 지난 한 주간 동안 하나님과의 관계에서 얻은 은혜나 갈망을 꺼내서 되새김질하며 교제하시기 바랍니다. 이 되새김질은 지난 한 주간 동안 베풀어 주신 하나님의 은혜에 대한 감사인 동시에 말씀 공부를 통해 얻게 될 새로운 깨달음에 대한 기대입니다. 함께 공부하는 분들이 있으면 숙제로 해 와서 함께 나누면 좋겠습니다. 나눔이 기적을 낳습니다.

책을 편안한 마음으로 읽어 가십시오

세상에는 두 종류의 공부가 있습니다. 예측과 통제를 위한 자연과학적인 공부와 사랑을 위한 계시적 지식에 대한 공부가 그것입니다. 우리는 뭔가를 예측하고 성취하기 위하여 성경을 공부하는 것이 아니라 사랑하기 위하여 공부합니다. 하나님을 사랑하고, 이웃을 사랑하기 위한 공부이므로 목적을 거기에다 두고 책을 읽어 가십시오.

질문을 던진 여백을 채우며 공부하십시오

어떤 질문은 성경 말씀이나 공부한 내용을 정리하면서 쉽게 답을 얻을 수 있는데 비해 어떤 질문은 본인의 경험을 기초로 답을 써야 하기 때문에 생각을 많이 해야 합니다. 각자의 경험이나 생각을 요구한 질문에 답하신 후에는 그것을 서로 나누면 좋겠습니다. 이해가 사랑을 낳습니다.

마지막 부분에 있는 '선포하기'를 읽고, 진심으로 선포해 보십시오

성경 공부의 가치는 실천에 있습니다. 말씀을 공부한 다음 선포하고, 선포한 내용을 삶 속에서 실천할 때 학습은 완성됩니다. 여러분을 통해 예수님이 세상 속으로 걸어 나가시는 아름다운 역사가 일어나기를 진심으로 소망합니다.

차례

서문 • 004
교재 활용법 • 006

7단원 성경
- 01 성경이란 무엇인가 … 014
- 02 성경이 내게 오기까지 … 024
- 03 구약 성경 1 … 033
- 04 구약 성경 2 … 044
- 05 신약 성경 … 054

8단원 기도
- 06 기도란 무엇인가 … 068
- 07 방언 기도 … 079
- 08 기도와 찬양 … 089
- 09 하나님의 음성 듣기 … 099
- 10 중보 기도 … 110

9단원 전도
- 11 전도란 무엇인가 … 122
- 12 무엇을 전해야 하는가 … 131
- 13 어떻게 전도할 것인가 … 140
- 14 위대한 전도자 : 허드슨 테일러 … 152
- 15 위대한 전도자 : 언더우드 … 161

10단원 천국 백성의 삶

- 16 사랑 ··· 172
- 17 용서 ··· 182
- 18 관용 ··· 191
- 19 돌봄 ··· 201
- 20 순종 ··· 211

11단원 훈련

- 21 훈련 ··· 224
- 22 재미와 기쁨 ··· 234
- 23 재능, 은사, 그리고 비전 ··· 243
- 24 고난 ··· 253
- 25 충성 ··· 262

12단원 교회

- 26 하나님의 나라 ··· 274
- 27 교회란 무엇인가 ··· 283
- 28 사회봉사란 무엇인가 ··· 292
- 29 모델이 되는 교회 ··· 301

선한 창조 1권 차례

1단원 인간

- *01* 인간은 어떤 존재인가 ··· 12
- *02* 남자를 생각한다 ··· 22
- *03* 여자를 말한다 ··· 31
- *04* 하나님이 만드신 가정 ··· 42
- *05* 부모와 자녀 ··· 50

2단원 치유

- *06* 치유는 구원의 또 다른 이름 ··· 64
- *07* 내적 치유 ··· 75
- *08* 상한 감정의 치유 ··· 85
- *09* 낡은 자아의 치유 ··· 95
- *10* 몸의 치유 ··· 106

3단원 환경

- *11* 창조와 자연 ··· 118
- *12* 직업과 소명 ··· 128
- *13* 돈과 재물 ··· 138
- *14* 일과 사랑, 그리고 신앙 ··· 149
- *15* 생명과 죽음 ··· 160

선한 창조

4단원 삶
- *16* 영적 성장의 길 ··· 172
- *17* 균형 잡기 ··· 184
- *18* 신앙의 신비 ··· 195
- *19* 그리스도 안에 거하기 ··· 206
- *20* 헌신 ··· 216

5단원 역사
- *21* 시간과 역사 ··· 228
- *22* 교회와 국가 ··· 239
- *23* 기독교와 무신론 ··· 250
- *24* 기독교와 범신론 ··· 260
- *25* 세계관 ··· 270

6단원 소통
- *26* 언어의 위력 ··· 282
- *27* 듣는 마음 ··· 292
- *28* 비난 없이 말하기 ··· 301
- *29* 따뜻한 소통 ··· 311
- *30* 섬김 ··· 320

7단원의 주제는 '성경'입니다.

성경은 신앙의 유무를 떠나 많은 사람이 접하는 책입니다. 하나님의 거룩한 구원의 말씀으로, 철학적 의미를 알기 위해, 삶의 지침으로 삼기 위해서 등 성경을 대하는 이유도 각양각색입니다. 성경을 대하는 사람마다 목적하는 바가 다르지만 이 중요한 통로를 통해 우리는 하나님을 만나게 됩니다. 참으로 크나큰 신비입니다. 그것은 성경이 하나님의 영감으로 기록된, '생명이 담긴' 책이기 때문입니다.

이 단원을 통해서 성경이 무엇이며(1과), 한 권의 책으로 우리의 손에 들려지기까지 선배 신앙인들이 감내한 사투와 헌신의 흔적을 보게 될 것입니다(2과). 그리고 방대한 양의 구약을 시대적 상황에 따라 분류하여 설명하면서 신구약 중간기 400년에 대해 살펴보았고(3~4과) 신약(5과)을 좀 더 분명히 이해할 수 있는 기틀을 제공했습니다. 이제 7단원 성경을 접하면서 생명력 있는, 살아 숨 쉬는 영의 말씀을 만날 수 있게 되길 기대합니다.

7단원

성경

01 | 성경이란 무엇인가
02 | 성경이 내게 오기까지
03 | 구약 성경 1
04 | 구약 성경 2
05 | 신약 성경

01 성경이란 무엇인가

성경 《디모데후서》 3:14~17   요절 《시편》 119:105

🕊 지난 한주 하나님께서는

_____

_____

_____

고등 종교에는 경전(經典)이 있습니다. 불교의 《불경》, 이슬람교의 《코란》, 유교의 《사서삼경》 그리고 기독교의 《성경》(The Holy Bible)입니다. 하나님은 자연을 통해 그분을 보여 주셨는데(일반 계시) 사람들은 하나님에 대하여, 자신에 대하여, 세상에 대하여 알지 못합니다. 이를 답답하게 여기신 하나님께서 그의 종들을 통해 특별한 계시를 보여 주셨는데, 그것이 성경입니다. 성경은 하나님을 영화롭게 해드리는 방법을 말해 주고 있으며, 구원과 신앙생활의 유일한 법칙입니다(요리문답 2조). 가톨릭은 교회와 성경을 신앙생활의 근거로 제시하지만, 우리는 성경만이 유일한 근거라고 여깁니다. 뿐만 아니라 성경은 인생을 성공적으로 살아갈 수 있도록 설명한 해설서요, 지침서입니다. 이 '성경 속에서' 하나님은 우리를 기다리고 있습니다.

> 어떤 아이가 생일 선물로 받은 지퍼가 있는 가죽 성경을 교회에 가지고 와서 자랑했다.
> "야! 성경 참 좋다! 선생님이 한번 좀 볼까?"
> 담당 교사가 성경의 지퍼를 열려는 순간 아이가 눈을 동그랗게 뜨며 소리쳤다.
> "선생님, 조심하세요. 성경을 잘못 열면 하나님이 나와요. 큰일 나요."

성경 속에 하나님이 계십니다. 그렇다고 실제로 걸어 나오지는 않습니다. 하나님은 우리가 성경을 읽을 때 새롭게 보게 하시고 감동을 주심으로 새로운 진리를 발견하고 깨달음을 얻게 하십니다.

성경이 기록되기까지

1,189장으로 구성된 성경은 〈창세기〉부터 〈요한계시록〉까지 66권의 크고 작은 책들로 구성되어 있습니다. 무려 1,600년에 걸쳐, 40여 명이 기록했습니다. 기록한 이들은 다양한 성품과 신분, 직업을 가진 사람들이었습니다. 더욱더 놀라운 것은 1,600년이라는 긴 시간에 걸쳐 계시를 받은 다양한 사람에 의해 기록되었음에도 불구하고, 마치 한 사람이 쓴 것처럼 통일성을 이루고 있다는 것입니다. 성경 두 곳을 읽어보겠습니다.

> 모든 성경은 하나님의 감동으로 된 것으로 교훈과 책망과 바르게 함과 의로 교육하기에 유익하니_딤후 3:16

> 오직 성령의 감동하심을 받은 사람들이 하나님께 받아 말한 것임이라_벧후 1:21

성경이 기록될 때 하나님의 감동 혹은 영감(inspiration)이 임했다고 합니다. 영감은 하나님께서 성경 기자에게 끼친 초자연적인 감화력을 뜻합니다. '하나님의 감동'은 헬라어로 '데오프뉴스토스'입니다. 데오스(theos, 하나님)와 프네오(pneo, 숨쉰다)의 합성어로 "하나님에 의해서 생기가 불어 넣어졌다" 또는 "하나님이 숨을 불어 넣으셨다(God-breathed)"라는 의미입니다. 다른 말로 정리하면, 영감(inspiration)이란 "하나님의 계시가 객관적으로 드러나게 하려는 하나님의 방법"이라고 할 수 있습니다. 하나님이 불러 주는 대로 인간이 수동적으로 받아썼다는 말이 아닙니다. 하나님의 숨결, 즉 하나님의 영(靈)이 기록한 사람들 마음속에 역사해서 성경을 쓰도록 도왔다는 말입니다. 그러므로 성경의 궁극적인 저자는 성령 하나님입니다. 성경을 '하나님의 말씀'이라 부르는 이유가 여기에 있습니다.

성경이 성령님의 감동으로 된 것이기 때문에 성경을 읽을 때 성령이 역사합니다. 성경을 읽는 것은 수필이나 소설을 읽는 것과는 다릅니다. 수필이나 소설은 읽는 사람이 주체가 되지만 성경은 진정한 저자이신 하나님이 주도적으로 역사하십니다. 그래서 성경을 읽을 때 특정한 부분을 조명하여 새로운 깨달음을 얻게 하십니다. 수십 번을 읽어도 수백 번을 읽어도, 읽을 때마다 감동이 다른 이유가 여기에 있습니다.

> **Q** 성경이 하나님의 감동으로 기록되었다는 의미는 무엇인가요?
>
> _____
>
> _____

성경의 핵심 주제

> 또 어려서부터 성경을 알았나니 성경은 능히 너로 하여금 그리스도 예수 안에 있는 믿음으로 말미암아 구원에 이르는 지혜가 있게 하느니라_딤후 3:15
>
> 오직 이것을 기록함은 너희로 예수께서 하나님의 아들 그리스도이심을 믿게 하려 함이요, 또 너희로 믿고 그 이름을 힘입어 생명을 얻게 하려 함이니라_요 20:31

성경은 '하나님의 말씀'이기 때문에 세상의 책과 분명히 구별되는 특징이 있습니다. 그것은 '구원에 이르는 지혜'가 있게 한다는 것입니다(딤후 3:15). 세상의 책 중에는 재미있고 유익하며 지혜를 주는 책이 많습니다. 예를 들어, 중국의 고전《삼국지》는 손에 땀을 쥐게 할 정도로 재미있고 흥미진진합니다.《삼국지》를 읽는 사람은 제갈공명의 신묘한 지혜와 지략, 유비의 넓은 덕, 그리고 세 사람의 의리에 깊은 인상을 받습니다. 그러나《삼국지》를 아무리 읽고 또 읽어도, 어떻게 하면 구원을 얻을 수 있는지에 대해서는 가르쳐 주지 않습니다. 성경 외에 그 어떤 책도 '구원'을 가르치지 않습니다. "구원에 이르는 지혜"가 성경의 핵심 주제입니다. 성경이 담고 있는 것은 구원에 이르는 지혜를 보여 주는 계시적 지식이지 검증이 가능한 과학적 지식이 아닙니다. 성경에서 과학적인 것을 찾으려 하는 시도는 중국 음식점에서 김치찌개를 주문하는 것과 같습니다.

어떤 분들은 성경을 적극적인 사고방식, 성공의 비법, 처세의 기술을 가르치는 성공을 위한 지침서로 사용하려 합니다. 또 어떤 분들은 노동 운동 교과서로, 도덕을 가르치는 교재로, 마음을 수련하는 도구로 사용하려고 합니다. 물론 성경에 그와 같은 내용이 일부 담겨 있을 수 있지만 결코 핵심 주제는 아닙니다. '믿어 구원을 얻게 하려는 것', 이것이 성경이 기록된 이유입니다.

Q 성경이 기록된 목적은 무엇인가요?

신앙 교육을 위한 텍스트

성경은 구원의 길을 보여 줍니다. 그러나 그것이 전부는 아닙니다. 성경은 구원 받은 이후에 기독교 세계관과 가치관을 가진 사람으로 계속 성장하도록 교훈하고, 책망하며, 바르게 하고, 의로 교육합니다. 따라서 성경은 신앙 교육을 위한 텍스트라 할 수 있습니다.

> 모든 성경은 하나님의 감동으로 된 것으로 교훈과 책망과 바르게 함과 의로 교육하기에 유익하니 _딤후 3:16

'교훈'이란 제품 설명서와 같습니다. 전자 제품을 구입하면 제품 설명서가 따라옵니다. 제조 회사가 제공한 설명서에 따라 사용하면 원활하게 작동합니다. 성경은 하나님이 창조하신 인간에 대한 설명서입니다. 목적이 무엇인지, 어떻게 하면 고장이 나고, 어떻게 하면 고장 없이 사용할 수 있는지 자세하게 설명해 놓았습니다. 인간은 이 설명서, 성경에 따라 살아가야 합니다.

'책망'은 잘못된 길로 들어섰을 때에 문제가 무엇인지 밝히 일러 줍니다. 성경은 성도들의 영적 거울과 같습니다. 화장이 잘되었는지 잘못되었는지 확실히 비추어 줍니다. 성경을 읽으면 더러워진 곳이 어딘지 볼 수 있게 됩니다. 어떤 점에서 잘못했는지 혹은 부족했는지 보여 줍니다. 이러한 측면에서 성경은 허물을 고쳐 주고 개량하여 성도들의 영성을 향상시키는 역할을 합니다.

'바르게 함'이란 잘못된 길에서 돌아서게 하는 것입니다. 방향을 잃었을 때, 길을 잃었을 때, 갈 길을 찾아 주는 나침반 역할을 성경이 합니다. 밤배를 인도하는 등대 역할과 같습니다. 걷고 있는 과정에 대한 설명, 길을 바르게 갈 수 있도록 하는 길잡이, 최고의 규범이 성경입니다.

'의로 교육함'이란 위의 세 가지 내용을 포함한 훈련 개념입니다. 군대에 갓 들어온 병사가 제식 훈련을 하듯 신앙생활을 하는 이들이 교훈과 책망과 바르게 함의 과정을 반복함으로써 성숙한 인격체가 되게 합니다. 성경은 완성된 성품의 사람이 되도록 훈련시키는 책입니다.

Q 성경은 어떤 책인가요?

사람을 변화시키는 책

성경은 사람을 변화시키는 책입니다. 죄악의 수렁에 빠져 헤매던 사람이 성경을 통하여 변화된 사건은 헤아릴 수 없이 많습니다. 방탕 속에 세월을 보내던 어거스틴(Augustine)은 〈로마서〉 13장 12~14절, "밤이 깊고 낮이 가까웠으니 그러므로 우리가 어둠의 일을 벗고 빛의 갑옷을 입자 낮에와 같이 단정히 행하고 방탕하거나 술 취하지 말며 음란하거나 호색하지 말며 다투거나 시기하지 말고 오직 주 예수 그리스도로 옷 입고 정욕을 위하여 육신의 일을 도모하지 말라"는 말씀을 통해 새사람이 되었을 뿐 아니라, 위대한 학자, 존경받는 영적 지도자가 되었습니다.

> 이는 하나님의 사람으로 온전하게 하며 모든 선한 일을 행할 능력을 갖추게 하려 함이라
> _딤후 3:17

〈디모데후서〉의 말씀처럼 성경에는 온전케 하는 힘이 있습니다. 또한 선한 일을 할 수 있는 능력을 갖추게 합니다. 온전케 되는 것은 인간의 노력 곧 고행과 수련으로 되는 것이 아닙니다. 하나님의 말씀인 성경에 의해 온전한 존재로 변화됩니다. 무디(D. L. Moody)는 이렇게 말했습니다.

"성경은 정보를 위한 책이 아니라, 변화를 위한 책이다."

성경은 장식품이나 단순한 정보 제공, 지식 축적을 위해 주신 책이 아니라, 변화를 위해 주신 책입니다. 피조물인 인간이 하나님의 형상을 회복할 수 있도록 주신 책입니다. 얼마나 많이 읽었느냐, 들었느냐는 중요하지 않습니다. 얼마나 말씀을 통해 변화하여 예수님을 닮은 사람이 되었느냐가 관건입니다. "그러나 너는 배우고 확신한 일에 거하라"(딤후 3:14)는 말씀처럼, 성경을 묵상하고

공부하면서 '확신한 일'에 거하게 되면 '온전한 삶'을 살아갈 수 있습니다.

성경을 해석한다는 것

사람의 변화를 이끌어 내기 위해서는 성경 본문에 대한 '좋은 해석'이 필요합니다. 좋은 해석자가 되려면 성경 본문이 말하는 바를 정확히 파악하는 것이 첫 번째로 중요합니다. 언제, 어디에서, 무엇이, 어떻게 일어났는지를 파악하는 것입니다. 그다음이 해석입니다. 말씀이 의미하는 바를 문자 이상으로 해석하는 능력이 있어야 합니다. 보이는 것 너머의 것을 보고, 들리는 것 너머의 것을 들을 수 있어야 좋은 해석이 나옵니다.

> [4]예수께 말하되 선생이여 이 여자가 간음하다가 현장에서 잡혔나이다 [5]모세는 율법에 이러한 여자를 돌로 치라 명하였거니와 선생은 어떻게 말하겠나이까 [6]그들이 이렇게 말함은 고발할 조건을 얻고자 하여 예수를 시험함이러라 예수께서 몸을 굽히사 손가락으로 땅에 쓰시니 [7]그들이 묻기를 마지 아니하는지라 이에 일어나 이르시되 너희 중에 죄 없는 자가 먼저 돌로 치라 하시고 [8]다시 몸을 굽혀 손가락으로 땅에 쓰시니 [9]그들이 이 말씀을 듣고 양심에 가책을 느껴 어른으로 시작하여 젊은이까지 하나씩 하나씩 나가고 오직 예수와 그 가운데 섰는 여자만 남았더라_요 8:4~9

Q 위의 성경 말씀을 읽고 답해 봅시다.

1. 모세의 율법은 간음한 여인을 어떻게 하라고 했나요?

_____

2. 예수님은 무어라 말씀했나요?

어떤 해석이 마음에 듭니까? 서기관과 바리새인들의 해석입니까, 아니면 예수님의 해석입니까? 바리새인들의 해석은 문자적인 해석이요, 사람을 죽이는 해석입니다. 이에 반해 예수님의 해석은 하나님의 마음, 율법의 정신을 따르는 해석이요, 살리는 해석입니다. 사랑이라는 율법의 정신, 살리는 해석을 따르면 광활한 세계가 펼쳐집니다. 새로운 지평이 열려 무질서와 혼돈에서 건짐을 받게 됩니다. 그러나 그릇된 해석을 하게 되면 무엇을 믿는지 확인하기 어려워지고 급기야 미궁에 빠지게 됩니다.

한국 교회는 1970년대 일어난 성경 공부 운동과 1980년대부터 시작하여 지금까지 왕성하게 진행되고 있는 큐티(Q.T.) 운동을 경험했습니다. 성경 공부는 본문이 '그때 거기에서'(then and there) 어떤 의미를 갖고 있었는지 탐구하는 과정이고, 큐티는 오늘, 지금 여기 삶의 현장에서(now and here) 실천할 구체적인 결단에 초점을 맞추고 있습니다. 그런데 이를, 성경 공부는 로고스를 배우는 것이요, 큐티는 레마를 경험하는 것이라고 오해하거나 잘못 이해하는 이들이 있습니다. 큐티를 개인에게 말씀하시는 하나님의 음성을 듣는, 소위 '직통 계시'를 받는 것이라 생각하는 것은 위험한 생각입니다. 본문의 상황이나 맥락과 관계없이, 자신의 상황과 기대에 끼워 맞추는 방식으로 말씀을 묵상하는 오류를 범해서는 안 됩니다. 아전인수(我田引水) 격으로, 말씀을 자신의 상황에 맞추면 '해석학적 폭행'이라 불리는 미로에 빠지고 맙니다.

성경은 어떤 책인가요? 한마디로 정리하면, 하나님이 사람을 향해 "내가 널 사랑한다"고 말씀하시는 책입니다. 교회에서 즐겨 불리는 찬송가 중에 "예수 사랑하심을 성경에서 배웠네!"라는 가사가 있습니다. 그렇습니다. 성경은 하나님이 우리를 얼마나 사랑하시는지 깨닫게 해줍니다. 그래서 성경 말씀은 생수가 되고, 생명의 떡이 되고, 빛이 됩니다.

> **선포합니다**
> † 성경은 성령의 감동으로 쓰인 하나님의 말씀입니다.
> † 좋은 해석자가 되어 말씀의 의미를 바로 해석하고 적용하겠습니다.
> † '사랑한다'고 말씀하시는 성경을 사랑하겠습니다.

02
성경이 내게 오기까지

성경 〈히브리서〉 1:1~2   요절 〈디모데후서〉 2:9

🕊 지난 한주 하나님께서는

_____
_____
_____

성경이 우리 손에 들어오기까지 어떤 일이 있었을까요? 요즘은 성경을 손쉽게 구할 수 있습니다. 서점에 가거나 그도 싫으면 인터넷을 이용해 주문하고, 집에서 받아볼 수 있습니다. 나의 수고는 그저 말 한마디, 클릭 몇 번, 일정액의 돈을 지불하는 것, 그게 다입니다. 과거에도 그랬을까요?

영국 웨일즈 지방에서 목사 아들로 태어나 선교에 뜻을 품고 중국에 머물고 있던 토마스(Robert J. Thomas)는 미국의 상선 제너럴 셔먼호가 많은 물건을 싣고 한국으로 떠난다는 말을 듣는다. 1866년 8월 토마스는 상당량의 성경을 갖고 통역 겸 안내자로 제너럴 셔먼호에 승선했다. 일주일 후, 배는 대동강 입구 용강군(龍岡郡)에 도착하여 조선 정부에 통상을 요구했는데, 대원군의 쇄국 정책으로 받아들여지지 않았다. 조선 정부는 제너럴 셔먼호에 불을 질렀다. 배에 불이 붙자 토마스는 가지고 온 성경을 모두 바다 위로 던지고, 몇 권의 성경을 품에 안고 헤엄쳐 나왔다. 이를 발견한 퇴교(退校) 박춘권(朴春權)이 칼로 토마스의 목을 베었는데 토마스는 숨지기 전, 품고 있던 성경 한 권을 그에게 건네주었다. 목숨과 바꾼 성경 건네기였다.

토마스의 순교 이후에 조선으로 성경은 계속 유입되었다. 조선 정부의 국경 검문이 날로 삼엄해지자 성경을 조선 땅에 들여오고자 하는 이들의 노력 또한 치열해졌다. 성경을 한 장씩 찢어 새끼줄로 꼰 다음 국경을 넘은 뒤 새끼줄을 풀어 다시 책으로 묶기도 했다. 성경 반입 사역은 그야말로 사선을 넘나드는 대단한 일이었다. 이 힘든 일을 주도적으로 실행에 옮긴 사람은 백홍준(조선인 최초의 장로)이었다.

사투의 과정을 통해 유입된 성경

성경을 이 땅에 들여오기 위해 목숨을 걸고 사투를 벌인 이유는 무엇일까요? 성경에 인간 구원에 관한 진리가 들어 있기 때문입니다. 악한 세력들은 성경을 통해 사람들이 구원 얻는 것을 싫어했습니다. 사람들이 자유를 얻어 해방되는 것을 원치 않았습니다. 때문에 구원에 이르는 진리를 담고 있는 성경이 전해지는 것을 결사적으로 막아섰던 것입니다. 그러나 조선 사람들을 구원하려는 하나님의 역사는 악한 세력의 방해에도 불구하고 막히지 않았습니다. 생명의 기운이 조선 땅에 스며들기 시작한 것입니다.

성경이 일반인의 손에 건네지기까지 벌어졌던 목숨을 건 사투는 조선에만 있었던 일은 아닙니다. 중세 기독교에서는 오직 사제들만 성경을 볼 수 있었습니다. 그것도 라틴어로 되어 있어서 일반인이 읽기는 아주 어려웠습니다. 종교개혁을 전후하여 성경을 자국어로 번역하여 더 많은 사람에게 하나님의 말씀을 읽게 하려는 이들이 있었습니다. 영국인에게 라틴어에 기초한 번역본이 아닌, 그리스어와 히브리어 원본에 입각한 역본을 건네주기 위해 사투를 벌인 윌리엄 틴데일(William Tyndale)이 있습니다. 그는 일반인의 손에 성경을 들려주기 위해 고군분투했습니다. 자신의 사역에 반대하던 사람에게 그는 이렇게 말했습니다.

"하나님께서 제 생명을 연장시켜 주신다면 쟁기질하는 소년이 당신들보다 더 성경을 잘 알 수 있도록 할 것입니다. 저는 농부가 쟁기질을 할 때 성경 말씀을 흥얼거리고, 직조공이 베틀 앞에 앉아 성경을 읊으며 지루한 시간을 쫓아낼 수 있기를 원합니다. 길 가는 나그네도 말씀을 읽으며 여정의 고단함을 날려 보내길 원합니다."

틴데일은 성경을 번역하기 위해 당시 영어에는 없는 새로운 단어를 만들어 내기도 했습니다. 그는 구어체로 쓰인 담백하고 우아한 영어 성경을 출판함으로써 후일 흠정역(KJV)에 커다란 영향을 끼쳤습니다. 그러나 틴데일은 성경을 번역했다는 이유로 화형당했습니다. 성경을 일반인들에게 건네주고 대신 자신의 목숨을 반대자들의 제단 위에 올려놓았던 것입니다.

종교개혁자 마틴 루터(Martin Luther)가 비텐베르크 성에 숨어 있는 동안 라틴어 성경을 독일어로 번역한 것은 잘 알려진 이야기입니다. 그가 성경을 번역하던 방의 벽과 기둥에는 잉크 자국이 남아 있었다고 전해집니다. 차라리 이 일을 그만두고 타협하여 편안하게 사는 것이 낫겠다는 유혹이 일 때마다 "사탄아 물러가라" 하고 외치며 잉크병을 벽이나 기둥에 내던졌기 때문입니다. 루터는 자신과의 싸움을 이겨 내고 일반인의 손에 독일어로 쓰인 성경을 건네주었습니다.

⁸내가 전한 복음대로 다윗의 씨로 죽은 자 가운데서 다시 살아나신 예수 그리스도를 기억하라 ⁹복음으로 말미암아 내가 죄인과 같이 매이는 데까지 고난을 받았으나 하나님의 말씀은 매이지 아니하니라_딤후 2:8~9

> **Q** 위의 성경 말씀을 읽고 답해 봅시다.
>
> 1. 바울은 어떤 고난을 받았습니까?
> _____
>
> 2. 바울은 매였으나 하나님의 말씀은 어떻게 되었나요?
> _____

성경을 건네준 많은 사람은 매이고, 고난을 받았습니다. 심지어 죽임을 당하기도 했습니다. 그러나 하나님의 말씀은 매이지 않았습니다. 사람들의 저항과 매서운 박해에도 불구하고 하나님의 말씀은 철옹성 같은 성벽을 무너뜨리고, 굳게 닫힌 국경의 문빗장을 열었습니다. 믿음의 선진들의 헌신과 노력이 바탕이 되어 성경이 우리 손에 쥐어졌습니다. 상상할 수 없는 온갖 환난의 관문을 지나 얻어진 결과입니다.

성경의 정경화 작업

오늘의 성경은 구약 39권, 신약 27권 총 66권의 책이 한 권으로 묶여 있습니다. 성경은 어떤 과정을 거쳐 현재와 같은 한 권의 책이 되었을까요?

> 우리는 22권의 신적 문서들을 가지고 있는데, 여기에는 모세 때부터 아닥사스다 왕까지 이루어진 일들이 기록되었다. 이 문서들에 있는 글은 어느 누구도 감히 변경하지 못하고 가감하지도 못한다._요세푸스, *Against Apion*

유대인 역사학자 요세푸스가 주후 37년에 쓴 *Against Apion*에서 한 말입니다. 여기서 요세푸스가 말한 22권은 오늘날의 구약 성경 39권과 일치합니다. 주후 90년에 얌니아(Jamnia) 회의에서 유대인 학자들은 24권으로 된 구약 성경(현재 사용하고 있는)을 정경으로 결정했습니다. 신약 성경도 기록되고 나서 얼마 지나지 않아 대부분 신적 권위를 가진 정경으로 받아들여졌습니다. 사복음서와 〈사도행전〉, 바울의 13서신은 1세기 말과 2세기 초에 별 무리 없이 권위 있는 정경으로 인정되었으며, 소수의 책만 일부 지역에서 논란이 있었습니다. 그 후 4세기에 정경 문제가 종결되었습니다. 367년에 알렉산드리아의 아타나시우스가 발표한 부활절 서신에서 현재와 같은 27권을 신약 정경으로 말하였으며, 397년 아프리카의 카르타고에서 열린 종교 회의에서 정경으로 인정되었습니다. 이로써 신약 성경의 정경화 작업은 완료되었습니다. 초대 교회는 회람 형태의 서신을 왜 하나의 책으로 묶으려 했을까요? 〈로마서〉 10장 13~17을 읽어 봅시다.

[13]누구든지 주의 이름을 부르는 자는 구원을 받으리라 [14]그런즉 그들이 믿지 아니하는 이를 어찌 부르리요 듣지도 못한 이를 어찌 믿으리요 전파하는 자가 없이 어찌 들으리요 [15]보내심을 받지 아니하였으면 어찌 전파하리요 기록된 바 아름답도다 좋은 소식을 전하는 자들의 발이여 함과 같으니라 [16]그러나 그들이 다 복음을 순종하지 아니하였도다 이사야가 이르되 주여 우리가 전한 것을 누가 믿었나이까 하였으니 [17]그러므로 믿음은 들음에서 나며 들음은 그리스도의 말씀으로 말미암았느니라 롬 10:13~17

> **Q** 위의 성경 말씀을 읽고 답해 봅시다.
>
> 1. 복음을 전했을 때 어떤 결과가 나왔습니까?
> _____
>
> 2. 바울은 믿음에 이르지 못한 이유가 어디에 있다고 보았습니까?
> _____

생명력 있는 말씀

〈로마서〉 10장 13~17절 말씀은 복음을 전하는 사람의 발이 얼마나 아름다운지 말하고 있습니다. 복음은 전하는 자와 그들의 수고를 통해 전파됩니다. 그러나 전해 들은 사람이 모두 복음을 받아들이지는 않습니다. 바울은 고린도에서 철학적이고 논리적으로 하나님을 소개하려고 했으나 실패하게 됩니다. 왜 복음을 받아들이지 않을까 고민한 끝에 바울은 '그리스도의 말씀'이 빠졌기 때문이었음을 깨닫게 됩니다. 그때의 경험을 계기로 바울은 오직 그리스도만을 전하기로 마음먹습니다. 오직 하나님의 말씀에 능력이 있음을 확신하게 된 것입니다. 바울의 경험을 통해 알 수 있듯이 '그리스도의 말씀'만이 강력한 힘을 가지고 있습니다. 구원의 능력이 하나님의 말씀에 있습니다. 인생을 성공적으로 살아가는 길도, 잘못된 삶의 방향을 교정시켜 주는 능력도 하나님의 말씀에 있습니다.

마르틴 루터는 자신의 죄 문제로 많이 고민했습니다. 시도 때도 없이 고해성사를 하러 신부에게 갔습니다. 오죽하면 신부가 "루터야! 죄를 좀 모았다가 함께 가져와라"고 했을까요. 루터는 어떻게 하면 의롭게 될 수 있을까 하는 문제로 심각하게 고민했고, 그 길이 고해성사에 있다고 믿었던 것 같습니다. 그러던 중 〈로마서〉 1장 17절을 읽게 됩니다.

> 복음에는 하나님의 의가 나타나서 믿음으로 믿음에 이르게 하나니 기록된 바 오직 의인은 믿음으로 말미암아 살리라 함과 같으니라_롬 1:17

의인은 믿음으로 산다는 말씀에 부딪힙니다. 죄가 없어서 깨끗하게 된 사람이 사는 것이 아니라, "믿음으로 말미암은 의인"이 산다는 말씀을 만나게 됩니다. 자신이 의롭게 되는 것이 '믿음'에 있음을 성경을 통해 깨닫게 된 것입니다. 루터 앞에 신세계가 펼쳐졌습니다. 이 결정적인 통찰을 통해 종교 개혁의 깃발을 높이 들게 된 것입니다.

> [12]하나님의 말씀은 살아 있고 활력이 있어 좌우에 날선 어떤 검보다도 예리하여 혼과 영과 및 관절과 골수를 찔러 쪼개기까지 하며 또 마음의 생각과 뜻을 판단하나니 [13]지으신 것이 하나도 그 앞에 나타나지 않음이 없고 우리의 결산을 받으실 이의 눈앞에 만물이 벌거벗은 것 같이 드러나느니라_히 4:12~13

Q 위의 성경 말씀을 읽고 답해 봅시다.

1. 하나님의 말씀에는 어떤 능력이 있나요?
   _____

2. 하나님의 말씀은 무엇을 드러냅니까?
   _____

〈히브리서〉 기자는 하나님의 말씀이 갖고 있는 위력에 대해 말합니다. 생명력이 있는, 살아 생생하게 역사하는 하나님의 말씀에 대해 증언합니다. 살아 있어서 "혼과 영과 및 관절과 골수"를 찔러 쪼개고, 거울과 같아서 우리의 존재가 벌거벗은 것같이 드러나게 합니다. 루터는 그 하나님의 말씀을 통해 자신이 잘못하고 있는 것이 무엇인지 깨닫게 된 것입니다. 하나님은 말씀으로 천지를 창조하셨습니다. 말씀으로 천지를 창조하신 하나님은 또한 말씀으로 사람을 변화시킵니다. 천지를 말씀으로 창조하신 하나님이 말씀으로 사람을 변화시킨다는 것은 논리적으로 잘 맞는 패러다임입니다. 하나님의 말씀이 우리의 믿음을 창조합니다. 하나님의 말씀이 새로운 길을 보여 줍니다.

> ¹이스라엘 자손들아 여호와의 말씀을 들으라. 여호와께서 이 땅 주민과 논쟁하시나니 이 땅에는 진실도 없고 인애도 없고 하나님을 아는 지식도 없고 ²오직 저주와 속임과 살인과 도둑질과 간음뿐이요 포악하여 피가 피를 뒤이음이라 ³그러므로 이 땅이 슬퍼하며 거기 사는 자와 들짐승과 공중에 나는 새가 다 쇠잔할 것이요 바다의 고기도 없어지리라 ⁴그러나 어떤 사람이든지 다투지도 말며 책망하지도 말라 네 백성들이 제사장과 다투는 자처럼 되었음이니라 ⁵너는 낮에 넘어지겠고 너와 함께 있는 선지자는 밤에 넘어지리라 내가 네 어머니를 멸하리라 ⁶내 백성이 지식이 없으므로 망하는도다 네가 지식을 버렸으니 나도 너를 버려 내 제사장이 되지 못하게 할 것이요 네가 네 하나님의 율법을 잊었으니 나도 네 자녀들을 잊어버리리라_호 4:1~6

Q 위의 성경 말씀을 읽고 답해 봅시다.

1. '이 땅에' 없는 것과 있는 것을 적어 보세요.

2. 사람들은 무엇을 버렸습니까?

성경이 오늘날 우리 손에 오기까지 수많은 사람이 동원되었으며, 수많은 사람의 헌신적인 수고와 노력이 있었습니다. 그 가운데는 하나님의 말씀을 보존하고 그 권위를 회복시키기 위해 목숨을 걸고 싸운 사람들도 있었고, 복음을 알지 못한 사람들에게 성경을 전해 주기 위해 목숨을 잃은 사람들도 있었습니다. 기독교에 대한 박해가 심하던 때 국경을 넘나들다 투옥되기도 했고, 견디기 어려운 수난을 당하기도 했습니다. 그렇게 어려운 과정을 거쳐 성경이 우리 손에 들어왔습니다. 그런데 성경을 어떻게 대하고 있나요? 바로 코앞에 있어도 펼쳐서 읽으려 하지 않습니다. 하나님이 주시는 '지식'을 버리면, 하나님도 우리를 버리겠다고 하신 말씀을 기억해야 합니다. 꽃도 시들고, 인생도 지나갑니다. 오직 하나님의 말씀만 영영히 섭니다. 성경을 손에 잡으십시오. 성경을 펼쳐 읽으십시오. 새로운 세계가 펼쳐질 것입니다.

풀은 마르고 꽃은 시드나 우리 하나님의 말씀은 영원히 서리라 하라_사 40:8

> 🕊 **선포합니다**
> † 어떤 상황에도 하나님의 말씀은 매이지 않습니다.
> † 성경을 건네주기 위해 목숨을 바친 분들을 기억하며 말씀을 귀하게 여기겠습니다.
> † 나는 성경을 펴서 매일 정해진 분량을 읽겠습니다.

03 구약 성경 1

성경 〈출애굽기〉 19:5~6   요절 〈디모데후서〉 3:16~17

🕊 지난 한주 하나님께서는

_____
_____
_____

성경은 살아 계신 하나님의 말씀입니다. 과거에 기록된 문서이지만 오늘의 나를 위해 보내신 사랑의 편지입니다. 그 내용은 하나님이 나를 사랑하신다는 것이며, 무엇을 행하셨는가에 대한 것입니다. 더 나아가 그것에 대한 인간의 응답으로 구성되어 있습니다.

> [16]모든 성경은 하나님의 감동으로 된 것으로 교훈과 책망과 바르게 함과 의로 교육하기에 유익하니 [17]이는 하나님의 사람으로 온전하게 하며 모든 선한 일을 행할 능력을 갖추게 하려 함이라 _딤후 3:16~17

성경, 신앙 고백된 역사

성경의 내용은 기본적으로 역사입니다. 어떤 분은 말합니다. "실제로 일어난 역사예요?" 저의 답은 "그렇습니다!"입니다. 전문 용어로 단순한 역사가 아니라 '신앙 고백적 역사'입니다. 독일어에서 '역사'라는 단어는 히스토리(Historie : 단순한 역사)와 게쉬히테(Geschichte : 고백된 역사, 해석된 역사) 두 가지입니다. 나의 히스토리는 "언제 태어나서 어디서 살다가 언제 학교에 갔고"와 같은 것인데 이에 반해 게쉬히테는 "내가 언제 누구를 만났는데 그것은 기도의 응답이었고, 어떤 결정을 했는데 하나님이 개입하셔서 어떤 결과가 있었다" 하는 것입니다. 이것은 질적으로 다른 것입니다. 분명히 역사인데 후자는 신앙 고백과 해석이 들어 있습니다. '간증'은 바로 "고백되고 해석된 역사"를 말합니다. 그러므로 간증을 히스토리처럼 나열하면 안 됩니다. 물론 간증은 사실이지만 사람들은 다른 각도로 볼 수도 있습니다. 그래서 이런 말이 성립합니다. "게쉬히테가 없는 히스토리는 공허하고, 히스토리가 없는 게쉬히테는 맹목이다." 성경은 다른 종교와 달리 구체적인 역사를 다룹니다. 창조로부터 종말까지를 아우르는 거대한 드라마인 것입니다. 그래서 성경을 "역사를 통해 나타난 계시"라고 부릅니다.

Q 두 종류의 '역사'에 대해 말해 봅시다.

성경을 크게 구약과 신약으로 구분합니다. 구약은 옛 약속이란 뜻인데, 제사를 통한 "용서의 약속"을 말합니다. 죄를 지었을 경우 성전에 와서 짐승을 제물로 바치고 제사를 드리면 용서가 이루어진다는 것입니다. 이는 구약에서 의를 얻는 방법입니다. 이 과정에는 율법과 성전과 제사와 제사장이 중요합니다. 신약은 새로운 약속이라는 뜻인데, 하나님의 어린양이신 예수 그리스도의 십자가를 통한 만민구원의 약속입니다. 어린양 예수 그리스도의 사건을 이해하기 위한 '백 스토리'(back story)가 구약의 제사 제도입니다.

이스라엘 사람에게 구약은 없습니다. 구약이란 용어는 신약이 있기 때문에 성립하는 것입니다. 이스라엘 사람은 우리가 말하는 구약 성경을 타낙(Tanak: Torah-율법서, Nebiim-예언서, Ketubim-성문서의 이니셜을 이은 것)이라고 합니다. 구약은 크게 세 부분으로 나눌 수 있습니다. 〈창세기〉부터 〈에스더〉까지를 역사서, 〈욥기〉부터 〈아가서〉까지를 성문서, 〈이사야서〉부터 〈말라기서〉까지를 예언서라고 합니다. 이것은 시간적으로 과거, 현재, 미래로 구분한 것입니다. 역사서는 과거에 속한 것이고, 성문서는 오늘의 신앙 고백이며, 예언서는 미래를 위한 것이라는 개념입니다. 이 책에서는 구약을 시대별로 파악할 수 있도록 세 부분으로 – '왕정 이전'(모세 5경과 사사 시대), '왕정 시대,' '왕정 이후'(바벨론 포로와 페르시아로부터의 귀환) – 나누겠습니다.

Q 구약이란 무슨 뜻인가요?

왕정 이전 _ 모세 5경과 사사 시대

1. 모세 5경

모세 5경은 모세가 기록한 5권의 책, 〈창세기〉, 〈출애굽기〉, 〈레위기〉, 〈민수기〉, 〈신명기〉를 말합니다. 하나님이 세상을 창조하신 이야기에서부터 아브라함을 부르고, 그의 후손으로 제사장 나라를 세워 가는 이야기입니다. 역사적으로 모든 개인과 민족은 나라를 만들었습니다. 왜냐하면 개인과 민족을 지켜 주는 최후의 보루가 국가였기 때문입니다. 그렇게 만들어진 나라 중에서 더 강한 나라들은 언제나 제국(帝國, empire)을 향해 나아갔습니다. 제국이란 민족과 지역을 넘어, 다른 민족과 나라들을 정복하고 지배하며 다스리는 나라를 말합니다. 제국은 스스로 영광스럽다고 생각하겠지만, 언제나 누군가를 억압하며 고통을 주고, 억눌린 자의 탄식과 눈물을 만들어 내는 나라입니다. 그런데도 모든 나라는 제국을 향해 나가려고 몸부림쳤습니다. 이것이 인간의 나라입니다. 이로 인해 세상은 조용하지 않으며 늘 분쟁에 휩싸이고, 갈등과 억압과 착취가 존재합니다. 그 속에 억눌린 나라와 민족과 부족과 개인이 있습니다. 하나님은 이런 인간의 나라와는 다른 나라를 세우기 원하셨습니다. 그것이 바로 '제사장 나라'입니다. 모세 5경에는 '제사장 나라, 거룩한 백성'을 만드는 과정과 의도, 그리고 그들이 지켜야 할 법이 자세하게 기록되어 있습니다.

〈창세기〉는 우주와 인간을 창조하신 하나님이 어떤 분인지를 알려 줍니다. 크게 원역사(1-11장)와 족장사(12-50장)로 구분됩니다. 원역사에는 4가지 사건(창조, 타락, 홍수, 바벨탑)이 나오며 족장사에는 4명의 사람(아브라함, 이삭, 야곱, 요셉)이 등장합니다.

〈출애굽기〉는 아브라함의 후손이 430년 만에 큰 민족을 이루어 애굽에서 나오는 이야기입니다. 그들을 출애굽 시킨 이유는 '제사장 나라, 거룩한 백성'을 만들기 위함입니다. 제사장이란 하나님의 뜻을 전하고, 사람의 상황을 하나님께 고하여 은혜를 입게 함으로써 양자 관계를 회복시키는 사람입니다. 그러므로 제사장 나라는 그 나라 자체로도 훌륭한 국가인 동시에, 다른 나라에게 세상의 나라가 나아가야 할 올바른 모델이 되는 나라입니다. 수직적으로는 진정한 왕이신 하나님을 섬기며 복을 받고, 수평적으로는 서로 평화를 누리면서, 아래로는 연약한 자를 배려하는 나라인 것입니다. 하나님과 모든 민족 사이에 복의 통로가 되는 이런 나라를 만들려는 하나님의 의도는 구약 성경 전체를 관통하고 있습니다. 제사장 나라가 되게 하겠다는 〈출애굽기〉 19장 5~6절은 구약 성경 전체에서 가장 중요한 요절입니다.

〈레위기〉에는 이스라엘이 '제사장 나라, 거룩한 백성'이 되기 위해 필요한 내용(율법)이 기록되어 있습니다. 〈레위기〉는 성경 중에서 이스라엘 백성이 가장 먼저 배우고, 그 내용을 암기하는 율법의 핵심입니다. 주제는 '거룩'으로, 전반부는 제사를 통해 거룩을 회복하는 방법이고, 후반부는 일상의 삶에서 거룩하게 살아가는 방법을 일러 줍니다.

> **〈출애굽기〉19:5~6**
> 5세계가 다 내게 속하였나니 너희가 내 말을 잘 듣고 내 언약을 지키면 너희는 모든 민족 중에서 내 소유가 되겠고 6너희가 내게 대하여 제사장 나라가 되며 거룩한 백성이 되리라 너는 이 말을 이스라엘 자손에게 전할지니라

〈레위기〉의 배경이 〈출애굽기〉이고, 〈레위기〉를 실습한 것이 〈민수기〉이고, 그것을 요약하고 다시 쉽게 설명한 것이 〈신명기〉입니다. 〈창세기〉는 이러한 약속을 한 하나님이 어떤 분인가에 대한 것입니다. 역사서는 〈레위기〉의 내용대로 행한 사람들은 누구며 어떤 복을 받았는가, 그대로 하지 않은 사람들은 누구며 어떤 징계를 받았는가를 기록한 것입니다. 역사 평가의 기준이 〈레위기〉입니다. 성문서는 잘한 사람의 감사와 찬양의 고백이고, 예언서는 잘못한 사람에게 예언자들을 보내서 경고하는 내용입니다. 그러므로 〈레위기〉는 구약 성

경의 핵심입니다.

〈민수기〉는 출애굽 한 이스라엘 백성이 겪은 40년 광야 생활을 기록한 책입니다. 〈민수기〉(民數記)라는 책의 이름대로 두 차례의 인구 조사가 주 내용이며, 인구 조사를 통한 진영 정비 및 율법을 훈련히는 내용입니다.

〈신명기〉는 가나안 땅을 앞에 두고 모세가 하는 유언(고별 설교)입니다. 〈신명기〉 1장 5절을 보면 "모세가 요단 저쪽 모압 땅에서 이 율법을 설명하기 시작하였더라 일렀으되"라고 기록되어 있습니다. 이를 통해 볼 때, 〈신명기〉라는 말은 율법을 설명한 것임을 알 수 있습니다. 율법의 내용은 〈레위기〉입니다. 〈신명기〉의 '신'(申)자는 '되풀이하다'라는 뜻입니다. 계명을 다시 한 번 되풀이해서(재해석해서) 설명했다는 의미입니다. 출애굽 세대가 시내 산에서 언약을 맺었는데 그때의 사람들은 다 죽었습니다. 이제 '만나 세대'에게 십계명을 비롯한 율법의 내용을 설명하고 그들을 하나님과 언약을 맺는 당사자로 세웁니다. 이것을 다른 말로는 광야생활 졸업 설교라고 할 수 있는데, 주제는 "하나님을 사랑하라!" 그리고 제사장 나라, 거룩한 백성의 길을 "자녀에게 가르치라"는 내용입니다.

2. 사사시대

〈여호수아서〉는 이스라엘이 가나안 정복을 통해 그 땅에 정착하는 과정을 보여 줍니다. 아브라함과 맺은 약속이 이루어집니다. 그래서 〈여호수아서〉를 성취의 책이라고 합니다. 〈사사기〉는 가나안에 정착한 이스라엘이 그곳에서 하나님의 뜻대로 살지 못하고 가나안 백성에게 동화되면서 일어나는 일들을 보여 주고 있습니다. 〈사사기〉에서 반복되는 역사의 패턴은 "타락(범죄) → 고통(징계) → 부르짖음(회개) → 구원"입니다. 타락한 이스라엘은 고통을 당하고 그 속에서 부르짖으면 하나님이 듣고 사사를 보내 그들을 구원하십니다. 그러나 다시 살 만해지면 타락합니다. 그 결과 고통이 오고, 그 속에서 회개하면 하나님은 다시 그들을 구원합니다. 이것을 반복합니다. 이 전체의 주제는 사사들을 통해 이스라엘 백성을 고통에서 구원하는 내용입니다. 〈룻기〉는 사사 시대의 어두움 속에서도 하나님의 법을 잘 지켜가는 아름다운 모습을 보여 줍니다.

Q 하나님이 이스라엘을 출애굽 시킨 이유는 무엇인가요?
_____
_____

왕정 시대

1. 왕정 500년

왕정 500년은 이스라엘이 왕의 통치를 받은 500년의 기간을 말합니다. 이스라엘은 초대 왕 사울(40년 통치)에 이어 다윗(40년 통치) 그리고 솔로몬(40년 통치) 때까지 120년간 통일 왕국이었습니다. 그 후 북 이스라엘과 남 유다로 분단되어 200년간 한 민족, 두 국가로 분열되었는데, 먼저 북 이스라엘이 앗수르에게 멸망합니다. 북 이스라엘이 멸망한 후에 남 유다는 150년을 더 유지하지만 결국 바벨론에게 망해서 포로로 끌려갑니다. 이스라엘의 역사는 초대 왕 사울(B.C. 1050)에서부터 남 유다의 마지막 왕 시드기야에서 때(B.C. 586)까지를 다룹니다.

> **Q** 왕정 500년을 3단계로 구분해 봅시다.

왕정 이전에는 이스라엘에 왕이 없었습니다. 모세도 여호수아도 왕이 아니었습니다. 왜 그들은 왕이 되려고 하지 않았을까요? 그들이 원했던 것은 제국이 아니라 제사장 나라를 만들려는 것이었기 때문입니다. 그들은 자신이 왕이 되는 것이 아니라 하나님이 왕이신 제사장 나라의 거룩한 시민이 되기를 원했습니다.

그런데 이스라엘은 이방 나라들처럼 "우리에게도 왕을 달라!"고 요구하기 시작했습니다. 〈사무엘상〉 8장에 나오는 이 요구를 하나님은 마지못해 허락하십니다. 그래서 왕정이 시작됩니다. 왕과 함께 등장하는 사람들이 선지자입니다. 하나님이 선지자를 보내신 이유는 왕과 백성들이 제사장 나라의 사명을 망각하고 우상을 섬기며 악을 행했기 때문입니다. 선지자를 통해 잘못을 가르치고, 돌아오라는 메시지를 전달했습니다. 따라서 예언자(선지자)들이 많이 등장했다는 것은 그만큼 그 시대가 하나님 보시기에 악했다는 증거가 됩니다. 북이스라엘과 남 유다가 멸망할 때 가장 많은 선지자가 활동했다는 사실이 이를 반증합니다.

왕과 선지자들은 때로는 대립하고 때로는 협력했습니다. 예를 들면 다윗 왕과 나단 선지자는 우리아 아내의 사건으로 서로 대립했습니다. 다윗 왕은 그 사건을 은폐 축소하고 싶어 했고, 나단 선지자는 죄를 드러내서 왕이 회개하기를 원했습니다. 그러나 두 사람이 성전 건축에 있어서는 서로 협력했습니다. 히스기야 왕과 이사야 선지자는 남 유다가 애굽과 외교적 결탁을 맺는 문제에 대해서는 서로 대립했으나 앗수르가 예루살렘 성을 포위했을 때 항복하지 않고 성전에 가서 기도하는 것에 대해서는 서로 협력했습니다. 이렇게 왕과 선지자가 서로 협력하고 대립하는 것이 왕정 500년의 특징입니다.

Q 왕과 선지자는 어떤 관계인가요?
_____
_____

2. 역사서

〈사무엘서〉: 이스라엘이 사사 시대에서 왕정 시대로 넘어가는 과도기적 상황을 기록한 책입니다. 〈사무엘상〉은 이스라엘의 마지막 사사 사무엘의 탄생에서부터 이스라엘 초대 왕 사울의 죽음까지를 다루며, 〈사무엘하〉는 다윗이 왕이 되면서부터 40년간 하나님의 공의로 나라를 다스리는 내용입니다.

〈열왕기서〉: 다윗 이후 이스라엘 왕의 이야기를 기록한 책입니다. 북 이스라엘과 남 유다의 역사에 대해 하나님의 율법을 기준으로 평가하고 있습니다. 좋은 왕인가 나쁜 왕인가를 구분하는 기준이 다윗 왕입니다. 그 이유는 다윗이 비록 왕이었지만 제사장 나라의 의미를 가장 잘 이해하고 있었기 때문입니다. 다윗은 하나님만이 진정한 왕이며, 자신은 하나님의 뜻을 수행하는 하나님의 종이라는 의식을 분명히 가지고 하나님의 율법에 따라 통치하려고 애를 쓴 왕입니다.

> **Q** 제사장 나라의 개념을 가장 잘 이해하고 있었던 왕은 누구였나요?

〈역대서〉: 북 이스라엘이 앗수르에 의해 멸망하고, 남 유다도 바벨론에 의해 멸망한 뒤 70년간의 포로 생활 후에 다시 쓴 이스라엘의 역사입니다. 〈역대상·하〉는 〈열왕기상·하〉와는 달리 이스라엘 역사를 창조부터 시작해서 북 이스라엘을 제외한 남 유다의 역사만 기록하고 있습니다. 〈열왕기서〉가 사실적이라면 〈역대기〉는 신학적인 해석이 많이 붙어 있습니다. 그만큼 역사를 전체적으로 반성하며 기록하고 평가했다는 의미가 됩니다.

3. 예언서와 성문서

이런 역사의 소용돌이 속에서 예언자들이 언제, 어느 나라와 왕을 대상으로 활동했는가를 아는 것은 성경을 입체적으로 이해하는 데 중요합니다. 예언자들이 많이 활동했던 시기는 세 단계로 구분할 수 있습니다. 먼저는 B.C. 8세기 북 이스라엘의 멸망(722) 전후, 그다음에는 B.C. 6세기 남 유다의 멸망(586) 전후입니다. 마지막으로는 포로에서 돌아와 회복의 희망을 전한 선지자들입니다. 북 이스라엘의 멸망 전후에 활동한 선지자로는 아모스, 호세아, 요나, 이사야, 미가 선지자가 있습니다. 남 유다의 멸망 전후에 활동한 선지자로는 스바냐, 하박국, 나훔, 요엘, 예레미야 선지자가 있습니다. 포로 후의 예언자들로는 에스겔, 다니엘, 학개, 스가랴, 말라기 등이 있습니다.

성문서(聖文書) 또는 시가서(詩歌書)로 불리는 5권의 책은 〈욥기〉, 〈시편〉, 〈잠언〉, 〈전도서〉, 〈아가서〉입니다. 이 책들은 시적으로 표현된 지혜 문학으로,

율법서나 역사서, 예언서와는 다른 독특한 구약의 한 분야입니다. 〈잠언〉은 형통의 지혜를, 〈욥기〉는 고난의 지혜를, 〈전도서〉는 허무의 지혜를 다룹니다. 〈욥기〉의 배경은 〈창세기〉이고, 〈시편〉의 저자는 다윗입니다. 그리고 솔로몬은 젊을 때 〈아가서〉를, 장년이 되어서는 〈잠언〉을, 늙어서는 〈전도서〉를 기록했습니다.

(구약의 시대 분류 중 마지막 세 번째 왕정 이후는 '구약 성경 2'에 이어집니다)

선포합니다

† 구약은 옛 약속이란 뜻으로, 제사를 통한 '용서의 약속'입니다.
† 신약은 새로운 약속이라는 뜻으로, 예수 그리스도의 십자가를 통한 만민 구원의 약속입니다.
† 하나님만이 진정한 왕이시며, 우리는 하나님의 뜻을 이뤄 드리는 하나님의 백성입니다.

04 구약 성경 2

성경 〈출애굽기〉 19:5-6   요절 〈디모데후서〉 3:16-17

지난 한 주 하나님께서는

_____
_____
_____

3과 "구약 성경 1"에서 '왕정 이전'과 '왕정 시대'를 다루었고, 왕정 시대 끝부분에서 예언서와 성문서를 간략하게 살펴보았습니다. '구약 성경 2'에서는 '왕정 이후'의 부분을 함께 보겠습니다.

왕정 이후 – 바벨론 포로와 페르시아로부터의 귀환

남 유다 백성은 3차에 걸쳐 바벨론에 포로로 끌려갑니다. 1차에는 다니엘(단

1:1)이, 2차에는 에스겔(겔 1:2)이, 3차에는 예레미야가 끌려갑니다. 거기서 70년을 보내는 중에 기록된 책이, 〈에스겔서〉와 〈다니엘서〉 두 권입니다. 2차 포로로 끌려간 에스겔은 포로기의 예언자로서 이스라엘 백성에게 포로가 된 이유를 설명하고, 바벨론에서 열심히 살아갈 것과 다시 돌아와 회복될 것이라는 미래의 소망을 얘기했습니다. 〈다니엘서〉에는 1차 포로로 끌려갔던 다니엘의 행적과 예언이 기록되어 있습니다. 그는 바벨론과 페르시아에서 하나님의 살아 계심을 드러내고, 이스라엘 백성을 위로했습니다. 그는 바벨론이 페르시아에 의해 멸망할 것을 예언했고, 페르시아의 총리가 됩니다. 그는 고레스를 설득하여 이스라엘 백성이 고국으로 돌아오게 하는 데 큰 역할을 감당합니다.

> 〈다니엘서〉 1:1
> 유다 왕 여호야김이 다스린 지 삼 년이 되는 해에 바벨론 왕 느부갓네살이 예루살렘에 이르러 성을 에워쌌더니
>
> 〈에스겔서〉 1:2
> 여호야긴 왕이 사로잡힌 지 오 년 그 달 초닷새라

　70년이 지나 아무도 예측할 수 없었던 일이 일어납니다. 하나님의 말씀대로 바벨론 제국이 멸망하고, 페르시아가 등장합니다. 이것을 통해 하나님이 세상 나라들을 다스림을 보여 줍니다. 페르시아 제국은 바벨론 제국이 여러 나라에서 잡아온 포로들에게 자기 나라로 돌아가도 좋다고 허락했습니다. 이것이 고레스 칙령입니다(스 1:1~4). 그래서 남 유다 백성도 예루살렘으로 귀환합니다. 페르시아로부터 예루살렘으로의 귀환도 3차에 걸쳐 이루어졌는데, 이때의 기록들이 포로기 이후의 책들입니다.

　그들은 이방 제국으로 끌려가서 포로 생활을 하면서 재교육을 받습니다. 그런 가운데 하나님이 원하셨던 나라, 제사장 나라를 다시 꿈꾸게 됩니다. 그러므로 포로기 이후의 주제는 "다시 회복되는 제사장 나라의 꿈"입니다. 그들은 이런 꿈이 있었기에 포로로 잡혀간 곳에서도 다른 민족보다 월등히 성실했고 희망을 잃지 않았습니다. 그리고 페르시아의 고레스가 돌아가도 좋다고 했을 때,

이미 그곳에서 자리 잡았던 안정된 삶을 포기하고 예루살렘과 이스라엘의 재건을 위해 고국으로 돌아갔습니다. 포로 귀환에 대한 도표를 살펴봅시다.

구분	1차 귀환	2차 귀환	3차 귀환
귀환 연대	B.C. 537	B.C. 458	B.C. 444
인솔자	스룹바벨(세스바살), 예수아	에스라	느헤미야
페르시아 왕	고레스	아닥사스다 1세	아닥사스다 1세
조서 내용	▶ 포로들의 귀환 허가 ▶ 성전 재건 허가 ▶ 성전 기물들 반환 ▶ 성전 건축 자재 지원	▶ 포로들의 귀환 허가와 국고 지원 ▶ 성직자 세금 면제 ▶ 관리 조직 허용	▶ 예루살렘 성벽 중건 허용 ▶ 건축 자재 지원
귀환자 수	4만 9,897명 (일반 백성 4만 2,360명, 남종과 여종 7,337명, 노래하는 자 200명)	1,754명 (일반 남자 1,496명, 레위인 38명, 성전 일꾼 220명)	일단의 무리 (통계 없음)
귀환 후의 사건들	▶ 성전 건축 공사 시작 (B.C. 536) ▶ 대적 사마리아인들의 방해로 공사 중단 (B.C. 534~520) ▶ 제사 재개 ▶ 장막절 준수 ▶ 성전 공사 재개 및 완공 (B.C. 520~516)	▶ 에스라의 종교 개혁 ▶ 이방인과의 결혼으로 혼란에 처한 여호와 신앙의 순수성 회복	▶ 예루살렘 성벽 중건 (사마리아인들의 방해에도 불구하고 52일 만에 완성) ▶ 에스라의 율법 낭독과 교육
참조구절	〈에스라서〉 1~6장	〈에스라서〉 7~10장	〈느헤미야서〉 1~13장

돌아온 유다 백성은 이스라엘이 재건되는 것을 싫어하는 이웃 나라의 극심한 방해를 받았지만, 그것을 견디고 성전을 재건합니다. 하나님은 바벨론 포로 제1차 귀환 때 성전을 건축하게 함으로써 유다 백성을 구속사의 주역으로 다시 회복시켜 주셨습니다. 제2차 귀환 때는 에스라 선지자의 개혁을 통하여 내

면적인 신앙 회복을 이룩하게 했습니다. 제3차 귀환 때는 느헤미야를 유다 땅의 총독으로 세워 성벽 재건을 통하여 외부로부터의 공격을 차단하고, 개혁과 부흥 운동을 통하여 선민의 성결함을 회복토록 했습니다. 그 내용을 기록한 책은 다음과 같습니다.

〈학개서〉: 돌아온 이스라엘이 성전 건축을 시작하고 어려움에 처하자 건축을 중단하고 나서 16년의 세월을 보냈을 때, "다시 일어나 성전 건축을 시작하라"는 하나님의 말씀으로 백성을 설득하고 권면한 내용입니다.

〈스가랴서〉: 학개 선지자와 함께 성전 재건을 독려했습니다. 그는 특별히 재건할 성전을 통해 예루살렘의 회복과 구원을 선포했습니다. 성전 건축을 해야 할 것과 함께 미래에 대한 소망을 심어 줍니다. 학개와 스가랴의 예언을 통해 백성들은 힘을 내어 다시 성전 재건 사업에 돌입하였고, 그 사역을 완성합니다.

Q 성전 재건을 다룬 책은 어떤 책인가요?
_____
_____

〈에스더서〉: 1차 귀환과 2차 귀환 사이, 페르시아에 남아 있던 이스라엘 민족에게 일어났던 일을 기록한 책입니다. 그때 페르시아의 왕 아하수에로의 왕비였던 유대인 에스더는 "죽으면 죽으리라"는 각오로 왕에게 나아가 이스라엘 민족을 구원합니다. 이것을 통해 부림절이 생겨납니다.

〈에스라서〉: 학사 겸 제사장인 에스라가 페르시아에서의 안정된 지위를 버리고 남은 삶 동안 하나님의 율법을 연구하고, 준행하며, 가르치기로 결심하고(스

7:10) 예루살렘으로 귀환한 이야기입니다. 성전 건축이 하드웨어의 완성이었다면, 에스라는 이스라엘 백성들에게 성경을 가르치고 그 말씀대로 살기를 가르치는 소프트웨어의 역할을 감당한 것입니다. 그러나 성전의 재건으로 이스라엘 백성들의 삶이 안정된 것은 아니었습니다. 성벽이 없는 삶이란 울타리가 없는 집과 같았습니다. 그때의 모습이 〈느헤미야서〉 1장에 나타납니다.

〈에스라서〉 7:10
에스라가 여호와의 율법을 연구하여 준행하며 율례와 규례를 이스라엘에게 가르치기로 결심하였었더라

〈느헤미야서〉: 예루살렘으로 귀환한 이스라엘이 성벽을 재건하지 못하고 도시가 황폐한 상태에 있다는 소식을 듣고, 그 문제를 해결하기 위해 페르시아 왕의 도움을 받아 예루살렘 총독으로 부임하여 성벽을 완성하는 이야기입니다.

Q 성벽 재건을 다룬 책은 어떤 책인가요?
_____
_____

〈말라기서〉: 이스라엘 백성은 시간이 흐르면서 다시 세속화되는데 그때의 모습을 담고 있습니다. 말라기는 구약 시대의 마지막 선지자로서 이스라엘 공동체 속에 있는 죄를 지적하며 하나님의 안타까운 마음을 전합니다. 하나님이 이스라엘 백성에게 "내가 너희를 사랑하였노라" 하자, 그들은 "어떻게 우리를 사랑하셨나이까?"라고 반문합니다. 이런 모습을 보면서 하나님은 "차라리 성전 문을 닫으면 좋겠다!"라고 합니다. 이렇게 민망한 상황에서 구약이 끝납니다.

신구약 중간기

구약의 역사는 결국 실패합니다. 구약이 끝나고 신약이 시작되기까지 아무 예언도 없는 시간이 400년간 지속되는데, 이때를 '신구약 중간기'라고 부릅니다. 구약은 페르시아 시대에 끝나고, 신약은 로마 시대를 배경으로 시작됩니다. 구약과 신약의 차이는 한 장인 것 같지만 기간으로는 400년이고, 그 사이에 제국이 페르시아에서 헬라(그리스)로, 거기서 다시 로마로 바뀌었습니다. 신구약 중간기 400년 동안 성경에는 기록되지 않은 일이 일어났습니다. 이것을 살펴보면 신약 성경과 유대교를 좀 더 이해할 수 있습니다. 아래 그림은 《베델성서연구》 교재 '성서편'에서 신구약 중간 시대를 강의할 때 사용하는 이미지 및 그림 설명입니다.

designed by Lee Hong Yeol

중간 시대는 구약 〈말라기서〉와 신약 〈마태복음〉을 이어 주는 다리입니다. 구약의 '회당, 랍비, 경전'은 유대교의 3개 기둥인데, 신구약 중간 시대에 이 세 가지에 대한 중요성이 더욱 강조되었습니다. '십자가와 부활'은 신약에 담긴 예수 그리스도 복음의 핵심입니다.

> **Q** 복음의 핵심이 되는 두 가지는 무엇인가요?

바사(페르시아), 헬라, 로마는 신구약 중간기 세계 역사의 중심입니다. '바사' 속에 있는 그림 중 '천사의 그림'은 이 시기에 천사라는 개념이 발전했다는 뜻이고, 무한대 기호와 타원형은 영혼 불멸설, 육체적 부활의 개념이 형성 발전되었다는 의미입니다. 율법판은 이때에 율법주의, 더 정확하게 말하면 유대주의가 형성되었음을 나타냅니다. 바벨론 포로에 대한 반성의 결과로 율법을 중시했는데, 이것이 과도하게 되어 결국은 율법주의에 빠지게 되고, 본질보다 형식에 사로잡히는 유대주의 종교가 되어버립니다. 성전의 모습은 바벨론에서 귀국한 유대인들이 성전을 다시 건축한 것을 의미합니다.

> **Q** 바사(페르시아) 시대 때 율법을 중시하게 되었는데 실수한 것은 무엇인가요?

'헬라'의 그림 중 칼은 헬라 문화 속에서 히브리인들이 할례 문제로 갈등하는 것을 보여 줍니다. 헬라 문자는 그 당시 세계 공용어가 헬라어였음을 보여주는데 신약 성경도 헬라어로 기록되었습니다. 날개 달린 사람은 묵시 문학이 발생하였음을 보여 줍니다. 내려치는 망치와 핏방울은 헬라 시대에 안티오쿠스 4세가 헬라 문화를 유대에 전파하면서 철권통치를 펼쳤는데, 이에 대항해 많은 유대인이 피를 흘렸음을 나타냅니다. 마주치는 두 개의 화살표와 핏방울은 안티오쿠스의 헬라화 정책과 유대인들의 여호와 신앙이 정면 대결했고, 일시적이지만 마카비의 독립 전쟁이 승리한 것을 보여 줍니다. 그 결과 하나님의 성전을 되찾고 깨끗이 보수해서 하나님께 다시 봉헌하게 되는 데 이를 기념하는 절기가 수전절(요 10:22)입니다.

〈요한복음〉 10:22
예루살렘에 수전절이 이르니 때는 겨울이라

Q 헬라 시대 때 수전절이 생겼습니다. 그 유래는 무엇인가요?

'로마' 속의 그림 중에 방사선형으로 뻗은 길은 로마가 확충한 도로로, 이 도로는 후일 복음을 전파하는 길이 됩니다. 로마 군인은 로마의 군사력이 막강했음을 보여 줍니다. '政'(정)과 '法'(법)이라는 글자는 로마 시대에 정치 제도와 법률이 발달하였음을 나타냅니다. 깨어진 '도덕'이라는 글자는 도덕과 윤리가 타락했으며 영적인 암흑기였다는 것입니다. HEROD가 적힌 칼은 헤롯이 로마를 등에 업고 유대의 권력을 장악한 것을 나타냅니다.

다리에 매달린 CA, AP, PS라는 문자는 이 시기에 오늘날과 같은 성경이 형성되었음을 나타냅니다. 그 신빙성에 따라 정경(Canon), 외경(Apocrypha), 위경(Pseudepigrapha)으로 구분됩니다. 다리에 매달린 천사는 천사의 개념과 영혼 불멸, 부활 사상 등이 이 시기에 발전했다는 것입니다. 다리에 매달린 날개 달린 사람은 묵시 사상과 묵시 문학이 크게 발전했음을 나타내고, 뿔이 난 사탄은 이 시기에 '악'도 피조되었다는 개념이 발전했음을 나타냅니다. WI, AP라는 글자는 신구약 중간 시대에 지혜 문학이 발전하며, 묵시 문학이 크게 발전했다는 뜻입니다. '헬라' 불꽃 사이에서 떠오르는 태양은 메시아 사상이 확대 발전되었음을 의미합니다.

다리 위에서 율법을 들고 서 있는 사람은 율법에 충실하려 했지만 결국 본질을 망각하고 율법의 형식주의에 얽매였던 바리새파 사람들이 신구약 중간 시대에 나타났다는 것입니다. 다리 위에 칼을 들고 서 있는 사람은 유대의 독립을 위해 무장 투쟁을 하던 열심당원(셀롯당)입니다. 다리 위에서 성전 모형을 들고 서 있는 이들은 사두개파 사람들입니다. 다리 위에서 흰 손수건과 두루마리 성경을 옆구리에 끼고 있는 사람은 에센파 사람들인데, 이들은 세상을 벗어나 은둔 생활을 하였으며 흰옷을 즐겨 입고 성경을 필사하며 공동체 생활을 했습니다. 이런 유대의 분파들이 모두 중간기에 생겨난 것입니다.

> **Q** 중간 시대에 생겨난 세 부류의 사람들을 소개해 봅시다.

오른쪽 가운데에 있는 그림, '로마' 망치와 산산이 부서지는 '유대'는 A.D. 70년경 로마가 유대를 침공했을 때 유대인들이 마사다에서 최후의 항쟁을 벌이지만 결국 멸망하여 역사 속으로 사라지는 것을 의미합니다.

신구약 중간 시대를 바르게 이해할 때, 유대인들의 율법주의, 바리새파 사람들의 외식, 열심당원, 제사장 그룹의 예수님 박해, 로마와 빌라도 총독, 바울의 효율적 선교 여행의 배경, 〈사도행전〉 4장의 초대 교회의 공동체 생활, 〈요한복음〉 10장의 수전절 등 구약에 나타나지 않는 신약의 많은 개념이나 배경을 쉽게 이해할 수 있습니다. 실패한 그들에게 하나님 나라 – 인간의 힘으로는 이룰 수 없는, 오직 은총으로만 주어지는 하나님 나라 – 이야기가 전개됩니다. 이것이 신약의 복음입니다.

> 🕊 **선포합니다**
> † 나는 율법주의자가 되지 않겠습니다.
> † 나는 바리새인의 외식을 닮지 않겠습니다.
> † 나는 하나님 나라의 신실한 일꾼이 되겠습니다.

05 신약 성경

성경 〈출애굽기〉 19:5~6   요절 〈디모데후서〉 3:16~17

🕊 지난 한주 하나님께서는

_____

_____

_____

신약의 주제는 〈마태복음〉 1장 1절입니다.

> 아브라함과 다윗의 자손 예수 그리스도의 계보라 _마 1:1

하나님의 구원 역사가 아브라함과 다윗을 거쳐 예수 그리스도를 통해 완성되었다는 것이 신약의 내용입니다. 예수님이 오시는 것을 예비한 사람은 세례 요한입니다. 그는 구약의 마지막 사람이며 신약의 첫 사람으로서 과거의 시스템(구약의 짐승 제사를 통한 용서)의 한계를 말하고, 새로운 시스템(예수님을 통한 구원의 완성)이 왔다고 외쳤습니다. 그는 예수님을 보고 "세상 죄를 지고 가는 하나님의 어린양"(요 1:29)이라고 했습니다. 하나님이 준비하신 속죄의 유일하고 완전한 제물이 예수님이라는 것을 선포합니다.

복음서

복음서는 〈마태복음〉, 〈마가복음〉, 〈누가복음〉, 〈요한복음〉 4권의 책을 말합니다. 복음(Gospel)은, God(하나님) + spell(말하다)의 합성어로, '하나님의 말씀'이란 뜻입니다. 하나님의 말씀의 핵심은 예수 그리스도입니다. 쉽게 말하면 예수 그리스도가 곧 복음입니다. 그러니까 〈마태복음〉이란 '마태가 본 예수님'이란 뜻입니다. 왜 4개의 복음이 필요했을까요?

각 복음서들은 그 책을 읽는 대상과 쓴 목적이 다릅니다. 마태의 대상은 유대인입니다. 그래서 유대인이 이해하기 쉬운 방법으로 예수님을 '왕'으로 소개했습니다. 마가의 대상은 로마인입니다. 로마 사람들이 이해하기 쉬운 방법으로 예수님을 '종'으로 소개했습니다. 누가의 대상은 헬라인입니다. 헬라인들이 이해하기 쉬운 방법으로 예수님을 '인자'로 소개했습니다. 요한의 대상은 모든 사람입니다. 예수님을 '하나님의 아들'로 소개했습니다. 이슬람교에서는 4개의 복음서 내용이 조금씩 다르다는 이유로 거짓말이라고 합니다. 그러나 아닙니다. 예수님의 다양한 모습을 보여 줌으로써 입체적으로 이해시키려는 것입니다. 〈요한복음〉 3장 16절의 말씀, "하나님이 세상을 이처럼 사랑하사 독생자를 주셨으니"에서 보듯 하나님이 '이처럼 사랑한다'는 것이 4복음서의 내용입니다.

> **Q** 네 개의 복음서가 필요했던 이유는 무엇인가요?
> _____
> _____

성자 하나님이 왜 사람이 되어야 했을까요? 인간의 죄 문제를 해결하기 위해서는 죄가 없는 사람이어야 했습니다. 그러나 사람은 그 일을 감당할 수 없습니다. 모든 사람이 죄를 범했기 때문입니다. 그래서 죄 없으신 하나님이 사람이 되어 온 것입니다. 구약은 '이런 분'을 보내겠다는 약속입니다. 그리고 그것은 신약에서 성취되었습니다. 그래서 신약은 구약의 성취입니다. 예수님은 십자가에 죽음으로써 다 이루셨습니다(요 19:30). 무엇을 다 이루었다는 말일까요? 십자가 죽음을 통한 인류 구원의 사역을 다 이루었다는 것입니다. 휘장의 찢어짐(마 27:51)은 구약의 제사장 시대가 종료되고 새로운 시대가 되었음을 보여 줍니다.

〈요한복음〉 19:30
예수께서 신 포도주를 받으신 후에 이르시되 다 이루었다 하시고 머리를 숙이니 영혼이 떠나가시니라

〈마태복음〉 27:51
이에 성소 휘장이 위로부터 아래까지 찢어져 둘이 되고 땅이 진동하며 바위가 터지고

〈사도행전〉과 바울 서신

오순절 성령 강림 사건을 통해 교회가 탄생합니다. 예루살렘교회는 사도들의 지도 아래 성장합니다. 그러나 헬라어를 아는 사람들에게 복음이 퍼지면서 예루살렘교회 안에는 두 그룹이 생깁니다. 12사도를 중심으로 하는 히브리파와 7집사를 중심으로 하는 헬라파입니다. 이들은 서로 갈등하고 협력하면서 복음

을 확장시켜 나갑니다.

　스데반의 순교를 시작으로 복음의 영역은 예루살렘과 유다 지역을 넘어갑니다. 스데반을 죽이는 데 앞장을 섰고, 초대 교회를 박멸하려던 사울이 다메섹 도상에서 예수님을 만나면서 회심했습니다. 이것은 초대 교회의 커다란 사건이 됩니다. 그는 이 사건 후에 3년 동안 아라비아에 가서 혼자 지내며, 자기가 받은 계시를 공부합니다. 그리고 다음과 같이 결론을 내립니다.

　첫째, 유대교의 가르침은 예수 그리스도의 오심을 위한 준비 과정이다. 진정으로 약속된 메시아는 예수 그리스도이며, 구약의 모든 예언은 예수님 안에서 성취되었고, 율법은 완성되었다.

　둘째, 예수 그리스도는 우리를 위하여 십자가에 죽으셨다. 이것이 모든 제사의 완성이다.

　셋째, 복음 안에서 유대인과 이방인 사이에는 차별이 없다. 누구든지 예수 그리스도를 믿으면 하나님의 자녀가 되는 것이다.

　이것이 바울신학의 뿌리입니다.

　박해를 피해 예루살렘을 떠난 사람들이 안디옥교회를 세웁니다. 바나바는 바울과 함께 그 교회를 섬기며 성장시킵니다. 그리고 거기서 첫 선교사로 바나바와 바울이 파송됩니다. 이후로 바울은 3차에 걸쳐 전도 여행을 합니다. 1차 전도 여행이 〈사도행전〉(행 13:4~14:27)에 나옵니다. 구브로 → 버가 → 비시디아 안디옥 → 루스드라 → 이고니온을 거쳐 안디옥교회로 돌아와 선교 보고를 합니다(행 14:27). 그 결과 많은 이방인이 예수님을 믿게 됩니다. 그들을 믿음의 형제로 받아들일 것인가, 아니면 율법을 요구할 것인가? 이 문제는 예루살렘교회와 이방의 교회가 하나가 되느냐 깨지느냐를 결정짓는 엄청난 문제였습니다. 초대 교

〈사도행전〉14:27
그들이 이르러 교회를 모아 하나님이 함께 행하신 모든 일과 이방인들에게 믿음의 문을 여신 것을 보고하고

회는 예루살렘 공의회(행 15:1~35)를 통해 2천 년 동안 내려온 이방인과 선민의 구분 문제를 확실하게 정리합니다. 예루살렘 공의회의 결정으로 말미암아 유대인들이 쌓아 놓은 이방인과 선민 사이의 벽이 완전히 사라집니다.

2차 전도 여행은 〈사도행전〉 15장 36절에서 18장 22절까지 나옵니다. 2차 전도 여행을 떠나면서 바울은 마가 때문에 바나바와 싸웁니다. 그 결과 바울은 바나바 대신 실라를, 바나바는 마가를 데리고 떠납니다. 바울은 드로아에서 환상을 보고 마게도냐로 건너갔고, 복음이 유럽으로 전해집니다. 이때 기록된 성경이 〈데살로니가전서〉, 〈데살로니가후서〉, 〈갈라디아서〉입니다.

바울은 데살로니가에 3주 동안 머물렀습니다. 그래서 그들이 신앙생활을 어떻게 하고 있는지 궁금하여 디모데를 그곳에 보내 상황을 알아봅니다. 성도들이 신앙생활을 잘하고 있을 뿐 아니라 어려운 가운데서도 교회가 잘 되어 가고 있다는 소식을 디모데를 통해 듣습니다. 바울이 아주 감격하면서 격려와 칭찬의 편지를 썼는데, 그것이 〈데살로니가전서〉입니다. 신약에서 가장 먼저 기록된 성경입니다. 대부분 칭찬을 했지만, 예수님의 재림이 임박하다고 생각한 사람들이 사회적인 물의를 일으키자 이에 대한 후속 조치로 〈데살로니가후서〉를 쓰게 됩니다. 〈데살로니가후서〉에서 바울은 "예수님께서 오시기는 하지만 그렇게 빨리 오는 것은 아니고, 예수님께서 오시기 전에 먼저 일어날 일이 있다. 그러니 제발 경거망동하지 말고 열심히 일해서 자기 양식을 먹고, 어려운 사람을 도와야 하며, 일도 하지 않고 문제만 일으켜서는 안 된다"라고 가르칩니다.

데살로니가교회가 안정이 되면서 갈라디아교회에서 이상한 소문이 들려옵니다. 갈라디아교회에 율법주의자와 할례당이 들어와서 바울이 전한 복음을 훼손시킨다는 것입니다. 순진한 갈라디아 교인들이 변질되고, 할례를 받지 않으면 구원받지 못한다는 할례당의 주장을 받아들여 할례를 받고 있다고도 합니다. 이 사실을 바울이 알고 염려하고 화내면서 쓴 편지가 〈갈라디아서〉입니다.

　3차 전도 여행은 〈사도행전〉 18장 23절부터 21장 16절까지 나옵니다. 약 4년에 걸쳐 이루어지는 바울의 3차 전도 여행에서 바울은 에베소를 선교 거점으로 하여 두란노 서원에서 집중적으로 제자를 양육합니다. 3차 여행 중에 〈고린도서〉를 씁니다. 바울은 2차 전도 여행 때 고린도에서 1년 6개월 정도 머물면서 복음을 전했고, 고린도교회를 세웠습니다. 아볼로가 목회를 했는데, 파벌이 생기자 설립자인 바울에게 질문합니다. 이 문제에 대해 어떤 자세로, 어떤 원리에 의해, 어떻게 해결해야 하는지 자세히 기록해서 보낸 것이 바로 〈고린도전서〉입니다. 이 편지를 받고 대부분의 고린도교회 성도들은 잘못을 깨닫고 회개했습니다. 그런 사람들을 위로하고 한편으로는 더 거세게 대항하는 사람들에게 바울 자신이 진정한 사도임을 주장하는데 이것이 〈고린도후서〉입니다. 디도가 이 편지를 가지고 가서 고린도 교인에게 보여 줍니다. 다행스럽게도 고린도 교인은 이 편지를 읽고 크게 반성합니다.

> **Q** 〈고린도서〉에 기록된 이야기를 정리해 봅시다.
> _____
> _____

　바울은 10년 동안 이방인 선교 사역을 했고, 그것을 평가합니다. 그리고 "지금까지 헬라와 소아시아 지역의 전도 사역은 많은 열매를 맺었다. 이제는 더 큰 꿈을 가지고 주님 말씀대로 땅 끝까지 복음을 전하자"라고 생각합니다. 그 당시 지중해 중심의 세계에서 볼 때 땅 끝은 서바나입니다. 서바나는 지금의 스페인이고, 구약에서는 다시스(욘 1:3)라고 불렀습니다.

이제 새로운 세계를 향해 나아가고자 할 때, 중심 거점이 필요했습니다. 지금까지의 거점은 안디옥이었고 에베소에는 선교 센터를 만들었습니다. 바울은 세계를 향해 나가기 위해 당대 세계 최고의 도시인 로마를 선택합니다. 문제는 로마교회가 바울을 모른다는 것입니다. "어떻게 자기를 알리고 인정을 받아 선교사로 파송되어 땅 끝까지 복음을 전할까?" 이것이 그의 기도 제목이었습니다. 그는 전도 사역을 통해서 많은 사람을 만나 복음을 전했고, 그 복음의 능력과 역사에 대하여 경험했습니다. 신학과 신앙이 절정에 다다랐습니다. 바울은 그 내용을 로마에서 검증받고 싶었습니다. 그래서 온 정성을 다해 복음의 진수를 기록합니다. 이것이 바로 〈로마서〉입니다.

예루살렘으로 가서 선교 보고를 한 바울은(행 21:17~19) 체포되어 가이사랴로 호송됩니다. 거기서 2년 동안 기다리다가 로마 황제 가이사에게 재판을 청구합니다(행 25:9~12). 그리고 로마에 도착하여 로마 교인들을 만납니다. 재판 날짜가 계속 연기되는 관계로 2년의 시간 동안 하나님 나라를 증거하면서(행 28:23) 〈사도행전〉이 끝납니다.

로마에서 가택 연금 상태에 있으면서 기록한 책이 옥중 서신입니다. 〈에베소서〉는 교회론에 대한 것이고, 〈빌립보서〉는 고난 중의 기쁨에 대해서, 〈골로새서〉는 예수님이 누구인가를 다루는 그리스도론(예수님 한 분으로 족하다)입니다. 〈빌레몬서〉는 그리스도인의 형제 사랑에 대한 내용입니다.

〈사도행전〉 28:23
그들이 날짜를 정하고 그가 유숙하는 집에 많이 오니 바울이 아침부터 저녁까지 강론하여 하나님의 나라를 증언하고 모세의 율법과 선지자의 말을 가지고 예수에 대하여 권하더라

Q 옥중 서신은 언제 어떤 내용으로 기록되었나요?
_____
_____

    2년간 가택 연금을 당했던 바울이 잠시 풀려납니다. 이 시기를 전후로 하여 〈디모데전서〉와 〈디도서〉를 기록합니다. 얼마 후 로마 당국이 모든 죄수를 다시 체포합니다. 또다시 감금된 바울은 이제 육신의 장막을 벗을 때가 되었음을 깨닫고 유언에 가까운 편지로 〈디모데후서〉를 씁니다. 이 서신에 기록된 바울의 마지막 당부는 한마디로 "복음과 함께 고난을 받으라"입니다.

공동 서신 _ 〈히브리서〉부터 〈유다서〉까지

    공동 서신과 바울 서신은 어떤 차이가 있을까요? 저자와 시대 상황이 다릅니다. 지금까지 바울의 대적자는 유대인이었으나 열심히 선교한 결과 기독교는 상당한 세력으로 성장했습니다. 그런데 로마 황제 네로가 A.D. 64년에 발생한 로마 대화재 사건을 기독교인의 소행으로 뒤집어씌우며 대대적인 박해를 시작합니다. 이때 바울이 순교했고, 기독교 공동체는 로마와 싸워야 하는 처지가 되었습니다. 그런 상황 가운데서 기록된 것이 공동 서신입니다. 당시 교회의 역사는 30년이 막 넘은 상태로, '어린 교회'에 닥친 시험은 무시무시했습니다. 이것을 잘 넘기기 위해 기록한 편지가 공동 서신입니다. 선한 싸움을 위한 편지입니다.

> **Q** 공동 서신을 기록한 목적을 설명해 봅시다.
> _____
> _____

당시 예수님을 믿는 사람들 가운데 핍박과 고난으로 인해 마음이 흔들리는 사람들이 있었습니다. 그런 사람들은 유대교로 되돌아갔습니다. 〈히브리서〉는 기독교를 믿다가 위험 때문에 다시 유대교로 돌아가는 어리석음을 경계하기 위해 기록되었습니다. 예수님을 믿기는 하나 신앙이 깊어지지 못한 채 흔들리는 사람들을 위해서 기독교와 유대교를 비교해 주고 있습니다. "유대교보다 기독교가 더 낫다, 비교할 수 없다, 기독교는 유대교의 완성이다, 그러므로 기독교를 믿다가 유대교로 가는 것은 어리석은 일이다, 예수 그리스도 안에 참된 진리가 있다, 예수를 믿는 것이 참된 믿음이다"라고 설명하면서 기독교가 유대교보다 우월하며, 유대교는 그림자이고, 기독교가 실상이며 본체라는 것을 주장합니다.

〈야고보서〉는 믿음이 아니라 행함을 강조한다고 생각하는데, 그렇지 않습니다. 〈야고보서〉는 지식에 그친 믿음을 경고하면서, 믿음이 있다고 하면서 믿음에 따른 행위가 없다면 가짜라고 말하는 것입니다. 물론 행위가 구원을 하지는 않습니다. 그러나 그 행위를 통해 믿음이 있다는 것을 확인하는 것입니다. 그러므로 〈야고보서〉는 믿음에 대한 이야기입니다. 행함이 없는 믿음은 가짜이며, 시험을 이기는 믿음이 '참 믿음'이니 진짜 믿음을 가지라는 것입니다.

Q 〈히브리서〉와 〈야고보서〉의 주제는 무엇인가요?

　　〈히브리서〉와 〈야고보서〉를 믿음의 서신이라고 한다면 〈베드로서〉는 소망의 서신이며, 〈요한 일, 이, 삼서〉는 사랑의 서신입니다. 신앙생활에서 믿음과 소망과 사랑은 항상 있어야 합니다. 믿음이 없으면 아무것도 아닙니다. 그러나 믿음은 소망으로 이어져야 합니다. 소망을 가진 사람들은 이 땅에서 사랑을 실천하면서 복음을 전하는 삶을 살아야 합니다.

Q 〈베드로서〉와 〈요한 일, 이, 삼서〉의 주제는 무엇인가요?

　　〈유다서〉는 기독교인을 미혹하는 이단을 경계하는 책입니다.
　　〈요한계시록〉은 A.D. 90~96년 사이에 기록되었는데, 로마의 도미티아누스 황제의 박해가 배경입니다. 〈요한계시록〉을 통해 전하려는 내용은 세 가지입니다.
　　첫째, 그 당시의 성도들이 두려워하지 않도록 안심하게 하는 것입니다.
　　둘째, 교회와 성도들이 예수님 오실 때까지 어떤 모습으로 다듬어져야 하는지, 사명을 충실하게 감당하는 교회와 성도들이 되게 하려는 것입니다.

셋째, 역사의 종말이 어떻게 도래할 것인지, 예수님이 오실 때는 어떤 일이 있을 것인지에 대해 언급하고 있습니다. 이것을 〈요한계시록〉에서는 ① "그러므로 네 본 것과" ② "이제 있는 일과" ③ "장차 될 일"로 나눕니다.

> **Q** 〈요한계시록〉의 내용을 셋으로 구분해 봅시다.
> _____
> _____

바울 서신의 배경은 새로 시작된 교회가 소아시아와 유럽으로 번져가는 과정의 이야기입니다. 30년 동안 생겨난 교회들이 어떻게 생겨났는지, 그들에게 어떤 일들이 있었는지에 관한 내용이 〈사도행전〉과 바울 서신에 등장합니다. 그런데 바울과 베드로가 죽으면서 교회는 엄청난 환난을 당하게 됩니다. 64년 로마 대화재 사건을 계기로 네로는 기독교인에게 그 책임을 뒤집어씌우면서 박해를 시작합니다. 이후로부터 오랫동안 10번에 걸친 박해를 당하게 됩니다. 이런 상황에서 기록된 것이 공동 서신으로 이 서신은 "선한 싸움을 위한 편지"입니다. 신약의 교회는 작은 공동체였으나 거대한 로마에 대항해서 진리의 싸움을 벌입니다. 무려 300년 동안이나 극심한 박해를 견디고 끝내는 로마를 정복합니다.

오늘 이 시대의 교회들은 어떠합니까? 이렇게 커졌으면서도 권력에 목말라 합니다. 국가가 잘못하는 것을 지적하고 올바른 길로 나가도록 바른 말을 하지 않습니다. 오히려 권력의 눈치를 보고, 그 권력에 밀착하고, 그 권력을 얻기 위해 몸부림을 칩니다.

나라를 사랑하면서 온유하고 겸손하게 영적 전쟁을 해야 합니다. 사탄이 예수님을 시험할 때 천하만국과 그 영광을 보여 주면서 "만일 내게 엎드려 경배하면 이 모든 것을 네게 주리라"고 했습니다. 그러자 예수님은 "사탄아 물러가라 기록되었으되 주 너의 하나님께 경배하고 다만 그를 섬기라"(마 4:8~10) 하셨습니다. 오늘도 어김없이 다가오는 이런 유혹 앞에서 예수님처럼 대답하며 담대하게 살아가야 합니다.

> **선포합니다**
> † 예수님은 세상 죄를 지고 가는 하나님의 어린양이었습니다.
> † 주님 오실 때까지 믿음, 소망, 사랑의 삶을 살아가겠습니다.
> † 나는 하나님만 경배하고 섬기며 살 것입니다.

8단원의 주제는 "기도"입니다.

기도, 신앙인이라면 잘 알고 있는 것입니다. 그러나 잘 알고 있는 것과 바르게 하는 것에는 커다란 간극이 있습니다. 기도는 하나님과 나누는 대화입니다. 사람과 사람 사이에 주고받는 대화도 연습이 필요하듯 하나님과의 대화도 마찬가지입니다. 기도는 일방적으로 쏟아내는 독백이나 설교가 아닙니다. 8단원을 통해 기도가 무엇인지 이해의 폭을 넓힐 수 있을 것입니다. 기도에 있어 중요한 것은 하나님께 아뢰고, 하나님의 말씀을 듣는 과정입니다. 하나님과 대화하는 과정에서 '아뢰기'에는 방언, 통성, 찬양 등 여러 방식이 있을 수 있습니다. 그러나 방식이 어떠하든 하나님이 보여 주시는 표식을 보고 분별하는 즉 하나님의 음성 듣기는 중요한 과정입니다. 이 단원을 통해 기도에 대해 바르게 이해하고 하나님과의 대화에 있어 친밀함과 깊이를 더해 가기를 바랍니다.

8단원

기도

06 | 기도란 무엇인가
07 | 방언 기도
08 | 기도와 찬양
09 | 하나님의 음성 듣기
10 | 중보 기도

06 기도란 무엇인가

성경 〈요한복음〉 15:5-7,15   요절 〈요한복음〉 15:7

지난 한주 하나님께서는

_____

_____

 기도는 "살아 계신 하나님과 나누는 대화이며 만남"입니다. 마음에 맞는 친구를 만나면 시간 가는 줄 모르고 이야기를 나누게 됩니다. 어제 만나 이야기를 나눴는데, 오늘 또 만나 이야기를 해도 지루하다는 생각이 들지 않습니다. 공감대를 형성한 덕분이기도 하지만 근본적으로는 사랑과 존중이란 친밀감이 형성되어 있기 때문입니다. 사랑하면 상대방이 보입니다. 그가 원하는 것은 무엇이고, 싫어하는 것은 어떤 것인지 확연하게 알 수 있습니다. 이런 만남은 새로운 선택에도 영향을 미치고 나아가 나를 새롭게 인식하는 데도 도움이 됩니다. 하나님과의 대화도 이와 같습니다. 하나님이 '나'를 사랑하고 기뻐한다는 것을 깨닫게 될 때, 하나님을 향해 마음을 열고 대화를 할 수 있게 됩니다. 그리고 더욱더 깊은 만남으로 나아갈 수 있습니다. 이런 만남은 하나님 안에서 '나'라는 존재의 가치를 새롭게 인식하게 하고, 하나님과 동행하는 삶을 살게 합니다. 이것이 기도 생활이 가져다 주는 최고의 선물입니다. 최고의 선물, 최고의 경지인 하나님과 동행하는 삶으로 나가기 위해서 첫걸음부터 시작해야 합니다.

[7]구하라 그리하면 너희에게 주실 것이요 찾으라 그리하면 찾아낼 것이요 문을 두드리라 그리하면 너희에게 열릴 것이니 [8]구하는 이마다 받을 것이요 찾는 이는 찾아낼 것이요 두드리는 이에게는 열릴 것이니라 [9]너희 중에 누가 아들이 떡을 달라 하는데 돌을 주며 [10]생선을 달라 하는데 뱀을 줄 사람이 있겠느냐 [11]너희가 악한 자라도 좋은 것으로 자식에게 줄 줄 알거든 하물며 하늘에 계신 너희 아버지께서 구하는 자에게 좋은 것으로 주시지 않겠느냐 [12]그러므로 무엇이든지 남에게 대접을 받고자 하는 대로 너희도 남을 대접하라 이것이 율법이요 선지자니라_마 7:7~12

> **Q** 위의 성경 말씀을 읽고 답해 봅시다.
>
> 1. 7절에 있는 기도의 3단계를 적어 봅시다.
> _____
>
> 2. 하나님은 기도하는 이들에게 어떤 분인가요?
> _____

부르짖어 구하는 단계

신앙생활은 곧 기도 생활입니다. 기도 생활의 첫걸음은 결핍과 필요에서 시작됩니다. 필요한 것을 구하는 것이 기도의 시작입니다. 예수님은 하나님에 대해 "자식들에게 좋은 것을 주시는 부모"와 같은 분이라고 말하면서 먼저 "구하라"고 했습니다. 물론 하나님은 구하기 전에 필요한 것이 무엇인지 아십니다. 하나님이 알고 계심에도 불구하고 "구하는 과정"은 필요합니다. 많은 사람이 각자 하나님께 무엇인가 달라고 합니다. 전지하신 하나님은 그 모든 것을 듣지만, 더 자주 더 간절하게 구하는 사람의 기도를 들어주게 마련입니다. 구한다는 것은 간절함의 표시입니다. 절실하게 필요한 것이 있으면 구하게 됩니다.

> [37]주 여호와께서 이같이 말씀하셨느니라 그래도 이스라엘 족속이 이같이 자기들에게 이루어 주기를 내게 구하여야 할지라 내가 그들의 수효를 양 떼 같이 많아지게 하되 [38]제사 드릴 양 떼 곧 예루살렘이 정한 절기의 양 무리 같이 황폐한 성읍을 사람의 떼로 채우리라 그리한즉 그들이 나를 여호와인 줄 알리라 하셨느니라_겔 36:37~38

하나님이 모든 것을 주려고 계획했다 할지라도 백성들은 그것을 달라고 구해야 한다는 말씀입니다. 구했으나 응답받지 못할 때가 있습니다. 성경은, "받지 못한 이유는 구하지 않았기 때문이요, 구했어도 받지 못한 것은 정욕에 쓰려고 잘못 구했기 때문"(약4:2~3)이라고 합니다.

두 번째, 기도하는 사람이 할 것은 "찾아나서는 것"입니다. 기도란 단순히 입으로 하는 '말'이 아닙니다. 하나님이 공급하는 통로가 어딘지, 열어 놓은 문이 어딘지 찾는 것입니다. 그리고 문을 두드려야 합니다. 문이 열릴 때까지 두드려야 합니다. 다르게 표현하면, 구하지 못하면 받지 못하고, 찾지 않으면 얻지 못하고, 두드리지 않으면 문은 열리지 않습니다. 받고자 하는 사람의 간절함이 필요하다는 말씀입니다. 그것이 기도의 시작입니다.

기도의 핵심은 응답에 있습니다. 응답받는 기도가 최고의 기도입니다. 두드려서 문이 열려야 합니다. 두드려도 문이 열리지 않으면, 응답이 없으면 답답해집니다. 방언으로 기도하느냐 모국어로 기도하느냐, 서서 기도하느냐 앉아서 기도하느냐, 눈을 감고 기도하느냐 눈을 뜨고 기도하느냐, 소리를 내서 기도하느냐 소리를 내지 않고 기도하느냐는 중요하지 않습니다. 기도의 핵심은 응답을 받느냐 그러지 못하느냐에 달려 있습니다. 〈사무엘상〉 1장 12~13절을 보면 한나가 기도하는 장면이 소개되어 있습니다.

> [12]그가 여호와 앞에 오래 기도하는 동안에 엘리가 그의 입을 주목한즉 [13]한나가 속으로 말하매 입술만 움직이고 음성은 들리지 아니하므로 엘리는 그가 취한 줄로 생각한지라
> _삼상 1:12~13

한나가 기도하는데 입술만 움직이고 소리가 들리지 않았습니다. 속으로 기도한 것입니다. 음성이 들리지 않자 엘리는 술 취한 여자라 생각했습니다. 이에 대해 그녀는 다만 "마음이 슬픈 여자"일 뿐이라고 답합니다. 그때 엘리가 "평안히 가라 이스라엘의 하나님이 네가 기도하여 구한 것을 허락하시기를 원하노라"(17절)고 덕담을 합니다. 한나는 그 말을 기도의 응답으로 받습니다. "가서 먹고, 얼굴에 다시는 근심 빛이 없더라"(18절) 하는 구절에서 잘 드러납니다. 그리고 마침내 기도가 응답되어 아이를 낳게 됩니다(20절). 한나의 기도에 하나님이 응답한 것입니다. 기도의 키는 응답에 있습니다.

간혹 기도 응답이 더디다면서 실망하는 이들이 있습니다. 부모는 자녀가 달라고 하면 그것이 무엇이든 곧바로 줍니까? 즉시 줄 때도 있고 천천히 줄 때도 있습니다. 어떤 경우는 아예 주지 않기도 합니다. 기도 응답 역시 같은 맥락에 있습니다. 즉시 주기도 하고, 기다리라 하기도 하고, 아예 주지 않기도 합니다. 그러나 그 모든 것이 기도의 응답임을 잊지 말아야 합니다.

때로 기도는 가장 좋은 예언이 되기도 합니다. 왜냐하면 기도하는 대로 되기 때문입니다. 자녀를 위해 기도하는 것, 배우자를 위해 기도하는 것, 이웃을 위해 기도하는 것, 나라를 위해 기도하는 것, 그 모든 것이 기도하는 대로 됩니다. 그러기에 기도가 가장 좋은 예언이 된다는 것입니다. 이러한 이유로 더 많은 이들을 위해, 더 많은 제목으로 하나님께 기도하는 일이 필요합니다. 심는 대로 거두는 일이 있게 될 것입니다.

들음의 단계

앞서 기도를 살아 계신 하나님과의 대화라고 정의했습니다. 대화는 일방적이지 않습니다. 일방적인 말을 독백이나 연설이라 하고, 둘 사이에 주고받음이 있을 때 그것을 대화라 합니다. 그렇다면 이제 하나님의 말씀을 듣는 것이라는 또 하나의 과정이 남아 있습니다. 기도란 인간의 필요와 결핍을 하나님께 구하는 것이라 했는데, 그 단계를 넘어서면 기도는 하나님이 하시는 말씀을 듣는 단계가 됩니다. 보통은 기도가 하나님께 소원을 아뢰고 부르짖어 구하는 것이라 생각하지만 또 하나의 중요한 단계는 하나님이 하시는 이야기를 듣는 것입니다. 그러므로 기도란 구하고 부르짖는 것으로 시작하지만, 들음이라는 다음 단계로 반드시 나아가야 합니다.

[22]밤에 일어나 두 아내와 두 여종과 열한 아들을 인도하여 얍복 나루를 건널새 [23]그들을 인도하여 시내를 건너가게 하며 그의 소유도 건너가게 하고 [24]야곱은 홀로 남았더니 어떤 사람이 날이 새도록 야곱과 씨름하다가 [25]자기가 야곱을 이기지 못함을 보고 그가 야곱의 허벅지 관절을 치매 야곱의 허벅지 관절이 그 사람과 씨름할 때에 어긋났더라 [26]그가 이르되 날이 새려

하니 나로 가게 하라 야곱이 이르되 당신이 내게 축복하지 아니하면 가게 하지 아니하겠나이다 ²⁷그 사람이 그에게 이르되 네 이름이 무엇이냐 그가 이르되 야곱이니이다 ²⁸그가 이르되 네 이름을 다시는 야곱이라 부를 것이 아니요 이스라엘이라 부를 것이니 이는 네가 하나님과 및 사람들과 겨루어 이겼음이니라 ²⁹야곱이 청하여 이르되 당신의 이름을 알려 주소서 그 사람이 이르되 어찌하여 내 이름을 묻느냐 하고 거기서 야곱에게 축복한지라_창 32:22~29

Q 위의 성경 말씀을 읽고 답해 봅시다.

1. 홀로 남은 야곱이 한 일은 무엇인가요?
_____

2. 하나님은 야곱 대신 어떤 이름을 지어 주었나요?
_____

형 에서를 속이고 장자의 신분을 가로챘던 야곱이 이제 거부가 되어 돌아오는 장면입니다. 형과의 화해를 원했으나 화목은 간단한 일이 아닙니다. 형은 여전히 노를 가라앉히지 못하고 있었고, 동생 야곱은 화해의 실마리를 찾지 못하고 있었기 때문입니다. 그때 야곱은 하나님께 기도하기 시작했습니다. '밤!' 시간적으로는 어두워진 때를 이르는 말이지만, "자신의 문제를 해결할 실마리를 찾지 못한 때"를 뜻하기도 합니다. 그 밤에 야곱은 자신의 소원을 말씀드렸지만, 하나님이 야곱에게 하시는 말씀도 들었습니다. 하나님이 요구한 것은 이름을 바꾸라는 것이었습니다. 지금까지 야곱은 이름 그대로 남의 발뒤꿈치를 잡는 인생을 살았습니다. 형을 속이고, 아버지를 속이고, 삼촌을 속이는 인생이었습니다. 그런 야곱에게 하나님은 새 이름을 주면서, 이 이름대로 살라고 합니다. '이스라엘', 하나님과 겨루어 이겼다는 뜻입니다. 고대 근동어에 능한 사람들은 이 말이 "하나님! 나를 다스려 주세요!"라는 의미를 갖고 있다고 합니다. 지금까지는 자신의 꾀로 살아왔는데 이제는 하나님의 다스림을 받아 살겠다는 고백입니다. 하나님의 말씀을 듣기로 작정한 것입니다. 그 이후 야곱은 형과 화해하게 되고, 마침내 한 민족, 한 나라를 이루게 됩니다.

간혹 기도하는 이들 가운데 일방적으로 자신이 할 이야기를 다 쏟아 내고 벌떡 일어나서 예배당을 빠져 나가는 사람들이 있습니다. 하나님께 드릴 이야기를 다 마쳤습니까? 그렇다면 이제 잠시 숨을 고르고 앉아서 "하나님! 제가 드릴 말씀은 다 드렸습니다. 이제 하나님의 말씀을 제가 듣겠습니다" 하고 잠시 기다려야 합니다. 하나님이 말씀하도록 시간을 드리고, 마음의 문을 열어 그분이 들어오실 수 있도록 해야 합니다. 기도가 그저 '말하기'에 머물러 있지 않아야 합니다. 말하기에서 듣기로 영역이 확장될 때 기도의 균형을 이룰 수 있습니다.

하나님과 나누는 대화

그럼에도 불구하고 기도가 말하기와 듣기에만 국한된다면 그것은 대화의 중요한 측면을 간과한 것입니다. 말하기의 핵심이 달라는 데 있고, 듣기의 요체가 '하라', 혹은 '하지 마라'는 명령인데, 그런 관계는 친밀한 사랑의 사이라 말하기 어렵습니다. 부모 자식 간의 관계를 생각해 봅시다. 자식은 뭔가 필요한 것이 있을 때만 말을 하고, 부모는 허락과 금지에 대한 말만 한다면 정상적인 부모 자식 관계라 하기 어렵습니다. 대화는 친밀한 사귐이요, 인격적 만남입니다. 기도가 한 단계 더 발전해야 할 이유가 여기에 있습니다. 고민을 나누고, 계획을 함께 성취해 가는 과정에서 마음을 나눌 수 있어야 합니다.

⁵그때에 내가 말하되 화로다 나여 망하게 되었도다 나는 입술이 부정한 사람이요 나는 입술이 부정한 백성 중에 거주하면서 만군의 여호와이신 왕을 뵈었음이로다 하였더라 ⁶그때에 그 스랍 중의 하나가 부젓가락으로 제단에서 집은 바 핀 숯을 손에 가지고 내게로 날아와서 ⁷그것을 내 입술에 대며 이르되 보라 이것이 네 입에 닿았으니 네 악이 제하여졌고 네 죄가 사하여졌느니라 하더라 ⁸내가 또 주의 목소리를 들으니 주께서 이르시되 내가 누구를 보내며 누가 우리를 위하여 갈꼬 하시니 그때에 내가 이르되 내가 여기 있나이다 나를 보내소서 하였더니

_사 6:5~8

> **Q** 위의 성경 말씀을 읽고 답해 봅시다.
>
> 1. 하나님의 고민은 무엇이었나요?
>
> 2. 이사야는 무어라 말씀드렸습니까?

종형 웃시야 왕 밑에서 궁정 선지자로 일했던 이사야는 형의 갑작스러운 죽음으로 자신의 존재 문제와 사역에 대해 깊은 회의에 빠집니다. 짐작컨대 왕인 형의 우산 밑에서 별 고민 없이 사역하며 지냈으리라 생각됩니다. 이제 정권이 바뀌고 민심도 돌아선 상황에서 과거처럼 살 수는 없었습니다. 고민 끝에 자신의 실수와 과오를 구체적으로 고백하며 회개합니다. 죄 용서를 받고, 새로운 인생을 살아갈 동력을 얻어 기뻐하고 있는 이사야에게 쓸쓸하게 말씀하시는 하나님의 소리가 들려옵니다.

"내가 누구를 보내며, 누가 우리를 위하여 갈꼬?"

그때 이사야는 말합니다.

"내가 여기 있나이다. 나를 보내소서!"

이사야는 하나님의 마음을 헤아릴 수 있는 경지에 이르렀던 것입니다.

성경을 읽으면서 놀라운 표현들을 발견하게 되는데, 하나님께서 아브라함이나 모세를 친구라고 부르는 대목입니다. 예수님도 제자들에게 "내가 명하는 대로 행하면 곧 나의 친구라" 하면서 "이제부터는 너희를 종이라 하지 아니하리니 종은 주인이 하는 것을 알지 못함이라 너희를 친구라 하였노니 내가 내 아버지께 들은 것을 다 너희에게 알게 하였음이라"(요 15:15)고 했습니다. 이런 표현이 의미하는 바는 무엇일까요? 하나님께서 마음을 나눌 친구 같은 존재를 찾고 있다는 말씀으로 볼 수 있습니다. 또 한편으로는 친구와 같은 편안한 관계를 맺고자 하심으로 이해할 수 있습니다. 우리의 기도가 절친한 친구와 나누는 대화와 같이 되어야 할 이유가 여기 있습니다.

⁹모세가 회막에 들어갈 때에 구름 기둥이 내려 회막 문에 서며 여호와께서 모세와 말씀하시니 ¹⁰모든 백성이 회막 문에 구름 기둥이 서 있는 것을 보고 다 일어나 각기 장막 문에 서서 예배하며 ¹¹사람이 자기의 친구와 이야기함 같이 여호와께서는 모세와 대면하여 말씀하시며 모세는 진으로 돌아오나 눈의 아들 젊은 수종자 여호수아는 회막을 떠나지 아니하니라 ¹²모세가 여호와께 아뢰되 보시옵소서 주께서 내게 이 백성을 인도하여 올라가라 하시면서 나와 함께 보낼 자를 내게 지시하지 아니하시나이다 주께서 전에 말씀하시기를 나는 이름으로도 너를 알고 너도 내 앞에 은총을 입었다 하셨사온즉 ¹³내가 참으로 주의 목전에 은총을 입었사오면 원하건대 주의 길을 내게 보이사 내게 주를 알리시고 나로 주의 목전에 은총을 입게 하시며 이 족속을 주의 백성으로 여기소서 ¹⁴여호와께서 이르시되 내가 친히 가리라 내가 너를 쉬게 하리라 ¹⁵모세가 여호와께 아뢰되 주께서 친히 가지 아니하시려거든 우리를 이 곳에서 올려 보내지 마옵소서 ¹⁶나와 주의 백성이 주의 목전에 은총 입은 줄을 무엇으로 알리이까 주께서 우리와 함께 행하심으로 나와 주의 백성을 천하 만민 중에 구별하심이 아니니이까 ¹⁷여호와께서 모세에게 이르시되 네가 말하는 이 일도 내가 하리니 너는 내 목전에 은총을 입었고 내가 이름으로도 너를 앎이니라 ¹⁸모세가 이르되 원하건대 주의 영광을 내게 보이소서 ¹⁹여

호와께서 이르시되 내가 내 모든 선한 것을 네 앞으로 지나가게 하고 여호와의 이름을 네 앞에 선포하리라 나는 은혜 베풀 자에게 은혜를 베풀고 긍휼히 여길 자에게 긍휼을 베푸느니라 [20]또 이르시되 네가 내 얼굴을 보지 못하리니 나를 보고 살 자가 없음이니라 [21]여호와께서 또 이르시기를 보라 내 곁에 한 장소가 있으니 너는 그 반석 위에 서라 [22]내 영광이 지나갈 때에 내가 너를 반석 틈에 두고 내가 지나도록 내 손으로 너를 덮었다가 [23]손을 거두리니 네가 내 등을 볼 것이요 얼굴은 보지 못하리라 _출 33:9~23

Q 위의 성경 말씀을 읽고 답해 봅시다.

1. 하나님은 모세와 어떤 관계에서 이야기를 나누었나요?(11절)

2. 모세가 드린 기도의 결과는 무엇인가요?

모세가 시내 산에서 더디 내려오자 그를 기다리던 이스라엘은 금송아지를 만들어 섬겼습니다. 이에 진노한 하나님이 그들을 진멸하고자 했을 때, 모세는 친구 같은 관계에서 하나님을 설득하며 대화를 나누었습니다. 그 덕분에 범죄한 백성들은 구원을 얻었고, 하나님의 진노도 가라앉았습니다. 기도는 하나님과 친밀한 관계에서 나누는 대화가 되어야 합니다. 싸우는 것처럼 기도하는 것, 고함을 지르면서 기도하는 것은 성경에서 말하는 기도의 자세와는 거리가 먼 이야기입니다.

기도란 무엇인가요? 하나님께서 친구로 부르는 초대에 응하는 것입니다. "나와 함께 너의 문제뿐 아니라, 세상의 모든 문제를 함께 보고 더불어 이야기하자" 하는 초청입니다. 기도를 통해 하나님의 임재를 느끼고, 모든 문제를 하나님의 관점에서 보고, 나눌 수 있는 사람이 됩시다. 이것이 기도를 통해 이르게 되는 하나님과 동행하는 삶입니다.

기도를 두 가지로 나누어 얕은 기도와 깊은 기도가 있다고 합니다. 얕은 기도는 거울을 보는 것과 같고, 깊은 기도는 창을 보는 것과 같습니다. 거울을 보면 내가 보입니다. 얕은 기도란 내 문제밖에 보이지 않는 기도입니다. 그러나 창은 바깥을 내다보게 합니다. 내 문제가 보이는 게 아니라, 창 밖이 보입니다. '창 밖'의 세상이 보입니다. 오고 가는 사람들도 보이고, 그곳에서 어떤 일이 일어나기 원하는지 바라는 하나님도 보입니다. 창을 보는 것과 같이 기도하게 될 때 우리는 하나님과 동행하는 기도의 사람이 될 수 있습니다. 안타까운 것은 성도들이 기도 시간을 내는 것에 인색하다는 것입니다. 다니엘처럼 하루 세 번 창문을 열어 하나님께 기도하십시오. 예수님처럼 습관을 좇아 기도하십시오. 기도는 하나님의 창고를 여는 열쇠입니다!

> **선포합니다**
> † 기도는 살아 계신 하나님과 나누는 대화입니다.
> † 기도는 하나님의 창고를 여는 열쇠입니다.
> † 나는 깨어 기도하는 사람이 되겠습니다!

07 방언 기도
- 품위 있고 질서 있게

성경 〈고린도전서〉 14:39-40   요절 〈고린도전서〉 14:33a

🕊 지난 한주 하나님께서는

_____
_____
_____

어떤 사람이 산에 가서 방언 기도를 했다. 잠시 쉬고 있는데, 한 사람이 와서 묻는다.
"당신이 하는 방언 기도의 내용을 아십니까?"
"모릅니다."
"나도 모르게 당신의 방언 기도가 통역이 되어 그 뜻을 알게 됐습니다. 원하신다면 말씀해 드릴까요?"
좋다고 하자 그 사람은 말을 이었다.
"당신은 이북에서 남하하셨군요. 내려올 때 어린 아들을 데리고 나오지를 못 했습니다. 그런데 그 아들이 성장해서 가정을 이루었고, 아들을 낳았는데, 그 아이가 지금 사경을 헤매고 있습니다. 당신은 손자를 살려 달라는 간절한 기도를 드렸습니다."
그는 북한에 두고 온 어린 아들의 생사가 궁금했는데 아들이 살아 있다니 뛸 듯이 기뻤다. 그리고 자기가 존재조차 몰랐던 손자의 생명을 위해 기도하고 있었다는 사실을 듣고는 큰 충격과 감동을 받았다.

성령의 역사는 끝났는가

요즘 신학계나 교회는 성령에 대한 극단적인 생각들로 인해 갈등을 일으키고 있습니다. 역사 속에서도 언제나 이런 갈등은 있었지만, 요즘처럼 극단적으로 흘러간 적은 별로 없습니다. 근본주의 신학 노선에 있는 이들은 성령 운동 자체를 거부합니다. 왜냐하면 성경이 완성되면서 성령의 역사가 끝났다고 생각하기 때문입니다. 성경에 나오는 방언도, 예언도, 계시와 환상도 성경이 기록되면서 끝났다는 것입니다. 그렇다면 지금은 성령의 역사가 전혀 없다는 말인가요? 그런 것은 아닙니다. 성경이 완성되었으니 성령은 성경을 바르게 해석하는 것과 그 말씀을 통해 역사한다고 말합니다. 반면에 성령 운동을 강조하는 측에서는 성경을 중요하게 여기지 않는 경향이 있습니다. 그리고 "오늘도 성령님은 얼마든지 자유롭게 그분의 일을 행하신다. 성경에 나타났던 사건은 물론이고, 성경에 없는 더 위대하고 큰일도 얼마든지 일어난다. 하나님은 옛날에 사도들을 일으켜 교회를 세우고, 말씀을 기록하고, 능력을 행사한 것처럼, 오늘도 성령에 감동한 사람들을 일으켜 역사하신다"라고 주장합니다.

두 주장 중에서 어느 것이 맞을까요? 둘 다 틀렸습니다. 오늘도 성령님은 역사하십니다. 방언도, 예언도, 환상도, 치유도 과거에 있었던 은사가 아닙니다. 지금도 일어납니다. 성경의 완성과 더불어 성령의 활동이 끝났다는 것은 틀렸습니다. 그러나 성령님은 성경과 다른 내용을 말씀하지 않습니다. 계시의 영을 주어 성경을 기록하도록 하신 분이 바로 성령님입니다. 그러므로 성령님은 자유롭게 역사하나 성경 말씀을 지지하며, 그 말씀을 사건화하고 현실화시키면서 역사하는 것입니다.

> **Q** 근본주의와 은사주의의 문제점은 무엇인가요?

그러므로 아무리 뜨겁고 신비한 기적이 나타난다고 해도 성경을 제쳐 놓고 자기 얘기와 경험을 말하거나 가르친다면 잘못된 것입니다. 본 것을 '교리'처럼, 느낀 것을 '계시'로 말하면 안 됩니다. 성경에 맞지 않으면 어떤 것이라도 부정되어야 합니다. 왜냐하면 성경과 동등하거나 그것을 능가하는 권위는 없기 때문입니다. 오직 말씀에 순종해야 합니다. 여기서 벗어나면 잘못된 것입니다.

올바르게 성령 운동을 하려면 먼저 성령의 은사를 인정해야 합니다. 지금도 성령의 놀라운 역사가 이루어지고 있습니다. 누구든 그 주인공이 될 수 있습니다. 은혜의 도구로 사용될 수 있습니다. 그러나 우선순위가 있습니다. 성자 예수님은 성부 하나님을 향하고 있으며, 성령 하나님은 성자 예수 그리스도를 향하고 있다는 것입니다. 성경을 무시한 채 성령님이 역사하지 않습니다. 그러므로 성경이 중심이 되어야 하며, 동시에 성령의 자유를 인정해야 합니다. 성경의 진리와 맞먹으려 하거나, 성경이 지지하지 않는 일을 한다면 아무리 대단한 것 같아도 올바른 성령 운동이 아닙니다.

> **Q** 올바른 성령 운동이란 어떤 것일까요?

은사를 보는 엇갈린 시각

성령의 은사도 이와 같은 관점으로 보아야 합니다. 〈고린도전서〉 14장에 성령의 은사 중에서 "덕을 세우는" 세 가지 은사가 나옵니다. 방언과 방언 통역과 예언입니다. 덕을 세운다는 말은 영어로 표현하면 '빌딩 업'(building-up)입니다. 건물을 세우듯이 신앙을 세워 주는 은사라는 것입니다. 그러나 고린도교회는 덕을 세우지 못했습니다. 고린도교회만이 아니라 과거 2,000년 동안 교회 안에서는 방언, 방언 통역, 예언의 은사로 인해 덕을 세우기보다는 어지러웠습니다. 그래서 가톨릭에서 제일 먼저 3가지 은사를 금지했습니다. 정교회에서도 금지했습니다. 물론 소수의 사람들에게 여전히 이 은사가 있었으나 공식적으로 금지되었기에 수도원에서 또는 조용히 숨어서 은사를 사용했습니다. 이와 같이 은사를 금지한 근거는 〈고린도전서〉 13장 8~10절 말씀입니다.

> [8]사랑은 언제까지나 떨어지지 아니하되 예언도 폐하고 방언도 그치고 지식도 폐하리라 [9]우리는 부분적으로 알고 부분적으로 예언하니 [10]온전한 것이 올 때에는 부분적으로 하던 것이 폐하리라 _고전 13:8~10_

온전한 것은 뭘까요? 성경입니다. 주후 397년에 신약의 정경화 작업이 완료되었기 때문에 이제는 말씀만으로 충분하다는 것입니다.

> **Q** 성경에 나오는 은사를 금지한 이유는 무엇인가요?

1517년 종교 개혁 이후 루터교, 성공회, 개혁교단, 감리교, 장로교, 침례교, 구세군, 회중 교회 등에서도 방언, 방언 통역, 예언을 금지시켰습니다. 사정이 이러하다 보니 중요한 은사들이 물밑에서만 있었습니다. 1800년대부터 은사가 대두되기 시작하더니, 1900년도에 미국 캔자스 주 토피카에서 예배 중 은사가 대대적으로 터졌습니다. 그리고 1903년 캘리포니아 주 아주사(Azusa) 거리에서 다시 일어났고, 미국의 성령 운동이 시작됐습니다. 오순절 현상이 재현되기 시작했습니다. 우리나라도 1903년 원산에서 선교사들이 기도회로 모였는데, 거기서 성령의 불이 떨어졌습니다. 이는 1907년 평양 대부흥 운동으로 이어집니다. 그 결과 조용하던 교회가 갑자기 시끄러워졌습니다. 20세기에 기독교 안에서 교단이 분열되고 갈라진 이유도 이러한 은사들 때문입니다.

1930년대로 들어오면서 성령의 은사를 경험하고 지지하는 사람들이 모여 교단을 만들게 되는데 이것이 '하나님의 성회'(Assemblies of God)이며, 우리나라에서는 '순복음 교단'으로 알려져 있습니다. 이 교단이 설립된 초기, 정통 교단에서는 그들을 이단이라고 생각한 때도 있었습니다. 그러나 이제는 개신교 교단 중에서 그들의 숫자가 제일 많습니다.

성령 운동을 어떻게 이해해야 할까요? 〈고린도전서〉 14장에 가이드 라인이 있습니다.

방언, 품위 있고 질서 있게

방언에는 두 종류가 있습니다. 〈사도행전〉 2장 4절을 보면, 성령을 받은 사람들이 다른 언어들로 말하기 시작했습니다. 그리고 사람들은 그 소리를 들으면서 자기의 언어로 들었습니다.

> 우리 각 사람이 난 곳 방언으로 듣게 되는 것이 어찌 됨이냐_행 2:8

> 우리의 각 언어로 하나님의 큰 일을 말함을 듣는도다_행 2:11

이것을 일러 '대인(對人) 방언'이라 하는데, 이는 듣는 사람들이 어느 나라 사람이든지 각각 자기의 언어로 듣게 되는 놀라운 현상입니다. 드물긴 하지만 오늘도 선교 현장에서 일어나고 있습니다.
또 다른 방언은 〈고린도전서〉 14장 2절에 나옵니다.

> 방언을 말하는 자는 사람에게 하지 아니하고 하나님께 하나니 이는 알아듣는 자가 없고 영으로 비밀을 말함이라_고전 14:2

이것을 일러 '대신(對神) 방언'이라 하며 오늘날 많은 사람이 하는 방언의 한 형태입니다.

> **Q** 방언의 종류를 말해 봅시다.
> _____
> _____

문제는 자기도 알아듣지 못하는 방언이 왜 필요한가 하는 것입니다. 〈고린도전서〉 14장 4절에 방언을 말하는 자는 자기의 덕을 세운다고 합니다. 자기의 덕을 세운다는 말은 자기에게 유익하다는 말입니다. 자기의 이성(reason)도 알지 못하지만 그 사람 속에서 성령이 대신 기도해 주시니 유익한 것입니다. 성령은 내면의 깊은 것을 통달하기 때문에 '영의 기도'는 지식을 뛰어넘는 기도가 됩니다. 아직 미숙해서 하나님의 뜻을 깨닫지 못할 때, 그 사람은 나름대로 잘한다고 하지만 그래도 눈에 보이는 것, 물질적인 것에 집중하고 현실에 묶인 기도를 하게 됩니다. 그러나 성령께서 그 사람의 영을 깨우쳐서 마땅히 해야 할 기도를 하게 하시면, 아직은 그 수준에 이르지 못했지만 성숙하고 영적인 기도를 할 수 있습니다. 그러므로 많이 할수록 자기의 덕을 세우게 됩니다.

또한 방언으로 기도하면 방해를 받지 않습니다. 옆에서 방해하는 것들을 빨리 차단하기 쉽습니다. 주변을 의식하지 않고, 성령의 인도 안에서 깊은 기도를 하게 됩니다. 그러므로 개인의 경건에 크게 유익이 되고, 영이 담대해집니다. 이런 여러 가지 유익이 있으므로 방언이 필요한 것입니다. 그래서 바울은 "내가 너희 모든 사람보다 방언을 더 말하므로 하나님께 감사하노라"(고전 14:18)하고 고백했으며, "방언 말하기를 금하지 말라"(고전 14:39)고 했습니다.

> **Q** 방언의 유익은 무엇인가요?
>
> _____
>
> _____

　왜 방언을 금하게 되었을까요? 방언하는 이들이 많은 사람 앞에서 알아들을 수 없는 말을 하면서 질서를 어지럽혔기 때문입니다. 그래서 사도 바울은 가이드 라인을 제시합니다. 고린도교회에서 방언하는 사람들이 예배 중에도 갑자기 일어나서 방언으로 말하곤 했습니다. 그러다 보니 심각한 상황이 전개되기에 이르렀습니다. 알아들을 수가 없었으며(고전 14:9), 그 말에 응답을 할 수 없습니다(고전 14:16). 교회에 가보니 사람들이 알아들을 수도 없는 말, 자기도 모르는 소리를 떠드는데 다 미쳤다고 말하지 않겠느냐(고전 14:23)는 것입니다. 방언이 덕을 세우는 것이 아니라 오히려 걸림돌이 되는 상황인 것입니다. 이러한 문제로, 한 사람이 방언을 하고 있으면 다른 사람은 그 사람의 방언이 끝난 다음에 해야 합니다(고전 14:27). 회중 앞에서 방언할 때는 반드시 통역을 두어야 합니다. 다른 통역이 없으면 자기가 통역을 해야 합니다. 통역이 있을 때만 하고, 통역 없으면 하지 말라(고전 14:28)고 했습니다. 만약에 그것이 조절이 되지 않는다면 잘못입니다. 왜냐하면 하나님은 질서의 하나님이기 때문입니다(고전 14:33). 또한 이것이 예수님의 명령입니다(고전 14:37).
　예수님의 명령을 따르지 않았기 때문에 과거 2,000년 동안 교회에서 문제가 생겼고, 못하게 금지한 것입니다. 참으로 중요한 은사지만 구원과 직결되는 것은 아니고 득보다 실이 많기 때문에 금지한 것입니다. 그러나 이런 은사를 금지하는 것이 바람직한 것은 아닙니다. 가장 바람직한 것은 뭘까요? 〈고린도전서〉 14장 40절의 말씀처럼 모든 것을 품위 있게 하고 질서 있게 하면 되는 것입니다.

> **Q** 방언은 어떻게 해야 합니까?
> _____
> _____

방언에 대한 잘못된 가르침이 있습니다.

첫째, "훈련을 받으면 된다." 우리나라가 유난히 심한데, 은사를 받고 싶은 사람이 오면 받게 해준다고 말합니다. 성령의 은사는 연습한다고 오는 것이 아닙니다. 은사는 하나님의 선물입니다. 사모하는 것은 좋으나 연습이 필요한 것은 아닙니다.

둘째, "모든 그리스도인이 다 해야만 한다." 은사는 하나님이 주고 싶은 사람에게 주는 것입니다. 그러므로 받을 사람만 받는 것이지 모두가 받는 것은 아닙니다.

셋째, "방언을 못하면 구원이 없다." 은사는 구원과 직결된 것이 아닙니다. 방언 은사가 없어도 얼마든지 좋은 신앙인이 될 수 있습니다.

넷째, "성령 세례는 반드시 방언을 수반한다. 오순절 사건을 보라." 당시의 방언은 사람들이 자기 언어로 듣는 '대인 방언'이었습니다. 성령 세례를 받으면 언제나 방언을 받는 것은 아닙니다.

다섯째, "방언은 초대 교회의 은사일 뿐이다. 그러므로 지금의 방언은 성령이 아니라 악령의 역사다." 지금까지 방언을 말하는 사람들이 너무나 분별없이 하다 보니 덕을 세우지 못했기 때문에, 교회에서는 은사의 풍성함을 놓치고 아예 뚜껑을 덮어버린 것입니다. 그러나 성숙한 자세를 가지고 질서를 지키면서 한다면 영적으로 새로운 차원의 기도를 할 수 있습니다.

> [39]그런즉 내 형제들아 …… 방언 말하기를 금하지 말라 [40]모든 것을 품위 있게 하고 질서 있게 하라_고전 14:39~40

공중 예배 중 다른 사람 앞에서 통역 없이 방언하지 말라는 것이지, 개인적으로 방언하지 말라는 것은 아닙니다. 공중 예배에서 덕스럽게 활용할 방법을 말하는 것입니다. 따라서 무엇보다 중요한 것은 은사에 대하여 균형 잡힌 태도를 가지는 것입니다.

🕊 선포합니다

† 나는 근본주의와 은사주의를 거부합니다.
† 나는 성령의 은사가 은혜의 도구가 될 수 있음을 믿습니다.
† 나는 모든 것을 품위 있고 질서 있게 하겠습니다.

08 기도와 찬양

성경 〈시편〉 100:1~4 요절 〈마태복음〉 7:11

지난 한주 하나님께서는

_____
_____

어떤 사람이 설암(舌癌)에 걸려 수술을 받게 되었다. 의사가 환자에게 말했다.
"이제 곧 수술이 시작될 것입니다. 수술이 끝나면 당신은 더 이상 말을 할 수 없습니다. 그러므로 수술 전 당신의 음성으로 말할 수 있는 마지막 기회를 드리겠습니다. 하고 싶은 말이 있으면 하십시오."
의사와 가족들이 지켜보는 가운데서 그 환자는 가만히 눈을 감고 생각하더니 온 힘을 다해 이렇게 말했다.
"하나님, 감사합니다!"
그리고 의사에게 고개를 끄덕여 수술을 시작하게 했다.

만약 이런 시간이 온다면 어떤 말을 하겠습니까? 위대한 신앙인들이 인생에서 마지막으로 한 일은 언제나 감사와 찬양입니다. 하나님의 은혜를 받은 자가 할 수 있는 가장 적극적인 감사의 행위가 찬양이며, 동시에 하나님의 은혜에 대한 가장 적절한 반응이 감사이기 때문입니다. 이러한 이유로 감사와 찬양을 신앙의 극지라 표현하기도 합니다.

기도와 찬양의 연결 고리

찬양을 부를 때마다 "인생의 존재 이유가 무엇인가?"를 생각해야 합니다. 《소요리문답》 제1조에서는 이에 대한 대답으로 "하나님을 사랑하고 영원토록 그를 즐거워하는 것이다"라고 말합니다. 찬양하는 시간은 삶의 존재 의미와 가치가 가장 충만한 시간입니다. 다시 말하면 인생에서 가장 가치 있는 시간이 하나님을 찬양하는 시간이라는 것입니다. 어떤 것보다도 더 소중한 시간, 모든 것을 뒤로 하고라도 양보할 수 없는 시간이 찬양하는 시간입니다. "내 영혼 깊은 곳에 찬양이 있다!" 이렇게 분명히 말할 수 있다면 내 신앙은 올바로 가고 있는 것입니다. 그러나 찬양 대신 불평과 원망이 있다면, 뭔가 문제가 있습니다 (something wrong!). 내 영혼이 잘못 가고 있는 확실한 증거가 됩니다.

Q 인생의 존재 이유는 무엇인가요?

인간이 하나님을 찬양하면, 찬양을 받는 하나님만 신나고, 부르는 사람은 찬양 로봇이 되는 걸까요? 아닙니다. 찬양의 신비는, 찬양을 하면 행복하게 된다는 것입니다. 인간은 흙과 하나님의 형상이 결합된 존재입니다. 피조된 인간이 하나님을 찬양할 때, 창조주 하나님의 형상이 회복됩니다. 하나님 형상의 회복은 어떻게 나타날까요? 그것은 영혼 소생으로 나타납니다. 흙에 집착하면 다운됩니다. 땅으로 기울게 됩니다. 반면 영혼이 소생하면 삶 전체가 회복됩니다. 어떻게 하면 영혼이 회복될까요? 바로 하나님을 찬양하는 것을 통해서 가능합니다. 찬양은 영혼의 마중물 같아서 처음에는 힘들어도 부르다 보면 은혜의 생수가 영혼에 솟아 나오게 됩니다.

왜 사람들은 자기를 인정해 달라고 할까요? 왜 그렇게 자기를 찬양하기 원하나요? 간단합니다. 하나님을 찬양하지 않기 때문입니다. 제대로 하나님을 찬양하면 거기서 영혼이 소생하므로 사람들의 인정이나 칭찬에 목마르지 않게 됩니다. 그러나 자기 찬양은 소금물과 같아서 마실수록 더 마셔야 합니다. 그래서 인간이 더럽고 추해집니다. 방향을 바꾸어야 합니다. 자신이 아니라 하나님을 찬양하면서 – 영혼이 소생되고 – 진정한 자기 가치를 확인하게 되고, 건강하고 자유로운 영혼으로 우뚝 서게 되는 것입니다. 하나님을 찬양하면 사람의 칭찬에 목마르지 않는 사람이 됩니다.

Q 찬양의 효과는 무엇인가요?

찬양은 그 자체로서 가치 있는 일입니다. 동시에 찬양은 기도와 밀접한 관계를 가집니다. 기도를 잘하고 싶어 하는 이들이 많습니다. 깊은 기도를 경험하는 것은 성도에게 주어진 특권이며 영광입니다. 그런데 기도가 생각만큼 쉽지 않습니다. 아무리 하려고 해도 잘 나오지 않을 때가 많습니다. 그럴 때는 어떻게 하면 좋을까요? 물이 나오지 않을 때 마중물을 붓고 펌프질을 하면 물이 솟아 나옵니다. 마찬가지로 찬양을 부르면서 시작하면 기도의 문이 잘 열립니다. 쉽게 말하면 찬양은 기도의 마중물과 같습니다. 형식에 있어서도 기도의 시작은 감사와 찬양입니다. 가장 먼저 찬양과 감사로 기도를 시작하는 것이 좋습니다. 기도의 문을 열고, 하나님의 보좌 앞으로 들어가기 위해서 찬양은 절대적으로 필요합니다.

> 감사함으로 그의 문에 들어가며 찬송함으로 그의 궁정에 들어가서 그에게 감사하며 그의 이름을 송축할지어다 _시 100:4_

하나님께 나아가는 문을 열려면 감사가 필요하고, 하나님의 궁정에 들어가려면 찬송이 필요합니다. 그러므로 감사와 찬양은 하나님 나라의 문을 열고, 그 궁정으로 들어가는 열쇠가 되는 것입니다. 찬양과 감사로 문을 열지 않는 것, 찬송하지 않고 감사하지 않으면서 끝없는 간청과 요구를 하는 것은, 마치 굳게 닫혀 있는 성문을 향해 수없이 많은 화살을 쏘아대는 것과 같습니다. 하나님의 궁정에 들어가기 위해서는 성문이 열려야 합니다. 하나님 나라의 문이 어떻게 열릴까요? 다른 힘으로는 불가능합니다. 감사와 찬양을 통해서만 열 수 있습니다. 감사와 찬양이 없다면 기도는 힘겨운 일이 될 것입니다.

저는 찬양할 때, "이 찬양을 제 기도로 받아 주소서. 이 가사가 제 영혼의 고백이 되게 하소서"라고 기도합니다. 그러면 어느 새, 찬양이 간절해지면서 영혼의 고백이 되고, 내 영혼이 하나님을 바라보게 됩니다. 책 읽듯이 부르지 말고, 두리번거리면서 옆사람 바라보지 말고, 자신의 고백처럼 불러야 합니다. 그러면 영혼이 새 힘을 얻게 됩니다.

또 다른 방법으로 〈시편〉을 소리 내어 읽는 것입니다. 말씀을 읽으면서 거기에 마음을 담아 드리면 영이 활성화됩니다. 위축되고 시들었던 영이 살아납니다. 그 결과 자신이 누군지 알게 됩니다. 내가 하나님의 자녀라는 확신과 기쁨이 옵니다. 상처와 고난으로 위축되었던 자신이 찬양을 통해 살아나면서, 믿음의 담대함이 회복됩니다. 우리는 거지가 아니라 자녀입니다. 자녀처럼 감사함으로 구해야 합니다. 감사하면서 믿음으로 구할 때 하나님은 기뻐합니다.

찬양은 곡조가 붙은 기도라고들 합니다. 찬양과 기도를 통해 얻은 기도 응답은 다시금 영광을 돌리기 위한 찬송으로 이어집니다. 이러한 까닭에 찬양은 기도의 결론이 되기도 합니다. 찬양 → 기도 → 기도 응답 → 찬양으로 이어지는 순환은, 결국 찬양과 기도는 뗄 수 없는 관계임을 보여 줍니다.

성령의 도우심을 입으라

이제 기도로 들어갑시다. 기도는 삼위일체 하나님의 임재 속으로 들어가는 것입니다. 하나님 아버지께, 예수 그리스도의 이름으로, 성령의 도우심을 힘입어 하는 것입니다.

내 이름으로 무엇이든지 내게 구하면 내가 행하리라 요 14:14.

어떤 사람이 천국에 갔다. 베드로가 안내해 주었는데, 황금 길과 아름다운 저택들, 천사들의 노래 소리는 그 사람을 황홀하게 만들었다. 그런데 이상하게 생긴 건물 하나가 눈에 띄어서 물어보았다. 커다란 창고였는데 안을 보고 싶다고 하자 베드로가 곤란한 표정을 지었다.
"안 보는 게 나을 거야."
"천국에 무슨 비밀이 있단 말인가요? 보여 주세요!"
결국 베드로는 마음이 약해져서 문을 열어 주었다. 거대한 건물에는 바닥에서 천장까지 빨간 리본이 묶여진 하얀 상자들이 가득했다.
"어, 상자마다 사람 이름이 다 쓰여 있네요. 제 것도 있나요?"
고개를 끄덕이며 베드로가 말했다.
"내가 당신이라면 안 볼거야."
베드로의 만류에도 불구하고 자기 이름을 찾아서 뚜껑을 열어 보았다. 그리고 한숨을 쉬었다. 왜 그랬을까? 그 상자 안에는 그가 세상에 있을 때 필요했던 것, 하나님이 그에게 기도를 통해 주려고 준비했던 많은 것이 들어 있었던 것이다. 그것만 있었으면 인생이 달라졌을 것 같은 것들로 가득했다.

    브루스 월킨슨의《야베스의 기도》라는 책에 나오는 이야기입니다. 세상에서 가장 억울한 일은 무엇일까요? 기도하지 않고 산 것입니다. 하나님이 주려고 예비해 놓은 것을 기도하지 않아서 받지 못한 까닭입니다. 만약 그것을 다 받고 사용했다면 훨씬 멋진 인생이 되고, 후회하지 않을 인생이 될 수 있었을 것입니다. 그렇다면 미래를 위한 가장 확실한 투자는 무엇일까요? 미래를 위해 기도하는 것입니다!
    일본의 신학자 우찌무라 간조는 말했습니다.

    기독교인의 기도는 하나님의 특별한 중재로 자신의 욕망을 채워 주기를 바라는 단순한 요청이 아니다. 그것은 참으로 영원하신 성령과의 교제를 통해서, 이미 하나님의 마음속에 가지고 계신 그 뜻을 우리로 기도하게 하는 것이다. 이러한 태도로 드리는 기도는 하나님이 들으시며, 들으실 수밖에 없다. 따라서 기독교인의 기도는 가장 확실한 미래 예언이다.

미래에 대해 불안하거나, 앞으로 이렇게 되었으면 좋겠다고 생각한다면 기도해야 합니다. 혼자 생각하면 희망 사항이지만, 그것을 기도하면 그렇게 될 것이니, 자신을 향한 예언이 될 것입니다. 예수님의 말씀을 기억해 봅시다. "너희 중에 누가 아들이 떡을 달라 하는데 돌을 주며, 생선을 달라 하는데 뱀을 줄 사람이 있겠느냐 너희가 악한 자라도 좋은 것으로 자식에게 줄 줄 알거든 하물며 하늘에 계신 너희 아버지께서 구하는 자에게 좋은 것으로 주시지 않겠느냐"(마 7:9~11). 들어준다는데 기도하지 않고 한숨 쉬는 사람은 정말 어리석은 사람이고 믿음이 없는 사람입니다. 또한 기도하면서 노력하지 않는 것도 잘못입니다.

어떤 아버지와 아들이 차를 몰고 가는데 길 한복판에 커다란 돌이 놓여 있었다. 아버지가 아들을 보고 말했다.
"차에서 내려 저 돌을 치워 보아라."
아들은 힘을 다해 돌을 옮기려 했지만 할 수 없었다. 그래서 아버지에게 도저히 저 돌을 옮길 수 없겠노라고 말했다. 아버지는 말했다.
"최선을 다해 봐!"
"안 돼요. 저로서는 최선을 다했어요. 더 이상 할 수 없어요!"
"정말이냐?"
"네!"
그러자 아버지는 말했다.
"틀렸어! 너는 최선을 다하지 않았어! 왜냐하면 '아버지, 도와주세요. 제 힘으로는 할 수 없어요.' 이 말까지 했어야 너는 최선을 다한 것이다. 네가 나에게 도움을 요청했다면 내 힘을 사용할 수 있었을 것이고 차에 있는 로프를 가져다가 끌 수도 있었을 거야. 너는 언제나 이 교훈을 하나님 앞에서 잊어버리지 말거라. 기도하지 않으면 결코 최선을 다한 것이 아니다!"

기도, 하나님을 신뢰하고 닮아가는 것

기도를 막는 요소가 3가지 있습니다.

첫째, 하나님이 없어도 난 얼마든지 살 수 있다는 인간의 자기 충족성입니다. 다른 말로는 교만입니다.

둘째, 자격이 없다는 생각입니다. "내가 하나님께 필요한 것을 달라고 할 자격이 있는가? 사람들은 어려운 부탁을 하면 싫어하는데 하나님도 그렇지 않으실까? 독립적인 인격을 가진 인간이 염치가 있지 어떻게 매번 그냥 달라고 할 수 있는가?" 하는 생각이 그것입니다.

셋째, 응답이 된다면 하나님의 완전성이 문제가 됩니다. "하나님의 뜻은 완전한데 내가 부탁을 해서 들어준다면 하나님의 완전성은 어떻게 되는가? 만약 하나님이 내 기도를 듣고 그 계획을 바꾸신다면 하나님은 불완전하다는 것이 아닌가? 만약 하나님이 완전하셔서 그 계획을 바꿀 필요가 없다면 내가 기도한들 무슨 소용이 있겠는가?" 이런 생각들이 기도를 방해하는 중요한 요소입니다.

이것들의 공통점은 관계에 대한 의심입니다. 그런데 이것을 깨뜨리는 것이 '아버지'가 가진 힘입니다. 아버지 개념이 분명하지 않으면 기도가 안 됩니다. 하나님이 계신가 의심하는데, 기도가 되겠습니까? "하나님은 나를 사랑하는 아버지시다!" 이 의식이 분명해야 합니다. 예수님이 하신 일은 하나님이 얼마나 좋은 아버지신가 이것을 알게 한 것입니다. 앤드류 머리는 말합니다. "기도의 성패는 하나님을 아버지로 제대로 이해하느냐에 달려 있다." 성공적인 기도는 하나님을 아버지라 부르는 데서 시작하고, 아버지와의 사귐에서 완성됩니다. 하나님은 오늘도 말씀하십니다. "나는 너희 아버지다. 좋은 아버지다. 무능한 아버지가 아니다. 하늘에 계신 네 아버지다. 내게 와서 구하라. 그러면 가르쳐 주고 알려 주고 이끌어 주마. 응답받으라. 그것을 통하여 나는 너의 아버지요 너는 나의 자녀임을 확인하라. 그 행복을 누리며 살라." 간구와 응답이라는 과정을 통해 하나님은 아버지가 되고 우리는 자녀가 되는 것입니다.

> **Q** 기도를 막는 요소는 무엇인가요?
> _____
> _____

"왜 아버지에게 꼭 달라고 해야 하나요? 그냥 주면 안 되나요?" 하는 생각이 들기도 합니다. 그런데 하나님이 주셔도 기도하지 않은 사람은 그것이 하나님께로부터 왔다고 생각하지 않습니다. 자기 힘으로 벌었다고 생각합니다. 구하기 전에 주면 그냥 생겼다고 합니다. 그래서 칼뱅은 말했습니다.

> 우리가 필요로 하는 것을 아시는 하나님께서 우리에게 기도하라고 하시는 것은 모든 좋은 것이 오직 그분께로부터 온다는 것과 우리로 하여금 오직 그분만 의뢰하며 살게 하려는 것이다.

한마디로 말하면 교제를 원하신다는 것입니다. 하나님은 구하라 하고, 들어 주마 약속하고, 구할 때 응답하십니다. 이러한 과정을 통해 기도를 들으시는 하나님을 깨닫고, 하나님과 내가 아버지와 자녀 관계인 것을 확인함으로써 더욱 사랑하게 되고, 친밀하게 되고, 행복하게 되는 것입니다. 뒤집어 말하면 기도 안 하고 응답받은 경험이 없으면 하나님을 향한 사랑은 식게 되고, 자녀 의식은 희미해지는 것입니다. 로버트 맥체인은 말했습니다. "기도의 목적은 하나님을 신뢰하고 그분을 닮아가는 것이다." 아버지의 부유함 속에서 더 큰 부유함을 누리며 하나님의 자녀로 살아가게 하는 것, 하나님을 닮아가는 것! 이것이 기도의 목적입니다.

> **Q** 기도의 목적은 무엇인가요?
>
> _____
> _____

성도는 하나님의 구원 역사 속에서 방청객이 아닙니다. 엑스트라도 아닙니다. 기도로 묻기도 하고, 의견도 말하고, 도우심도 구해야 합니다. 이것이 역사의 주관자이신 주님을 향한 성도의 의무이며 권리이기도 합니다. 결국 성도는 기도를 통하여 하나님의 통치에 참여할 수 있습니다. 〈요한계시록〉 5장 8절에 보면 성도의 기도는 금 그릇에 담겨 하늘 보좌로 올라갑니다. 하나님은 그 기도를 들으시고 그분의 뜻을 이루어 가신다는 말입니다. 성도는 기도를 통하여 세상을 바꾸어가는 위대한 존재입니다. 세상이 어둡다고, 희망이 없다고, 갈 곳이 없다고, 여건이 나쁘다고 탄식하지 말고, 기도를 들으시는 아버지 하나님께 기도하는 자녀가 되십시오.

> **🕊 선포합니다**
>
> † 찬양은 하나님께 나아가는 문을 열어 줍니다.
> † 우리는 기도를 통하여 하나님의 통치에 참여할 수 있습니다.
> † 기도의 궁극적 목적은 하나님을 닮아가는 것임을 믿습니다!

09 하나님의 음성 듣기

성경 〈시편〉 95:6~7, 〈요한복음〉 10:27   요절 〈히브리서〉 1:1~2

지난 한주 하나님께서는

_____
_____
_____

종교 개혁자 마틴 루터는 말했습니다. "기독교 최대의 적은 두 가지다. 하나는 율법주의고, 또 하나는 신비주의다." 율법주의는 율법의 조항을 지킴으로써 의를 얻는다는 것입니다. 문자에 집착해서 그 문자대로 행할 때 공로를 세우고, 구원을 받게 된다는 말입니다. 이것과 정반대가 신비주의입니다. 율법도 필요 없고, 기록된 성경도 필요 없고, 그때그때 개인에게 주시는 성령의 감동이 더 우선이고, 중요하다고 주장합니다. 말씀을 전하는 통로도 필요 없고, 배울 필요도 없고, 내가 직접 하나님과 교통하면 된다는 입장입니다. 이 두 가지를 극복해야만 참다운 기독교가 될 수 있습니다.

어떤 여자가 결혼 문제를 놓고 열심히 기도했다. 기도 중에 같은 교회에 다니는 청년을 보았다. 하늘에서 실이 내려와 그 사람과 자기를 하나로 묶는 환상이었다. 이 여자는 하나님이 저 남자를 내게 주셨다는 확신을 가지고 그 남자에게 말했다.
"당신이 나의 남편이 될 것이라는 하나님의 음성을 들었습니다."
그 말을 듣고 남자는 말했다.
"나는 그런 음성을 듣지 못했습니다. 결혼은 두 사람이 하는 것인데 그 말이 맞는다면 하나님이 저에게도 보여 주시겠지요. 저는 그때까지 기다리겠습니다."

많은 성도가 하나님의 음성을 들을 수 있는지 없는지의 문제를 가지고 고민합니다. 주님은 "내 양들은 내 음성을 듣는다"(요 10:27)고 했습니다. 여러분은 들어보셨나요?

하나님을 향한 갈망이 타오르면서 기도했다.
"저는 주님을 더 가까이 체험하고 싶습니다. 과거에 경험했던 것들을 다시 경험하고, 주님을 향해 타오르고 싶습니다."
몇 달 동안 기도했는데 응답이 없었다. '이상하다. 왜 아무 말씀이 없는 것일까?' 이렇게 생각하며 산속을 걷고 있던 어느 날, 갑자기 마음속에서 "너 고집 그만 부려라" 하는 소리가 들려왔다.
"왜 네가 원하는 방법만 고집하니? 내가 나타나는 다양한 방식에 대해 네가 민감해지면 되는 것을!"
그 순간 정말 자유를 얻었다. 하나님은 다양한 채널로 응답하시는데, 내가 원하는 방법과 패턴으로 말씀하지 않아서 응답이 없다고 생각했던 것이다. 하나님께서는 "아무개야, 이렇게 해라, 저렇게 해라!" 하듯 내 귀에 들리는 소리로 말씀하는 것이 아니다.

〈히브리서〉 1장 말씀입니다.

[1]옛적에 선지자들을 통하여 여러 부분과 여러 모양으로 우리 조상들에게 말씀하신 하나님이

²이 모든 날 마지막에는 아들을 통하여 우리에게 말씀하셨으니 이 아들을 만유의 상속자로 세우시고 또 그로 말미암아 모든 세계를 지으셨느니라_히 1:1~2

> **Q** 위의 성경을 읽고 하나님의 음성은 어떤 방법으로 들려오는지 적어 봅시다.
> _____
> _____

보편적인 통로

하나님은 다양한 방식으로 그분의 음성을 들려주시는데, 크게 보편적인 방법과 특별한 방법으로 구분할 수 있습니다. 먼저 보편적인 방법을 살펴봅시다.

첫째, 가장 중요한 통로는 성경입니다. 말씀을 읽으면서 깨달아집니다. 또는 계속 반복하여 주어지는 내용도 있습니다. 기도 중에 말씀이 생각난다거나 필요한 때에 확신으로 다가오기도 합니다. 억지로 숙제하듯이 읽으면 이렇게 되기 어렵지만, 믿음의 기도를 드리고 기대하며 간절히 읽을 때, 그 본문을 통해 얼마든지 음성을 들을 수 있습니다.

둘째, 설교를 통해서도 하나님의 음성을 듣습니다. 이것이 가장 보편적인 방법입니다. 우리 눈에는 보이지 않지만 공중에는 소리가 가득합니다. 라디오만 있으면 들을 수 있습니다. 라디오의 소리나 음악을 잘 들으려면 안테나를 세워야 합니다. 마찬가지로 하나님의 음성을 잘 들으려면, '영의 안테나'를 세우면 됩니다. "주님, 제게 말씀해 주세요. 제가 듣겠습니다. 방해가 없게 하시고, 제 영혼이 집중하게 해주세요. 들은 말씀에 순종하겠습니다." 이런 준비 작업이 안테나를 세우는 것입니다. 이렇게 되면 영적 방해가 없어지고, 제대로 들을 수 있습니다. 준비된 마음으로 방해 없이 듣게 됩니다. 전혀 준비 없이 그냥 들었을 때 내게 들려오는 강도가 1이었다면, 준비하고 사모하며 들으면 그 강도가 100도 되고 1,000도 될 수 있습니다.

우리는 하늘 문이 열리기를 소망합니다. 그러나 그 문은 하나님이 닫아 놓은 것이 아닙니다. 그분은 언제나 열어 놓고 주려는 분입니다. 내가 사모하는 마음으로 열리기를 갈망할 때 열립니다. 물론 내가 문을 따고 들어갈 수는 없습니다. 그러나 말씀을 들을 때마다 나름대로 응답하려 애쓰다 보면 영혼의 때가 벗겨지고, 하나님의 응답과 임재가 강렬해집니다. 살아 계신 하나님이기 때문에 작은 몸짓에도 반드시 응답합니다. 민감할수록 잘 들을 수 있습니다. 그러나 회개하지 않은 영혼은 자기 생각을 하나님의 응답으로 오해할 수 있습니다. 내 그릇이 깨끗하지 않으면 받을 수도 없고, 받아도 자기 식으로 왜곡합니다. 이것을 경계하고 조심해야 합니다.

셋째, 성령이 영혼에 감동을 주셔서 생각이 떠오르게 합니다. 기도하는 중에 여러 가지 일에 대해서 느껴지고, 어떻게 해야겠다는 것이 생각납니다. "누구를 위해 기도해야겠다. 무엇을 가져다 주어야겠다." 그러한 떨림과 같이 신호가 올 때 순종하면서 이것이 단순한 내 생각인지, 정말 그것이 그분에게 필요한 것인지 확인하는 것도 필요한 과정입니다.

넷째, 때로는 불안과 갈등, 기쁨 등 감정과 정서를 통해서 말씀합니다. 어느 날 페르시아의 아하수에로 왕이 잠이 오지 않자 궁중일기를 가져다가 읽어 보라고 명령합니다. 왕은 거기서 모르드개 이야기를 듣게 됩니다(에 6:1~3). 이 사건이 이스라엘을 구원하는 중요한 계기가 되었습니다. 잠이 오지 않을 때, 수

면제를 먹고 자는 것이 전부가 아닙니다. "왜 잠이 오지 않는 것일까요? 주님, 알려 주세요. 제가 뭘 해야 할까요?" 이렇게 묻는 것도 좋습니다. 잠이 들 수 없을 만큼 영혼이 불안할 수도 있고, 기도가 필요한 상황일 수도 있습니다. "염려와 근심은 떠나가라!" 선언해 봅시다. 그러나 이런 방법으로 해결되지 않는다면 기도하십시오. 감정도 주님이 주시는 것, 왜 그런 감정을 주시는지 기도하면 알게 되고, 해결해 주실 것입니다. 기도의 양이 차면 그 감정이 해소되는 경우가 많습니다.

다섯째, 다른 사람을 통해서 말씀하십니다. 신앙이 좋은 분의 조언도 있고, 때로는 믿지 않는 가족에게서 받는 비방도 내게 하시는 말씀일 수 있습니다. "엄마는 왜 기도한다면서 매일 얼굴을 찡그리고 살아?" 당나귀의 입을 열어서 발람을 꾸짖으시듯(민 22:27~30) 하나님은 우리에게 말씀하십니다.

여섯째, 환경을 통한 말씀도 있습니다. 성공이나 실패를 통해서도 말씀합니다. 〈누가복음〉 15장에 나오는 탕자가 어떻게 돌아왔습니까? 탕자는 삶을 지탱할 수 없을 정도로 힘겨운 생활을 했습니다. 그것이 아버지의 집으로 부르는 은혜의 과정이었습니다. 하나님은 모든 것을 거두어 가면서까지 영혼을 구원하기 원합니다. "이젠 끝났다. 하나님은 날 사랑하지 않아. 나를 버리셨어." 이렇게 말하면 안 됩니다. 손해 본 것만 생각하지 말고, 그 속에서 영혼을 위한 음성을 들어야 합니다. 대개 환경을 통한 말씀은 마지막 단계입니다. 사실은 그 이전에 좋은 말로 권면하고, 깨닫게 하고, 기회를 줍니다. 그런데 자기 생각에 빠져 못 들은 것입니다.

> **〈민수기〉 22:27~30**
> 27 나귀가 여호와의 사자를 보고 발람 밑에 엎드리니 발람이 노하여 자기 지팡이로 나귀를 때리는지라 28 여호와께서 나귀 입을 여시니 발람에게 이르되 내가 당신에게 무엇을 하였기에 나를 이같이 세 번을 때리느냐 29 발람이 나귀에게 말하되 네가 나를 거역하기 때문이니 내 손에 칼이 있었더면 곧 너를 죽였으리라 30 나귀가 발람에게 이르되 나는 당신이 오늘까지 당신의 일생 동안 탄 나귀가 아니냐 내가 언제 당신에게 이같이 하는 버릇이 있었더냐 그가 말하되 없었느니라

> **Q** 하나님의 음성이 들려오는 6가지 통로에 대해 살펴봤습니다. 이런 통로를 통해 하나님의 음성을 들은 적이 있나요? 서로 이야기해 봅시다.
>
> _____
>
> _____

특별한 통로

하나님은 보편적인 방법만이 아니라 특별한 방법으로도 말씀합니다.

첫째, 꿈과 환상입니다. 꿈은 하나님이 사람에게 뜻을 전하는 통로 중의 하나입니다. 잠자는 동안에는 생각이 힘을 잃고 생각에 붙들리지 않기 때문에 뜻을 전달하기가 쉽습니다. 꿈을 꾼 사람은 그 뜻을 바로 알 수 있습니다. 모른다면 억지로 풀려고 하지 말고, 하나님께 여쭈어 보면 됩니다. 하나님의 음성을 가장 듣기 어려울 때는 세상의 염려와 근심이 가득할 때입니다. 생각과 의지를 내려놓아야 주님의 음성을 잘 들을 수 있습니다.

둘째, 음성으로 직접 들려주시기도 합니다. 여기에는 내적 음성과 외적 음성이 있는데, 내적 음성은 마음 깊은 곳에서 들리는 음성입니다. 외적 음성은 밖에서 들리는 음성입니다. 〈사도행전〉 9장을 보면 다메섹으로 가던 사울이 음성을 듣습니다. "사울아, 사울아. 네가 어찌하여 나를 박해하느냐?"(행 9:4) 이렇게 귀로 들리는 음성도 있습니다. 그러나 외적 음성은 보편적이지 않습니다. 오히려 내적 음성에 민감해야 합니다.

셋째, 글자나 문장을 보기도 합니다. 누군가를 위해 기도하는데, 어떤 단어가 자꾸 떠오르기도 하고, 그림이 보이기도 합니다. 기호나 상징을 볼 수도 있습니다. 그 사람의 영적 상태나 사명을 볼 수도 있습니다. 그러나 해석은 조심해야 합니다. 이러한 현상을 보았다면 가장 먼저 해야 할 것이 기도입니다. 기도하다 보면 그것을 나눌 기회가 올 것입니다.

넷째, 천사를 보기도 합니다. 〈창세기〉 16장에서 아브라함은 천사의 방문을 받았습니다. 또 하갈이 광야로 쫓겨나서 울고 있을 때 천사가 나타나 "하갈아, 왜 우느냐?"라고 물었고, 대답하는 그에게 물을 발견하여 마시게 합니다.

다섯째, 몸의 반응으로도 나타납니다. 몸이 뜨거워지거나, 전기가 오거나, 어떤 터치를 느끼거나, 힘이 들어가거나, 진동이 올 수도 있습니다. "세상에 그런 것이 어디 있어?" 이렇게 부정하면 일어나지 않습니다. 물론 처음에는 당황할 수도 있고, 잘못 해석할 수도 있습니다. 그러나 인정하고, 기대하고, 들려온 말씀에 순종하면 점점 더 잘 듣게 됩니다.

가장 이상적인 신앙생활은 주 중에 기도로 묻는 것입니다. "하나님, 이런 문제가 있습니다. 어떻게 해야 할지 말씀해 주소서. 인도하시고, 가르쳐 주소서" 하고 말입니다. 그리고 주일에 교회 와서 대답을 듣는 것입니다. "옛날에 놀라운 방법으로 나타났던 하나님이 오늘 나에게도 그렇게 나타났으면!" 하는 소원을 가지고 있나요? 그렇다면 소원을 바꿔서 "하나님, 목사님을 통해 오늘도 제게 필요한 말씀을 해주소서!" 하고 기도하기를 바랍니다. 그리고 주의 종을 통해 전달된 말씀을 내게 주신 말씀으로 "아멘!"으로 받고, 실천하기 위해 노력해야 합니다. 그리고 또 말씀을 기다려야 합니다. 이것을 반복합니다. 이렇게 자신을 성결하게 하고, 사모하며 기다리는 사람은 언제나 하나님의 음성을 들을 수 있습니다.

하나님의 말씀을 전하고 듣는 문제를 놓고 볼 때, 전하는 이가 중요합니다. 하나님의 음성을 잘 듣고 와서 전해야 합니다. 그리고 하나님이 전하라는 소리만 전해야 합니다. 듣지 못하고 전하거나, 전하라는 내용이 아닌 딴 소리를 전하면 안 됩니다. 가장 큰 범죄 행위는 하나님의 소리를 듣지 않고, 자기 소리를 하나님의 소리라고 전하는 것입니다. 듣는 사람도 사람이 전한다고 해서 하나님의 말씀이 아니라고 부정한다면 이것도 잘못입니다. 그렇다고 설교자가 남다른 사람이라거나 우월하다는 것은 아닙니다. 모두 똑같은 인간입니다. 인격이 높거나 더 똑똑한 것도 아닙니다. 그러나 설교라는 기능에 있어 하나님께 사용되고 있는 것입니다. 그것을 존중해야 합니다. 이런 관계를 카리스마적 관계라고 합니다.

이 관계가 깨졌을 때, 그것을 치료하는 방법이 뭘까요? 목회자를 위해 기도하는 것입니다. 목회자가 하나님께 나가서 말씀을 잘 받아서 전하도록, 그 일을 잘 감당하도록 기도해야 합니다. 이것은 쉬울 수도 있고, 아주 어려울 수도 있습니다. 영적인 싸움이기 때문입니다.

> **Q** 카리스마적 관계는 무엇이며 이 관계가 깨졌을 때 치료 방법은 무엇인가요?
>
> _____
> _____

하나님 말씀을 듣지 못하게 하는 가장 쉬운 방법은, 말씀을 전하는 자에 대하여 실망하게 만드는 것입니다. 사소한 일을 빌미로 오해를 부추기거나 서운한 감정을 극대화시켜서 말입니다. "그래, 그래라! 그래야 감정에 묶여서 기도를 못하지. 그래야 전해지는 말씀에 거부감이 생기지. 그래야 영적으로 쓰러지지!" 이것이 어둠의 권세의 전략입니다. 주의 종을 위해 기도하면 목회자도 좋아질 뿐 아니라 기도하는 성도의 마음속에 있는 거역의 영이 빠지면서 치료됩니다. 그래서 주의 종을 위한 기도는 성도의 영혼을 위한 기도가 됩니다.

담임목사를 위해 기도하지 않으면서 교회 안의 다른 사람들을 위해 기도한다거나, 다른 사역을 위해 기도한다는 것은 영적으로 심하게 병든 것입니다. 또한 담임목사를 위해 기도하지 않는 것은 카리스마적 관계가 잘못된 것을 나타냅니다. 치료하는 방법은 주의 종을 위해 기도하는 것입니다. 그러므로 목사님을 위한 기도는 성도들의 기도 생활 속에서 중요한 부분이고, 이 땅에서 신앙생활을 하는 동안 계속되어야만 하는 사역입니다.

진정한 경건이란

일반적으로 경건이나 영성은 하나님의 음성을 직접 듣거나 신비한 현상을 체험하는 것이라 생각합니다. 그리고 많은 사람이 이것을 사모하고, 이런 현상을 경험해야만 신앙이 좋은 것으로 착각합니다. 그러나 진정한 경건은 그런 현상을 넘어서는 것입니다. 그런 현상은 경건으로 향하는 과정이지 경건 그 자체가 아닙니다. 진정한 경건이란 무엇인가요? "말씀하옵소서, 주의 종이 듣겠나이다!"(삼상 3:10) 하는 말씀을 듣는 자세입니다. 진정한 신비는 하나님의 뜻이 인간에게 전달된다는 사실 그 자체입니다. 그것도 부족한 인간의 언어와 인격을 통해서 말입니다!

직접 계시를 받는 것이 경건이 아니라, 하나님께서는 불완전한 통로를 따라 나에게 말씀하신다는 생각이 경건입니다. 보이는 기적도, 놀라운 현상도 그 자체가 의미 있는 것이 아닙니다. 그것은 말씀을 믿게 하려는 것입니다. 그런데 신비한 체험만 사모한다면 잘못되기 쉽습니다. 모든 기적의 목적은 결국 말씀을 믿게 하려는 것입니다. 그래서 하나님의 말씀을 들을 때 그 말씀은 단순히 인간의 언어가 아니라 하나님이 인간의 언어를 통해, 종을 통해 그분을 계시하는 것으로 받아들여야 합니다.

이 말씀을 두려움과 경외감을 가지고 듣는다면, 그 사람은 경건한 사람입니다. 그는 언제나 하나님 앞에 있을 수 있고, 하나님의 음성을 들을 수 있기 때문입니다. 그러므로 가장 안전하고 보편적인 신앙생활의 진보는 신비한 체험이 아니라 "말씀이 들려옵니다. 기다려집니다. 꿀송이처럼 달콤합니다. 다 나에게 하시는 말씀 같습니다" 하는 고백입니다. 이것이야말로 신비한 것이며 경건입니다. 전해지는 말씀을 인간의 논리와 상식을 넘어서는 하나님의 말씀으로 믿고, 그 말씀에 순종하여 헌신하면 엄청난 변화가 오게 될 것입니다.

영성의 깊은 모습은 어떤 것이라고 생각합니까? 새벽에 일어나 목욕재계한 뒤 기도하고, 반듯하게 앉아서 몇 날씩 금식하고, 잠도 자지 않고 기도한다 해도 경건하지 않은 사람이 너무나 많습니다. 분명히 말할 수 있는 것은 자기가 섬기는 교회 목사님을 통해 하나님의 말씀을 듣지 못하는 사람은 죽었다가 깨어나도 경건하지 못한 사람입니다. 경건한 사람은 희한한 것을 추구하지 않습니다. 이미 주신 말씀, 하나님이 지혜롭게 선택해 주신 방법을 충분히 만족한 마음으로 받아들입니다.

신앙생활 중 주객이 전도되는 일이 많습니다. 하나님의 뜻을 알려고 여기저기 다니지만 말씀하시는 내용에 귀를 기울이지 않습니다. 이미 하신 말씀의 내용도 무시합니다. 하나님이 말씀하지 않는 것이 아닙니다. 들려지는 말씀을 하나님의 말씀으로 듣지 않는 것입니다. 그러면서 "하나님의 음성을 들은 적이 없다. 나도 한 번 들어보고 싶다"고 합니다. 하나님이 두려움 없이 잘 알아듣게 하려고 사람을 통해 말하시는데, 이것을 거룩한 하나님의 말씀으로 듣지 않고 도리어 놀라운 방법, 이상한 현상만을 추구하기 때문에 정작 중요한 말씀을 놓치는 것입니다.

  이 땅의 모든 말씀의 전달자가 하나님과의 만남을 경험하면서 말씀을 준비해서 강단에 서기를 소망합니다. 딴소리하지 말고, 자기 얘기하지 말고, 하나님이 그 백성에게 하려는 말씀을 바로 듣고 전해야 합니다. 또한 듣는 성도는 자기가 원하는 소리만 들으려 하지 말고, 전해지는 그 말씀을 하나님이 직접 나에게 들려주시는 말씀으로 들어야 합니다. 이것이 진정한 경건입니다.

🕊 선포합니다

† 하나님은 다양한 통로를 통해 말씀하심을 믿습니다.
† 나는 율법주의에도 신비주의에도 빠지지 않을 것입니다!
† 나는 목사님을 통해 하나님의 음성을 듣는 사람이 되겠습니다.

10
중보 기도

성경 〈출애굽기〉 32:30-35, 〈요한일서〉 4:7-8   요절 〈마태복음〉 18:19-20

지난 한주 하나님께서는

_____
_____
_____

최근 교회에서 중보 기도라는 말을 자주 듣습니다. '중보'와 '기도'의 합성어입니다. '중보'는 영어로 intercession입니다. 둘 사이를 의미하는 inter와 오간다는 뜻을 갖고 있는 cess 그리고 명사형 어미 sion이 합해져서 한 단어를 이룬 명사입니다. 정리하면 '둘 사이를 오가는 것'이 됩니다. 이 개념은 창조주 하나님과 죄인된 인간 사이를 오가며 중재하시는 예수님의 사역을 소개할 때 사용합니다. 이는 예수님만 하실 수 있는 특별한 사역입니다. 〈디모데전서〉 2장 5절에 분명하게 명시되어 있습니다.

> 하나님은 한 분이시요 또 하나님과 사람 사이에 중보자도 한 분이시니 곧 사람이신 그리스도 예수라_딤전 2:5

그렇습니다. 하나님과 죄인된 인간 사이를 오가면서 화목의 일을 주선하고 문제를 수습해 주시는 분은 예수님 한 분뿐입니다. 예수님이 인간을 위해 하나님께 간청하는 기도, 그것이 중보 기도입니다. 중보 기도란 자기 자신을 위한 기도가 아니라, 남을 위한 중재의 기도입니다. 그러므로 '중보 기도'라는 말은 엄밀한 의미에서 볼 때 오직 예수님만 사용할 수 있습니다. 예수님 외의 사람들이 하는 기도는 '이웃을 위한 기도'라고 하거나 '중보적 기도'라고 해야 그 쓰임이 적합합니다. 그럼에도 이 책에서 '중보 기도'라는 단어를 차별 없이 사용한 것은 이미 이 말이 성도들 사이에서 보편적으로 사용되는 점을 고려한 것입니다. 예수님의 '중보'와 인간의 '중보 기도'는 분명히 다릅니다. 그러므로 중보 기도라는 말을 사용할 때는 항상 '중보적 기도'라는 것을 잊지 말아야 합니다. 〈출애굽기〉 32장에 모세의 중보 기도가 나옵니다.

하나님을 설득한 모세의 기도

¹백성이 모세가 산에서 내려옴이 더딤을 보고 모여 백성이 아론에게 이르러 말하되 일어나라 우리를 위하여 우리를 인도할 신을 만들라 이 모세 곧 우리를 애굽 땅에서 인도하여 낸 사람은 어찌 되었는지 알지 못함이니라 ²아론이 그들에게 이르되 너희의 아내와 자녀의 귀에서 금 고리를 빼어 내게로 가져오라 ³모든 백성이 그 귀에서 금 고리를 빼어 아론에게로 가져가매 ⁴아론이 그들의 손에서 금 고리를 받아 부어서 조각칼로 새겨 송아지 형상을 만드니 그들이 말하되 이스라엘아 이는 너희를 애굽 땅에서 인도하여 낸 너희의 신이로다 하는지라 ⁵아론

이 보고 그 앞에 제단을 쌓고 이에 아론이 공포하여 이르되 내일은 여호와의 절일이니라 하니 [6]이튿날에 그들이 일찍이 일어나 번제를 드리며 화목제를 드리고 백성이 앉아서 먹고 마시며 일어나서 뛰놀더라 …… [30]이튿날 모세가 백성에게 이르되 너희가 큰 죄를 범하였도다 내가 이제 여호와께 올라가노니 혹 너희를 위하여 속죄가 될까 하노라 하고 [31]모세가 여호와께로 다시 나아가 여짜오되 슬프도소이다 이 백성이 자기들을 위하여 금 신을 만들었사오니 큰 죄를 범하였나이다 [32]그러나 이제 그들의 죄를 사하시옵소서 그렇지 아니하시오면 원하건대 주께서 기록하신 책에서 내 이름을 지워 버려 주옵소서 [33]여호와께서 모세에게 이르시되 누구든지 내게 범죄하면 내가 내 책에서 그를 지워 버리리라 [34]이제 가서 내가 네게 말한 곳으로 백성을 인도하라 내 사자가 네 앞서 가리라 그러나 내가 보응할 날에는 그들의 죄를 보응하리라 [35]여호와께서 백성을 치시니 이는 그들이 아론이 만든 바 그 송아지를 만들었음이더라

_출 32:1~6, 30~35

Q 위의 성경 말씀을 읽고 답해 봅시다.

1. 이스라엘 백성은 무엇을 만들어 그 앞에 제단을 쌓았습니까?
   _____

2. 모세는 하나님께 어떤 기도를 드렸습니까?
   _____

모세가 시내 산에서 십계명을 받는 동안 산 아래에 있던 아론과 이스라엘 백성은 금송아지를 만들어 제단을 쌓았습니다. 하나님이 그들을 애굽에서 건져 냈음에도 불구하고, 금송아지가 그렇게 했다고 경배한 것입니다. 이에 하나님은 이스라엘을 진멸하고 모세를 중심으로 새로운 나라를 세우고자 했습니다(출 32:10). 아브라함과 그의 후손을 중심으로 거룩한 나라, 제사장 나라를 세우려 했던 하나님의 계획이 수포로 돌아갈 위기의 순간이었습니다. 모세는 하나

님께 그렇게 하지 마시라고 말렸습니다. 격분하여 분노가 극에 달한 것은 이해 하지만, 그렇게 하면 유익하지 않을 것이라며 '하나님을 설득'했습니다. 그리고 이스라엘 백성을 살리기 위해 중보 기도를 드렸습니다.

> ³¹모세가 여호와께로 다시 나아가 여짜오되 슬프도소이다 이 백성이 자기들을 위하여 금 신을 만들었사오니 큰 죄를 범하였나이다 ³²그러나 이제 그들의 죄를 사하시옵소서 그렇지 아니하시오면 원하건대 주께서 기록하신 책에서 내 이름을 지워 버려 주옵소서_출 32:31~32

모세는 자신의 이름이 하나님의 생명책에서 지워지더라도 이스라엘 백성은 살려 달라고 간곡하게 말씀드렸습니다. 간곡한 모세의 설득에 하나님은 조금씩 마음을 돌리기 시작했습니다. 마침내 하나님은 모세의 기도를 들어주셨습니다. 덕분에 이스라엘 백성은 결정적인 실수에도 불구하고 살아남을 수 있었습니다. 이 사건이 교훈하는 바가 있습니다. 기쁠 때나 슬플 때, 감동스러울 때나 분노로 치를 떨 때, 하나님은 그분의 마음을 공감하는 사람이 있기를 원하십니다. 화가 머리끝까지 치밀어 올라갔을 때도 그것을 알아주는 사람이 있기를 원하십니다. 하나님의 마음을 알아 헤아리고 공감하며 말리는 것이 중보 기도입니다. 이스라엘 백성이 금송아지를 만들었고, 그로 인해 하나님이 대로(大怒)하여 "내가 지금 화가 나서 저 인간들을 모조리 죽이겠는데 누가 나 좀 말려다오"하는 상황에 이르렀습니다. 이에 모세가 "하나님 그러지 마셔요"라며 하나님께 매달렸습니다. 이런 기도에서 핵심이 되는 것은 기도자가 하나님의 마음을 느끼는 것입니다. 하나님의 마음을 진하게 느껴서 그 마음에 깊이 공감하여 드리는 기도가 중보 기도입니다.

청년 때 돌봤던 한 자매를 우연히 길에서 만났다. 오랜만에 만나서 반갑게 신앙생활을 잘하고 있는지 물었다. 신앙생활은 잘하고 있는데, 교회를 다니지는 않는다고 했다. 그럼 기도하고 싶을 때 어떻게 하느냐 물었더니 아무 교회나 찾아가 기도한다고 했다. 마침 그 자매의 집이 우리 교회 가까이 있어서 기도하고 싶을 때 언제든지 와서 기도하라고 초대했다. 그 후 종종 교회에 와서 기도하는 것을 볼 수 있었다.

하루는 너무도 구슬피 울며 기도하기에 무슨 사연이 있는지 물었다가 뜻밖의 말을 들었다. 뇌종양으로 어려움을 겪고 있던 우리 큰 아이를 위해 기도했다는 것이다. 하나님께 왜 그런 종양을 허락했는지, 앞으로 어떻게 되는지 여쭈었다고 한다. 하나님께서는 "그 아이에게 뇌종양을 허락할 때 내 마음이 너무 아팠다. 어린 아이가 겪을 그 힘겨운 과정을 생각하니 가슴이 찢어지는 것 같았지만, 목적하는 바 있어서 그것을 허락했다"고 말씀하시더란다. 그런데 하나님이 얼마나 아파하시는지 절절하게 느껴졌노라고 했다. 안쓰러워하고, 가슴이 미어질 듯 아파하시는 하나님의 마음이 전해져서 자신이 통곡하게 된 것이라 설명했다.

그 자매가 전하는 말을 듣고 있던 나의 눈에서도 눈물이 흘러내렸다. 자매의 이야기를 듣는 동안 나도 하나님의 마음이 느껴졌던 것이다.

누군가를 위해 기도하는 것, 그것이 중보 기도입니다. 하나님의 마음이 있는 곳에 우리의 마음이 있는 것, 하나님의 눈물이 고인 곳에 우리의 눈물이 고이는 것, 그것이 중보 기도입니다. 비록 피조물이지만 하나님의 마음을 알아 함께 아파하고, 하나님의 진노를 막아서야 합니다. 인간의 실수로 인해 하나님이 모든 것을 무(無)로 만들어 버리려고 할 때 하나님께 그러지 말라고 말씀 드리는 기도가 절실합니다.

조카 롯을 위한 아브라함의 기도

중보 기도의 또 다른 측면이 있습니다. 그것은 하나님의 진노로 멸망당할 수밖에 없는 인간을 위한 것입니다. 무너져 내릴 수밖에 없는 인간을 위해 지지하고 지탱하여 무너지지 않도록 도와주는 것은 중보 기도의 또 다른 축입니다. 아브라함의 조카 롯의 이야기를 알고 계시지요? 천사들이 앞으로 일어날 일을 말해 주자 아브라함은 조카 롯을 위해 중보 기도를 드리기 시작합니다.

²²그 사람들이 거기서 떠나 소돔으로 향하여 가고 아브라함은 여호와 앞에 그대로 섰더니 ²³아브라함이 가까이 나아가 이르되 주께서 의인을 악인과 함께 멸하려 하시나이까 ²⁴그 성 중에 의인 오십 명이 있을지라도 주께서 그곳을 멸하시고 그 오십 의인을 위하여 용서하지 아니하시리이까 ²⁵주께서 이같이 하사 의인을 악인과 함께 죽이심은 부당하오며 의인과 악인을 같이 하심도 부당하니이다 세상을 심판하시는 이가 정의를 행하실 것이 아니니이까 ²⁶여호와께서 이르시되 내가 만일 소돔 성읍 가운데에서 의인 오십 명을 찾으면 그들을 위하여 온 지역을 용서하리라 …… ³²아브라함이 또 이르되 주는 노하지 마옵소서 내가 이번만 더 아뢰리이다 거기서 십 명을 찾으시면 어찌 하려 하시나이까 이르시되 내가 십 명으로 말미암아 멸하지 아니하리라 ³³여호와께서 아브라함과 말씀을 마치시고 가시니 아브라함도 자기 곳으로 돌아갔더라_창 18:22~33

Q 위의 성경 말씀을 읽고 답해 봅시다.

1. 아브라함은 악인과 함께 누구를 멸망시키면 안 된다고 말씀드렸습니까?
   _____

2. 의인 50명에서 시작하여 마지막에는 몇 명만 있어도 멸망시키지 않겠다는 약속을 받아 냈습니까?
   _____

아브라함은 소돔성의 멸망에 관한 고지를 듣고 하나님께 기도하기 시작했습니다. 무너져 내리는 소돔성과 조카 롯을 구하기 위한 기도였습니다. 마침내 의인 열 사람만 있으면 멸망시키지 않겠다는 약속을 받아 냅니다. 무너지는 소돔성과 조카 롯의 불행을 막을 수 있는 방법이 생긴 것입니다. 결국 소돔성에 의인 열 사람이 없어서 멸망을 피하지는 못 했지만, 조카 롯의 가정은 구해 낼 수 있었습니다. 무너지는 사람 편에 서서 그가 무너지지 않도록 막아 주는 사람이 되는 것이 중보 기도의 또 한 측면입니다.

모세와 아브라함 이야기에 나타난 하나님은 어떤 분인가요? 하나님은 우리의 기도를 들으시고, 계획을 수정하시는 분입니다. 그분은 우리의 아버지이십니다. 아버지 하나님은 자식들의 간곡한 부탁을 외면하지 않으십니다.

예수님의 중보 기도

예수님은 하늘로 돌아가기 전, 제자들을 위해 중보 기도를 했습니다. 〈요한복음〉 17장 9~19절의 말씀을 읽어봅시다.

[9]내가 그들을 위하여 비옵나니 내가 비옵는 것은 세상을 위함이 아니요 내게 주신 자들을 위함이니이다 그들은 아버지의 것이로소이다 [10]내 것은 다 아버지의 것이요 아버지의 것은 내 것이온데 내가 그들로 말미암아 영광을 받았나이다 [11]나는 세상에 더 있지 아니하오나 그들은 세상에 있사옵고 나는 아버지께로 가옵나니 거룩하신 아버지여 내게 주신 아버지의 이름으로 그들을 보전하사 우리와 같이 그들도 하나가 되게 하옵소서 [12]내가 그들과 함께 있을 때에 내게 주신 아버지의 이름으로 그들을 보전하고 지키었나이다 그중의 하나도 멸망하지 않고 다만 멸망의 자식뿐이오니 이는 성경을 응하게 함이니이다 [13]지금 내가 아버지께로 가오니 내가 세상에서 이 말을 하옵는 것은 그들로 내 기쁨을 그들 안에 충만히 가지게 하려 함이니이다 [14]내가 아버지의 말씀을 그들에게 주었사오매 세상이 그들을 미워하였사오니 이는 내

가 세상에 속하지 아니함 같이 그들도 세상에 속하지 아니함으로 인함이니이다 ¹⁵내가 비옵는 것은 그들을 세상에서 데려가시기를 위함이 아니요 다만 악에 빠지지 않게 보전하시기를 위함이니이다 ¹⁶내가 세상에 속하지 아니함 같이 그들도 세상에 속하지 아니하였사옵나이다 ¹⁷그들을 진리로 거룩하게 하옵소서 아버지의 말씀은 진리니이다 ¹⁸아버지께서 나를 세상에 보내신 것 같이 나도 그들을 세상에 보내었고 ¹⁹또 그들을 위하여 내가 나를 거룩하게 하오니 이는 그들도 진리로 거룩함을 얻게 하려 함이니이다_요 17:9~19

> **Q** 위의 성경 말씀을 읽고 답해 봅시다.
>
> 1. 예수님은 그의 제자들을 위해 어떤 기도를 드렸습니까? 세 가지만 적어 봅시다.
>
> _____
>
> 2. 예수님은 제자들을 어디로 파송했나요?
>
> _____

예수님의 중보 기도에는 두 가지 큰 틀이 있습니다. 첫째는 '감사'입니다. 예수님은 제자들로 인해 감사했습니다. 그동안 제자들이 한 행동이나 잠시 뒤에 일어날 배신을 생각하면 그럴 수 없을 것 같은데, 예수님은 현실을 하나님이 주신 선물이라 여기며 감사했습니다. 제자들로 인해 영광을 얻었다고도 했습니다(10절). 둘째는 '간구하는 기도'입니다. "그들을 보전하여 주옵소서, 기쁨이 충만하게 하옵소서, 진리로 거룩하게 하옵소서" 하고 하나님께 간절히 기도했습니다. 예수님은 자신이 세상에 있을 때 아버지의 이름으로 그들을 지켰다고 했습니다(12절). 그리고 이제부터는 하나님께서 아버지의 이름으로 그들을 지켜 달라고 합니다. 잘 살게 해 달라, 부자가 되게 해 달라는 내용이 아닙니다. 아버지의 소유로, 아버지의 것으로 살게 해 달라고 청했습니다. 하나님께서 책임져 달라는 것이요, 악에 빠지지 않고 아버지의 이름을 빛내는 사람으로 살게 해 달라는 간구입니다. 기쁨으로 충만하게 해 달라는 기도도 있습니다. 사람은 기뻐하는 만큼만 자기 인생이라 여기게 됩니다. 생명은 그가 누리는 기쁨에 있습니다. 지금 우울하다면 살아 있으나 죽어 가고 있는 것입니다. 그래서 제자들의 삶이 행복하기를 구했습니다.

또 하나 "거룩하게 해 달라"고 했습니다. 진리로 구별된 삶을 살아가게 해 달라는 기도입니다. 예수님은 제자들이 세상과는 다르게 사는 사람들이기를 원했습니다. 진리를 따라 사는 사람들이기를 바란 것입니다. 이 중보 기도는 성령 강림 사건 이후 고스란히 성취된 것을 확인할 수 있습니다.

예수님의 중보 기도는 형제들을 위해 무엇을 소원해야 하는지 밝히 일러주고 있습니다. 첫째는 감사하는 것입니다. 중보 기도를 할 때 상대방이 내 맘에 들지 않는 것, 그들로 인해 입는 손해와 배신을 생각하면 탓하는 맘으로 기도할 위험이 높습니다. 그러나 예수님은 지금의 현실을 선물이라 여기며 감사했습니다. 여건과 상황이 어떠하든, 현실 그대로를 하나님께서 허락하신 것으로 받아들이며 감사하는 마음으로 중보 기도를 시작해야 합니다. 둘째, 간구하는 내용이 세속적이지 않아야 합니다. 예수님의 기도가 모델이 됩니다. 예수님은 제자들 앞에 펼쳐질 어려운 세상을 예상하면서 '하나님의 이름'으로 지켜 달라고 했습니다. 하나님의 형상을 가진 인간, 예수 그리스도의 마음을 품은 인간으로 살아가도록 지켜 달라고 간구했습니다. 하나님과 완전히 하나가 되어 하나님께서 주신 기쁨으로 살아가는 거룩한 백성이 되게 해 달라고 했습니다. 예수님의 기도처럼 우리의 중보 기도 또한 세상적인 문제의 해결에만 머물러 있지 않아야 할 것입니다.

중보 기도의 한계도 있습니다. 내가 기도한다고 그의 죄가 사해지는 것은 아닙니다. 징벌을 연기하고, 그의 마음이 열리도록 도와줄 수는 있지만 중보 기도로 그가 저지른 잘못까지 용서받을 수는 없습니다. 중보 기도 덕분에 또 다른 기회가 주어지고, 벌 받는 시기를 뒤로 미룰 수는 있지만 결국 문제의 책임은 당사자가 져야 합니다.

그럼에도 중보 기도는 막강한 위력을 갖습니다. 모세의 중보 기도로 이스라엘 백성이 구원받았고, 아브라함의 중보 기도로 조카 롯의 가정이 위기에서 건짐 받았습니다. 예수님의 중보 기도로 제자들은 세상을 변화시키는 사람이 되었습니다. 하나님은 우리의 중보 기도를 들으시고 놀라운 일을 행하실 것입니다. 분노와 벌을 거두시고, 새로운 문을 여실 것입니다. 이 귀한 특권을 땅에 그냥 묻어 두고 살아가길 원합니까? 기도의 문을 여십시오. 중보 기도의 문을 여십시오. 하늘의 문이 열리게 될 것입니다.

선포합니다

† 중보자는 예수님 한 분이심을 믿습니다.
† 나는 중보적 기도로 위기에 처한 성도들을 돕겠습니다.
† 예수님의 중보 기도를 모델로 하여 다른 성도들을 살리는 삶을 살겠습니다.

9단원의 주제는 "전도"입니다.

성도라면 누구나 전도에 대해 강한 의무감을 가지고 있습니다. 그러나 전도가 말처럼 그리 쉬운 것이 아닙니다. 예수님과 동행하는 삶을 일상의 언행을 통해 보여 주어야 하기 때문에 더욱 그러합니다. 전도는 단순히 예수를 전하는 것이 아닙니다. 내가 본이고 증거가 되어야 합니다.

9단원에서는 전도가 무엇이고, 어떤 내용을 담아 전해야 하는지 방법에 대해서도 소개하고 있습니다. 또 전하기까지는 '내 몫', 열매는 '하나님 몫'이라며 담대하게 용기를 내보라고 권면합니다. 그리고 용기 내어 전할 때 얻어지는 풍성한 결과요 증거로 위대한 전도자, 허드슨 테일러(14과)와 언더우드(15과)의 선교 여정을 전해 줍니다. 중국과 한국에 복음의 씨앗이 뿌리 내리도록 헌신한 두 선교사의 삶이, 오늘 이 땅의 사람들에게 축복된 삶을 선물해 주었음을 알게 될 것입니다. 함께 배우며 마음에 전도를 향한 용기가 솟아나길 기대해 봅니다.

9단원

전도

11 | 전도란 무엇인가
12 | 무엇을 전해야 하는가
13 | 어떻게 전도할 것인가
14 | 위대한 전도자 : 허드슨 테일러
15 | 위대한 전도자 : 언더우드

11 전도란 무엇인가

성경 〈마태복음〉 28:18-19   요절 〈마가복음〉 16:15

지난 한 주 하나님께서는

_____
_____
_____

일반적으로 이해할 때, 동일 문화권에 복음을 전하는 것을 '전도'라 하고, 타 문화권에 복음을 전하는 것을 '선교'라 합니다. 이때 문화의 핵심은 언어입니다. 한국말을 쓰는 사람들에게 한국인이 복음을 전하는 것은 전도요, 외국어를 쓰는 사람들에게 복음을 전하는 것은 선교입니다. 그러니까 선교도 엄밀히 말하면 전도입니다. 다른 언어를 쓰고 있지만 내용이나 방법에 있어서 별 차이가 없기 때문입니다.

내 증인이 되라

전도란 무엇이라고 생각하나요? 혹 그런 단어 자체가 부담스러운가요? 관심을 가지고 있든 아니면 부담스럽든, 신앙생활을 시작하게 되면 이 주제에 대해 공부하게 됩니다. 왜냐하면 이것이 기독교인에게 주어진 본질적 사명이기 때문입니다. 어떤 이들은 지상명령(至上命令)이라고도 합니다.

> 18예수께서 나아와 말씀하여 이르시되 하늘과 땅의 모든 권세를 내게 주셨으니 19그러므로 너희는 가서 모든 민족을 제자로 삼아 아버지와 아들과 성령의 이름으로 세례를 베풀고 20내가 너희에게 분부한 모든 것을 가르쳐 지키게 하라 볼지어다 내가 세상 끝 날까지 너희와 항상 함께 있으리라 하시니라_마 28:18~20

> 이르시되 너희는 온 천하에 다니며 만민에게 복음을 전파하라_막 16:15

> 오직 성령이 너희에게 임하시면 너희가 권능을 받고 예루살렘과 온 유대와 사마리아와 땅 끝까지 이르러 내 증인이 되리라 하시니라_행 1:8

Q 위의 성경 말씀을 읽고 답해 봅시다.

1. 각 구절에는 같은 개념이 다르게 표현되어 있습니다. 같은 내용이라 여겨지는 단어를 나열해 봅시다.
   _____

2. 각자가 생각하는 복음에 대한 정의를 빈 칸에 넣어 봅시다.
   복음이란   이다.

---

11. 전도란 무엇인가

전도는 예수님이 이 세상을 떠나시며 준 명령입니다. 이는 유언과도 같습니다. 그렇다면 전도란 무엇인가요? 단어의 뜻을 풀어 보면, '전도'는 헬라어 '유앙게리온'에서 유래된 것으로 영어로는 evangelism입니다. 기쁜 소식, 좋은 소식, 선한 소식을 의미합니다. 우리는 뭔가 좋은 것을 알고 있을 때 그것을 모르는 사람에게 알려 줍니다. 좋은 물건을 싸게 파는 집이 있으면 가까운 사람들에게 알려 줍니다. 맛있는 음식을 먹고 와도 그걸 다른 사람에게 "그 집 참 맛있더라" 하고 전합니다. 그것이 좋은 소식입니다. 교회에 나가 은혜받고, 하나님을 만나 기쁘고 감격스러워서, 그 이야기를 주위 사람에게 하는 것이 '전도'입니다.

[3]성문 어귀에 나병환자 네 사람이 있더니 그 친구에게 서로 말하되 우리가 어찌하여 여기 앉아서 죽기를 기다리랴 [4]만일 우리가 성읍으로 가자고 말한다면 성읍에는 굶주림이 있으니 우리가 거기서 죽을 것이요 만일 우리가 여기서 머무르면 역시 우리가 죽을 것이라 그런즉 우리가 가서 아람 군대에게 항복하자 그들이 우리를 살려 두면 살 것이요 우리를 죽이면 죽을 것이라 하고 [5]아람 진으로 가려 하여 해 질 무렵에 일어나 아람 진영 끝에 이르러서 본즉 그 곳에 한 사람도 없으니 [6]이는 주께서 아람 군대로 병거 소리와 말 소리와 큰 군대의 소리를 듣게 하셨으므로 아람 사람이 서로 말하기를 이스라엘 왕이 우리를 치려 하여 헷 사람의 왕들과 애굽 왕들에게 값을 주고 그들을 우리에게 오게 하였다 하고 [7]해질 무렵에 일어나서 도망하되 그 장막과 말과 나귀를 버리고 진영을 그대로 두고 목숨을 위하여 도망하였음이라 [8]그 나병환자들이 진영 끝에 이르자 한 장막에 들어가서 먹고 마시고 거기서 은과 금과 의복을 가지고 가서 감추고 다시 와서 다른 장막에 들어가 거기서도 가지고 가서 감추니라 [9]나병환자들이 그 친구에게 서로 말하되 우리가 이렇게 해서는 아니되겠도다 오늘은 아름다운 소식이 있는 날이거늘 우리가 침묵하고 있도다 만일 밝은 아침까지 기다리면 벌이 우리에게 미칠지니 이제 떠나 왕궁에 가서 알리자 하고 [10]가서 성읍 문지기를 불러 그들에게 말하여 이르되 우리가 아람 진에 이르러서 보니 거기에 한 사람도 없고 사람의 소리도 없고 오직 말과 나귀만 매여 있고 장막들이 그대로 있더이다 하는지라 _왕하 7:3~10

> **Q** 위의 성경 말씀을 읽고 답해 봅시다.
>
> 1. 나병환자 네 사람이 아람 진영에 들어갔다가 무엇을 발견했나요?(5~7절)
> _____
>
> 2. 나병환자들이 이 소식을 어디에 전하기로 했나요?
> _____

굶어 죽어가던 나병환자 네 사람이 아람 진영에 들어갔다가 안이 텅 빈 것을 발견했습니다. 처음에는 굶주린 배를 채우느라 정신이 없었는데 전체적인 상황이 파악되자 "이 아름다운 소식"을 왕궁에 알리기로 합니다(왕하 7:9).

아람 군대가 사마리아 성을 둘러 진 치고 있었을 때, 성 안에는 식량이 떨어져 거의 모든 사람이 죽을 지경이었습니다. 그때 성문 어귀에 있던 네 명의 나병환자가 목숨을 걸고 아람군 진영으로 뛰어 들었습니다. 성 안에 가도 굶어 죽고, 머물러도 아람군에 의해 죽을 상황이므로 차라리 항복하고 음식이라도 먹고 죽는 게 낫겠다고 생각한 것입니다. 그런데 나병환자들이 막상 아람군 진영에 들어가 보니 아람 군인들이 모두 도망하고 없었습니다. 배를 채운 나병환자들은 이 기쁜 소식을 성 안에 있는 사람들에게도 알려야겠다고 생각했습니다. 이 아름다운 소식을 알리지 않으면 자신들에게 벌이 있으리라고 생각했습니다. 그래서 성 안에 있는 사람들에게 이 소식을 알렸고, 덕분에 모든 사람들이 살 수 있었습니다. 이것이 '전도'입니다.

전도자, 두려워하지 말고 대범하라

전도는 예수님에 대한 기쁜 소식을 전하는 것입니다. 전도는 예수님을 아는 사람이 모르는 사람에게 예수님을 전해 주는 것입니다. 윌리엄 템플(William Temple)은 전도란 "예수 그리스도를 소개하여 사람들이 하나님을 믿도록 하고, 그분을 구주로 영접하여 왕으로 섬기도록 만드는 것이다"라고 말했습니다. 전도란 예수님의 십자가 죽음과 부활에 대해 소개하는 것입니다.

사도 바울은 〈고린도전서〉 2장 2절에서 "내가 너희 중에서 예수 그리스도와 그가 십자가에 못 박히신 것 외에는 아무것도 알지 아니하기로 작정하였음이라" 하고 고백한 적이 있습니다. 자신이 만든 철학적 체계로 복음을 전하려다 실패한 다음 바울이 한 고백입니다. 복음의 핵심은 예수님의 '대속의 죽음'과 '부활 사건'입니다. 이 복음을 전하는 데 망설임이 있어서는 안 됩니다.

> 아름다운 소식을 시온에 전하는 자여 너는 높은 산에 오르라 아름다운 소식을 예루살렘에 전하는 자여 너는 힘써 소리를 높이라 두려워하지 말고 소리를 높여 유다의 성읍들에게 이르기를 너희의 하나님을 보라 하라 사 40:9

Q 위의 성경 말씀을 읽고 답해 봅시다.

1. 아름다운 소식을 전하는 자에게 없어야 할 것은 무엇인가요?

2. 전도자는 사람들에게 누구를 보라고 해야 하나요?

아름다운 소식을 전하는 자에게 "두려워하지 말라"고 했습니다. 그리고 "하나님을 보라"고 합니다. 전도자가 갖춰야 할 태도와 내용을 정확히 짚은 말입니다. 복음을 전할 때 두려워하지 말아야 합니다. 전도는 죽어 가는 한 사람을 살려 내는 일인 동시에 악한 세력의 진영에서 소중한 영혼을 건져 오는 것입니다. 두려움 없이 담대히 복음을 전하려는 용기와 전략이 필요합니다. 그것은 성령을 받은 초대 교회 성도의 모습이기도 합니다. 베드로는 복음을 전할 때 담대했습니다. 예수님이 세상에 계실 때의 베드로가 아니었습니다. 은혜를 받고 성령이 충만해지자 세상에 대하여 두려움이 없어졌습니다. 그가 기탄없이 복음을 전하자 사람들이 웅성거렸습니다. 본래 '학문 없는 범인'(직역하면 문법도 모르는 무식한 사람)으로 알았다가 그의 담대함과 유창함에 관리, 장로, 서기관들이 모두 놀랐습니다. 낯선 상황에서 두렵지 않은 사람이 어디 있겠습니까? 그때 담대함을 달라고 기도하는 일이 필요합니다. 그리고 또 하나, "하나님을 보라"고 말해야 합니다. 이 세상을 만드신 하나님, 그 하나님을 거역하고 집을 나온 인간, 그럼에도 아들을 보내어 돌아갈 길을 만들어 주신 하나님을 보라고 말해야 합니다. 그것이 바로 전도입니다.

마라톤 전투에서 승리했다는 소식을 아테네 시민에게 전하기 위해 먼 거리 (42.195km)를 달려 온 병사처럼, 복음을 전하기 위해 목숨을 아끼지 않는 것, 그것이 전도자의 사명입니다. 중요한 것은 모든 그리스도인이 전도자라는 것입니다. 전도는 은사를 가진 특정인의 전유물이 아닙니다. 모두가 복음을 전해야 하고, 전할 수 있습니다.

성도의 존재 이유

⁷인자야 내가 너를 이스라엘 족속의 파수꾼으로 삼음이 이와 같으니라 그런즉 너는 내 입의 말을 듣고 나를 대신하여 그들에게 경고할지어다 ⁸가령 내가 악인에게 이르기를 악인아 너는 반드시 죽으리라 하였다 하자 네가 그 악인에게 말로 경고하여 그의 길에서 떠나게 하지 아니하면 그 악인은 자기 죄악으로 말미암아 죽으려니와 내가 그의 피를 네 손에서 찾으리라 ⁹그러나 너는 악인에게 경고하여 돌이켜 그의 길에서 떠나라고 하되 그가 돌이켜 그의 길에서 떠나지 아니하면 그는 자기 죄악으로 말미암아 죽으려니와 너는 네 생명을 보전하리라

_겔 33:7~9

> **Q** 위의 성경 말씀을 읽고 답해 봅시다.
>
> 1. 그리스도인의 별명은 무엇인가요?
>
> _____
>
> 2. 복음을 전하지 않으면 어떻게 됩니까?
>
> _____

〈에스겔서〉는 복음 전파와 관련된 책임의 문제를 다루고 있습니다. 복음을 전했으나 듣지 않으면 그 책임은 들은 사람에게 있지만, 복음을 전하지 않아 지옥 가는 일이 발생하면 그 책임은 전하지 않은 사람에게 있다는 말씀입니다. 복음을 전하는 것은 생명을 구하는 가장 큰 사랑의 실천입니다. 불신자를 무관심하게 방치해 두는 것은 마치 물에 빠져서 죽어 가는 사람을 외면하는 것과 같습니다. 그러므로 때를 얻든지 못 얻든지 복음을 전해야 합니다. 만약 복음 전하라고 하나님이 붙여 준 사람인데도 외면하면 그에 대한 죗값은 전하지 않은 사

람에게 묻겠다고 했습니다. 경각심을 갖고 복음을 전해야 할 이유가 여기에 있습니다.

한 외딴 섬에 등대를 지키는 등대지기가 있었다. 한 달에 한 번씩 기름을 공급받아 등대의 불을 밝혔다. 그런데 근처 마을에 사는 아주머니가 집에 기름이 떨어져 가족들이 추위에 떨고 있으니 기름을 좀 달라고 했다. 등대지기는 마음이 좋은 사람이어서 기름을 나눠 주었다. 며칠 뒤에는 경운기에 기름이 떨어졌다고 도움을 청하러 온 사람도 있었다. 등대지기는 외면하지 못했다. 그러다 때가 되기도 전에 기름이 떨어져 결국 등대의 불이 꺼지고 말았다. 많은 배가 불편을 겪었고 끝내 배 한 척이 좌초되어서 여러 사람이 죽는 사고까지 일어났다. 등대지기는 사고 조사관에게 변명을 늘어놓았다. 어려운 형편에 처한 사람을 도우려다가 그렇게 되었다고 했다. 그때 책임자가 말했다.
"우리가 당신에게 기름을 준 까닭은 단지 하나의 목적 때문이었소. 그 목적이란 다름 아닌 등대의 불을 밝히라는 것이오. 아시겠소!"

등대지기의 사명은 좋은 사람이라는 칭찬을 듣는 데 있지 않습니다. 때로 욕을 먹더라도 자기 본분을 다하는 것이 등대지기가 할 일입니다. 등대지기의 사명이란 어두운 바다에 빛을 비추어 지나가는 선박들이 위기를 만나지 않도록 돕는 것입니다. 불이 꺼진 등대는 많은 선박을 위기로 내몰게 됩니다. 성도의 존재 이유는 어디에 있을까요? 세상 사람들에게 빛을 비추는 데 있습니다. 그 빛 덕분에 좌초하지 않고, 안전하게 자기 길을 갈 수 있도록 도와야 합니다. 이것이 먼저 믿은 자의 사명입니다. 존 스토트는 하나님을 믿게 하려는 목적으로 예수님을 전파하는 것이며, 그리스도를 섬기면서 재림을 기다리도록 하는 것이 전도의 목표라고 말했습니다.

전도, 쉽지 않습니다. 한 영혼에게 복음을 전해서 세례받게 하고, 그리스도를 위해 헌신하는 사람이 되게 하는 일은 어려운 일입니다. 복음을 전했으나 거절당할 때도 있습니다. 그러나 물러서지 말아야 합니다. 그 거절에서부터 전도는 시작입니다. 한 영혼을 붙잡고 있는 악한 세력의 힘은 정말 강력합니다. 이 영의 전투에서 승리하여 한 영혼을 구해 내기 위해서는 인내와 전략이 필요합니다. 사도 바울은 믿음의 아들 디모데에게 이렇게 당부했습니다.

> 너는 말씀을 전파하라 때를 얻든지 못 얻든지 항상 힘쓰라 범사에 오래 참음과 가르침으로 경책하며 경계하며 권하라_딤후 4:2

하나님께서 가장 기뻐하시는 것은 전도입니다. 인생을 의미 있게 사용하고 영원히 남길 수 있는 일은 과연 무엇일까요? 세상의 많은 것이 허망하게 끝나고, 무의미하게 끝납니다. 그러나 사람의 영혼을 건져낸 일은 영원토록 남습니다. 이 일을 위해 헌신하십시오.

> [18]모든 것이 하나님께로서 났으며 그가 그리스도로 말미암아 우리를 자기와 화목하게 하시고 또 우리에게 화목하게 하는 직분을 주셨으니 [19]곧 하나님께서 그리스도 안에 계시사 세상을 자기와 화목하게 하시며 그들의 죄를 그들에게 돌리지 아니하시고 화목하게 하는 말씀을 우리에게 부탁하셨느니라_고후 5:18~19

🕊 선포합니다

† 전도는 예수님에 대한 기쁜 소식을 전하는 것입니다.
† 나는 복음 전도의 책임을 다하겠습니다.
† 나는 예수님을 위해 한 영혼이라도 더 구하는 삶을 살겠습니다.

무엇을 전해야 하는가

성경 〈고린도전서〉 15:3~8 요절 〈고린도전서〉 2:4~5

지난 한주 하나님께서는

___

___

___

전도를 위해 태신자를 예배에 초대하고, 복음을 소개해야 하는 경우가 있습니다. 복음에는 5가지 핵심 주제가 있는데, 이 내용을 잘 이해하여 대답할 말을 준비하면 훌륭한 전도자가 될 수 있습니다.

첫째, 사람을 만드신 분은 하나님입니다.
둘째, 사람은 죄를 범하였으며, 하나님과 분리되었습니다.
셋째, 그럼에도 하나님은 당신을 사랑하십니다.
넷째, 예수님은 인간을 대신하여 십자가에 죽으셨습니다.
다섯째, 예수님을 구주로 영접해야 합니다(요 1:12; 계 3:20).

〈요한복음〉 1:12
영접하는 자 곧 그 이름을 믿는 자들에게는 하나님의 자녀가 되는 권세를 주셨으니

〈요한계시록〉 3:20
볼지어다 내가 문 밖에 서서 두드리노니 누구든지 내 음성을 듣고 문을 열면 내가 그에게로 들어가 그와 더불어 먹고 그는 나와 더불어 먹으리라

창조주 하나님

첫째, 사람을 만드신 분은 하나님입니다. 하나님은 이 세상에 존재하는 모든 것을 창조했습니다. 식물도, 동물도, 사람도 하나님이 만들었습니다. 하나님은 왜 사람을 만들었을까요? 창조의 목적은 '사랑'입니다. 하나님은 사람을 사랑하고, 사람은 하나님을 사랑하는, '사랑의 관계' 속에 살도록 만들어졌습니다(요일 4:16). 사람은 일하기 위해 세상에 태어난 것이 아닙니다. 인정을 받기 위해 태어난 것도 아닙니다. 사랑받고 사랑하기 위해 태어났습니다. 인간의 존재 이유를 깨닫게 해준 시 한 편을 소개합니다.

〈요한일서〉 4:16
하나님이 우리를 사랑하시는 사랑을 우리가 알고 믿었노니 하나님은 사랑이시라 사랑 안에 거하는 자는 하나님 안에 거하고 하나님도 그의 안에 거하시느니라

사랑의 생일 선물

― 임성숙

당신은 사랑받기 위해 태어났어요.
이 한 마디 당신께 드리는 생일 선물입니다.

미역국을 끓이고
예쁘게 장식된 생일 케익 자르며
당신은 사랑받기 위해 태어났어요.
이 한 마디 당신께 드립니다.

그리고 더 귀중한 또 한 마디
당신은 사랑하기 위해 태어났어요.

당신이 받은
그보다 더 많이
당신은 사랑하기 위해 태어났어요.

당신이 태어나서 오늘까지
그리고 또 영원히
당신을 사랑하는 가족과 이웃들
그중에 당신을 섭섭하게 한 사람들까지도
당신은 사랑하기 위해 태어났어요.

이 한 마디 진정
당신께 드리는 생일 선물입니다.

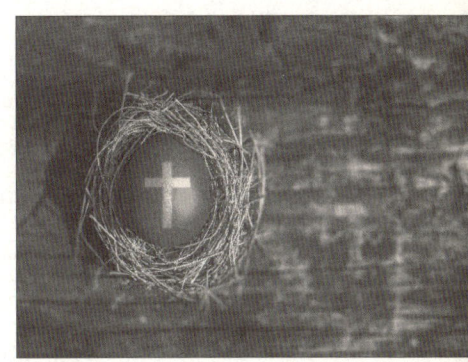

　　인간은 하나님에 의해, 하나님과 사랑의 관계 안에 살도록 창조되었습니다. 그러므로 하나님을 떠난 사람은 불안과 두려움에서 벗어나기 어렵고, 사랑의 관계가 단절되었기 때문에 대체물을 찾아 방황하기 마련입니다. 방황의 끝, 모든 문제를 해결하는 유일한 길은 하나님께 돌아가는 것입니다. 하나님과 바른 관계를 맺고 살 때 존재의 이유와 목적을 알 수 있고, 내가 누구인지도 알 수 있습니다. 부모를 통해 세상에 왔으나 부모로부터 온 것은 아닙니다. 사람은 하나님으로부터 와서 하나님께로 돌아가는 것이 이치입니다.

사랑으로 묶인 관계

　　이 백성은 내가 나를 위하여 지었나니 나를 찬송하게 하려 함이니라_사 43:21

둘째, 사람은 죄를 범하였으며, 하나님과 분리되었습니다.

하나님은 인간 창조 후 에덴동산에 살게 했습니다. 히브리어 '에덴'은 '행복' 이란 뜻입니다. 하나님과 사귀며 행복하게 살던 에덴동산에서는 단 하나를 제외한 모든 것이 허락되었습니다. 허락되지 않은 단 하나, 그것은 동산 중앙에 있던 선악과입니다. 하나님은 그것을 따서 먹는 날에는 반드시 죽을 것이라 했습니다. 하나님과 사랑의 관계가 끊어질 것이라는 의미도 내포된 말입니다. 아담과 하와는 어떻게 했나요? 하나님의 경고를 무시하고 선악과를 취했습니다. 그 결과 하나님과의 사랑의 관계가 깨어지고 말았습니다.

사랑에는 신비가 있습니다. 사랑하는 사람의 말 안에 머무를 때 사랑하는 것이고, 그 말이 더 이상 영향력을 행사할 수 없으면 사랑의 관계는 끝난 것입니다. 아이들이 가끔 저에게 몇 시에 들어올 것인지 묻습니다. 저녁 9시까지 들어온다고 하면 아이들은 9시 반까지는 들어오라고 합니다. 9시 반이 지나도 귀가하기 어려운 상황이 생기면 저는 반드시 아이들에게 전화를 걸어 늦는다고 보고(?)합니다. 왜냐하면 사랑하는 아이들이 기다릴 것을 알기 때문이고, 혹 걱정을 할지도 모른다고 생각하기 때문입니다. 어떤 날은 귀가하는 길에 순대를 사오라고 합니다. 그러면 저는 꼭 순대를 사가지고 들어갑니다. 사랑하는 아이가 순대를 들고 오는 아빠를 기다리고 있기 때문입니다. 사랑하는 사람의 말이 머문 곳에 사랑이 있습니다. 유감스럽게도 선악과를 따먹지 말라는 하나님의 말이 처음 사람 아담과 하와 안에 담기지 않았습니다. 그 결과는 참담합니다. 하나님을 주인으로 모시고, 관리자의 삶을 편하게 살 수 있었는데 사람들은 하나님처럼 되고자 하는 욕심에 자기 발로 뛰쳐나온 것입니다. 성경은 이것을 죄라 합니다.

> 모든 사람이 죄를 범하였으매 하나님의 영광에 이르지 못하더니_롬 3:23

하나님과의 사랑의 관계가 깨어지자 사람들은 하나님과 분리되고 말았습니다. 하나님의 동산에서 함께 거닐며 사귐을 가질 수도 없게 되었습니다. 에덴동산에서 완전히 추방된 것입니다. 그것은 죽음을 의미했습니다. 하나님과의 관계는 단절되고, 사랑 없는 인생을 시작하게 됩니다.

> 죄의 삯은 사망이요 하나님의 은사는 그리스도 예수 우리 주 안에 있는 영생이니라_롬 6:23

그럼에도 사랑을 주는 하나님

셋째, 그럼에도 하나님은 당신을 사랑하십니다.

하나님은 범죄한 인간을 에덴의 동쪽으로 내쫓았습니다. 쫓겨난 인간은 다시 그 동산 안으로 들어가려고 했습니다. 집을 나온 다음에야 비로소 집이 얼마나 좋은 곳인지 알게 된 것입니다. 그러나 하나님은 에덴동산 동쪽에 그룹들과 두루 도는 불 칼을 두어(창 3:24) 그곳을 지키게 했습니다. 사람들은 이제 더 이상 하나님이 계신 동산 안으로 들어갈 수 없게 되었습니다. 사랑했던 사람들이 바깥 어두운 데서 방황하며 우상을 섬기다 죽어 가는 모습을 보며 하나님은 가슴 아파했습니다. 하나님을 떠난 세상에서 불행하게 살고, 죽은 다음에도 지옥 어두운 곳에서 고통받는 인간들을 바라보며 마음 아파하던 하나님은 새로운 길을 마련했습니다(요 14:6). 성자 하나님을 세상에 내려 보내 사람이 되게 하고(요 1:14), 인간 대신 죽어 죄의 삯을 지불케 한 것입니다.

> **〈요한복음〉 14:6**
> 예수께서 이르시되 내가 곧 길이요 진리요 생명이니 나로 말미암지 않고는 아버지께로 올 자가 없느니라

> **〈요한복음〉 1:14**
> 말씀이 육신이 되어 우리 가운데 거하시매 우리가 그의 영광을 보니 아버지의 독생자의 영광이요 은혜와 진리가 충만하더라

> 하나님이 세상을 이처럼 사랑하사 독생자를 주셨으니 이는 그를 믿는 자마다 멸망하지 않고 영생을 얻게 하려 하심이라 _요 3:16

넷째, 예수님은 인간을 대신하여 십자가에 죽으셨습니다.

사람의 몸을 입고 이 땅에 오신 예수님은, 참 인간은 어떻게 사는 것인지 모범을 보여 주었습니다. 그리고 우리를 대신하여 십자가에서 죽게 됩니다. 그 모습을 보고 세례 요한은 이렇게 말했습니다.

> 이튿날 요한이 예수께서 자기에게 나아오심을 보고 이르되 보라 세상 죄를 지고 가는 하나님의 어린양이로다 _요 1:29

사람들은 저마다의 방법으로 의롭게 되려고 노력했습니다. 그러나 의롭게 되는 길은 사람의 선행에 달려 있지 않았습니다. 왜냐하면 죄의 삯은 사망이었기 때문입니다. 사람들은 중죄와 경죄를 구분하고, 죄마다 지불해야 할 대가가 다르게 정해져 있는 세상에 살고 있습니다. 죄형법정주의라 하여 법에 정해진 기준에 의해 잘못한 만큼의 대가를 지불하게 됩니다. 그런데 하나님은 선악을 구분하는 열매를 먹은 죗값을 죽음으로 지불해야 한다고 하셨습니다(창 2:17). 이 말씀에 따라 사람이 직접 그 대가를 지불하고 나면 그 죄는 이미 존재하지 않는 상황이 되고 맙니다. 그래서 하나님께서 사람이면서 죄가 없는 한 분을 이 세상에 보내신 것입니다. 그분이 하나님의 아들, 예수 그리스도입니다.

오직 믿음으로

다섯째, 사람은 개인적으로 예수님을 구주로 영접해야 합니다(요 1:12; 계 3:20). 예수님께서 우리의 죄를 대신하여 십자가에 죽으셨다는 사실을 믿어야 합니다. 왜냐하면 하나님께서는 믿음을 의로 여겨 주기로 했기 때문입니다.

> 아브라함이 하나님을 믿으매 그것을 그에게 의로 정하셨다 함과 같으니라_갈 3:6

> 사람이 의롭게 되는 것은 율법의 행위로 말미암음이 아니요 오직 예수 그리스도를 믿음으로 말미암는 줄 알므로 우리도 그리스도 예수를 믿나니 이는 우리가 율법의 행위로써가 아니고 그리스도를 믿음으로써 의롭다 함을 얻으려 함이라 율법의 행위로서는 의롭다 함을 얻을 육체가 없느니라_갈 2:16

Q 위의 성경 말씀을 읽고 답해 봅시다.

1. 의롭게 되는 길은 어디에 있나요?

2. 율법의 행위, 착한 행동으로는 안 되는 이유는 무엇인가요?

예수님이 나를 위해 죽었다고 믿음으로써 구원을 얻습니다. 다시 말해 하나님의 자녀가 됩니다. 영접하는 자 곧 그 이름을 믿는 자들에게는 하나님의 자녀가 되는 권세를 주신 것입니다(요 1:12). 예수님이 날 대신하여 십자가에 죽었다는 사실을 믿기만 하면 우리는 의로운 존재가 되고, 다시 아버지 집에 돌아갈

> **〈요한계시록〉 3:20**
> 볼지어다 내가 문 밖에 서서 두드리노니 누구든지 내 음성을 듣고 문을 열면 내가 그에게로 들어가 그와 더불어 먹고 그는 나와 더불어 먹으리라

수 있습니다. 그러므로 영원한 생명이신 예수 그리스도를 우리의 삶에 모셔 들여야 합니다(계 3:20).

다음 기도문을 진지하게 따라 하시기 바랍니다.

하나님 아버지!

저는 그동안 하나님 없이 제 자신이 삶의 주인이 되어 살았습니다.

그 결과 두려움과 무질서와 혼돈의 늪에서 헤어 나오지 못했습니다.

저는 죄인입니다.

이제 제 마음에 들어오셔서 주인이 되어 주시고, 언제까지나 떠나지 말아 주세요.

예수님 이름으로 기도합니다. 아멘.

이 기도를 진심으로 드렸다면, 하나님은 여러분 마음속에 들어오셨습니다. 그리고 영원히 떠나지 않으실 것입니다.

사도 바울은 자신의 말과 전도함이 설득력 있는 지혜의 말에 있지 않음을 알았습니다(고전 2:4). 믿음은 그렇게 해서 생겨나는 것이 아니라는 것을 경험을 통해 뼈저리게 느꼈기 때문입니다. 그래서 바울은 성령의 나타나심과 능력으로 복음을 전하려고 노력했습니다. 같은 마음이 우리에게도 필요합니다. 전도는 만들어 낸 지혜로운 말로 되지 않습니다. 복음의 핵심을 잘 이해하여 소개하면 성령께서 역사하실 것입니다.

어느 날 니고데모가 예수님을 찾아왔습니다. 예수님은 그에게 거듭나야 되겠다고 말씀했습니다. 니고데모는 어른이 된 사람이 어떻게 거듭날 수 있는지 의아했습니다. 그때 예수님께서 이렇게 말했습니다. "바람이 임의로 불매 네가

그 소리는 들어도 어디서 와서 어디로 가는지 알지 못하나니 성령으로 난 사람도 다 그러하니라"(요 3:8).

거듭남의 현상이 급격한 감정의 변화를 가져올 수도 있지만, 바람이 어디서 불어 어디로 가는지 알 수 없는 것 같은 현상이 나타나기도 한다는 말씀입니다. 전도의 결과 사람이 어떻게 변하느냐 하는 문제는 하나님께 맡겨야 합니다. 복음이 전해졌고 생명이 잉태되었으면 결과는 나타나기 마련입니다. 바람이 불면 나뭇잎이 흔들리기 마련인 것과 같은 이치입니다.

[8]예수를 너희가 보지 못하였으나 사랑하는도다 이제도 보지 못하나 믿고 말할 수 없는 영광스러운 즐거움으로 기뻐하니 [9]믿음의 결국 곧 영혼의 구원을 받음이라_벧전 1:8~9

선포합니다

† 나는 복음의 핵심이 되는 5가지 주제를 정확히 이해하겠습니다.
† 나는 성령께서 감동시킬 때 망설임 없이 복음을 전하겠습니다.
† 나는 복음을 전하고 결과는 주님께 맡기겠습니다.

13 어떻게 전도할 것인가

성경 〈마태복음〉 4:23~24   요절 〈갈라디아서〉 6:7~9

지난 한주 하나님께서는

_____

_____

_____

전도가 교회의 사명이라면 이 사명을 어떻게 수행할 것인가 하는 문제는 또 하나의 과제입니다. 어떤 방법으로 전도를 해야 할까요? 예수님은 여러 가지 방법으로 전도했습니다.

> 23예수께서 온 갈릴리에 두루 다니사 그들의 회당에서 가르치시며 천국 복음을 전파하시며 백성 중의 모든 병과 모든 약한 것을 고치시니 24그의 소문이 온 수리아에 퍼진지라 사람들이 모든 앓는 자 곧 각종 병에 걸려서 고통 당하는 자, 귀신 들린 자, 간질 하는 자, 중풍병자들을 데려오니 그들을 고치시더라_ 마 4:23~24

예수님의 전도 방법

본문에는 예수님의 전도 방법이 소개되어 있습니다. 예수님은 한 곳에 머물지 않고, 두루 다니며 복음을 전했습니다. 두루 다녔다는 것은 단지 장소의 이동만을 의미하지 않습니다. 여러 사람을 만났다는 의미 또한 내포합니다. 어떤 때는 여리고로, 사마리아로, 예루살렘으로 가서 사람을 만났습니다. 방법도 달랐습니다. 여리고에서 삭개오를 만났을 때는 그의 집에 하룻밤을 머물며 복음을 전했습니다(눅 19:1~7). 사마리아 수가성에서는 한 여성을 만나 복음을 소개했습니다(요 4:5~10). 그녀를 만난 때는 대낮이었고, 우물가였습니다. 회당에서는 성경을 풀어 설명하는 방법으로 복음을 전했습니다(눅 4:44). 예수님은 두루 다니며 다른 사람을 만나 복음을 전했습니다.

예수님이 베푼 기적이 35회 정도 되는데 80%가 치유 사역이었습니다. 병과 약한 것을 고치며 복음을 전했습니다. 그들 가운데 믿음의 사람이 된 이도 있었지만, 치유만 받고 돌아간 사람도 있었습니다. 모두 신앙의 사람이 된 것은 아니지만 예수님은 병자를 치료하면서 복음을 전했습니다.

또 귀신을 쫓아내기도 했습니다. 귀신이 쫓겨 나가 온전해진 사람들 가운데 예수님을 극진히 섬기는 사람도 많았습니다(눅 8:1~3). 귀신 들렸다가 나음을 입은 막달라 마리아는 예수님을 사랑하는 신실한 부활의 증인이 됩니다.

> 11마리아는 무덤 밖에 서서 울고 있더니 울면서 구부려 무덤 안을 들여다보니 12흰 옷 입은 두 천사가 예수의 시체 뉘었던 곳에 하나는 머리 편에, 하나는 발 편에 앉았더라 13천사들이 이르되 여자여 어찌하여 우느냐 이르되 사람들이 내 주님을 옮겨다가 어디 두었는지 내가 알지 못함이니이다 14이 말을 하고 뒤로 돌이켜 예수께서 서 계신 것을 보았으나 예수이신 줄은 알지 못하더라 15예수께서 이르시되 여자여 어찌하여 울며 누구를 찾느냐 하시니 마리아는 그

가 동산지기인 줄 알고 이르되 주여 당신이 옮겼거든 어디 두었는지 내게 이르소서 그리하면 내가 가져가리이다 ¹⁶예수께서 마리아야 하시거늘 마리아가 돌이켜 히브리 말로 랍오니 하니 (이는 선생님이라는 말이라) ¹⁷예수께서 이르시되 나를 붙들지 말라 내가 아직 아버지께로 올라가지 아니하였노라 너는 내 형제들에게 가서 이르되 내가 내 아버지 곧 너희 아버지, 내 하나님 곧 너희 하나님께로 올라간다 하라 하시니 ¹⁸막달라 마리아가 가서 제자들에게 내가 주를 보았다 하고 또 주께서 자기에게 이렇게 말씀하셨다 이르니라 _요 20:11~18_

¹그 후에 예수께서 각 성과 마을에 두루 다니시며 하나님의 나라를 선포하시며 그 복음을 전하실새 열두 제자가 함께하였고 ²또한 악귀를 쫓아내심과 병 고침을 받은 어떤 여자들 곧 일곱 귀신이 나간 자 막달라인이라 하는 마리아와 ³헤롯의 청지기 구사의 아내 요안나와 수산나와 다른 여러 여자가 함께하여 자기들의 소유로 그들을 섬기더라 _눅 8:1~3_

Q 위의 성경 말씀을 읽고 답해 봅시다.

1. 마리아는 왜 무덤 곁에서 울고 있었나요?

2. 제자들에게 간 마리아가 한 말은 무엇인가요?

예수님을 만나면 사람이 달라집니다. 병든 사람은 건강해지고, 악한 것의 노예가 되었던 사람은 자유인이 되어 하나님 나라의 일꾼이 됩니다. 그 소중한 역사를 위해 복음의 특성을 이해할 필요가 있습니다. 복음은 '전해지는 것'입니다. 누군가 복음을 전해야 듣고 믿는 사람이 생깁니다. 이 소중한 역사를 예수님은 그리스도인에게 맡겼습니다. "또 네가 많은 증인 앞에서 내게 들은 바를 충성된 사람들에게 부탁하라 그들이 또 다른 사람들을 가르칠 수 있으리라"(딤후 2:2) 하고 말입니다.

¹하나님 앞과 살아 있는 자와 죽은 자를 심판하실 그리스도 예수 앞에서 그가 나타나실 것과 그의 나라를 두고 엄히 명하노니 ²너는 말씀을 전파하라 때를 얻든지 못 얻든지 항상 힘쓰라 범사에 오래 참음과 가르침으로 경책하며 경계하며 권하라 ³때가 이르리니 사람이 바른 교훈을 받지 아니하며 귀가 가려워서 자기의 사욕을 따를 스승을 많이 두고 ⁴또 그 귀를 진리에서 돌이켜 허탄한 이야기를 따르리라 ⁵그러나 너는 모든 일에 신중하여 고난을 받으며 전도자의 일을 하며 네 직무를 다하라 _딤후 4:1~5

> **Q** 위의 성경 말씀을 읽고 답해 봅시다.
>
> 1. 우리가 항상 힘써야 할 것은 무엇인가요?
> _____
>
> 2. 우리는 어떤 일을 해야 합니까?
> _____

바울은 믿음의 아들 디모데에게 '전도자의 일'을 하라고 당부했습니다. 그것이 그리스도인이 할 일이라고도 했습니다. 무엇을 할 것인가(목적)가 분명해지면, 어떻게 할 것인가(방법)는 따라오게 마련입니다. 목적은 생각하지 않고 방법만 모색하면 자칫 본질에서 벗어난 일을 할 위험이 높습니다. 예수님은 그분이 존재하는 이유, 이 땅에 온 목적을 분명히 알고 있었습니다.

우리가 다른 가까운 마을들로 가자 거기서도 전도하리니 내가 이를 위하여 왔노라_ 막 1:38

13. 어떻게 전도할 것인가

'전도'라는 목적이 바로 서자 다양한 방법이 나왔습니다. 복음을 전했던 사람들을 추적하다 보면 적절한 방법을 선택하기 위해 고민한 흔적이 역력하게 나타납니다. 우리도 전도할 때 왜 전도해야 하는지 목적을 분명히 하고, 그 다음으로 다양한 방법을 신택해야 합니다.

대상자에게 다가가는 방법

전도는 한 영혼을 하나님 앞으로 인도하는 것인 동시에 악한 세력에게 붙잡혀 종노릇하던 사람을 구해 오는 진영 간의 전투를 전제로 합니다. 모세가 이스라엘 백성을 애굽에서 구해 낼 때 여러 차례 힘든 과정을 겪어야 했습니다. 열 번이나 되는 기적을 일으켜 확실한 증거를 보여 주었지만 바로는 위기의 순간을 모면하고 나면 다시 백성들을 붙들고 놓아 주지 않았습니다. 이런 진영 간의 싸움에서 장자가 죽는 결정타가 없었으면 이스라엘은 애굽에서 구원받지 못했을 것입니다. 사탄은 세상에 살고 있는 많은 영혼을 노예로 삼고 있습니다(엡 2:2). 그들을 구해 내 하나님 나라로 데려가기 위해 전략이 필요합니다. 한 영혼을 구원하기 위해 어떻게 접근해야 할까요?

> **〈에베소서〉 2:2**
> 그때에 너희는 그 가운데서 행하여 이 세상 풍조를 따르고 공중의 권세 잡은 자를 따랐으니 곧 지금 불순종의 아들들 가운데서 역사하는 영이라

첫째, 기도해야 합니다.
둘째, 친밀한 관계를 맺으십시오.
셋째, 선전이 필요합니다.
넷째, 예배에 초대하십시오.

첫째, 기도입니다.

전도할 대상자가 정해지면 그 영혼을 위하여 간절한 마음으로 기도해야 합니다. 전도는 사실상 마음을 바꾸는 데서 시작됩니다. 사람의 마음과 영혼을 바꾸기 위한 최선의 방법은 기도입니다. 이 외에는 다른 방법이 없습니다. 전도 대상자를 위해 간절한 마음으로 기도하십시오.

"하나님, ○○○를 죄의 종에서 벗어나 하나님의 자녀가 되게 해주옵소서. 복음을 전할 때 마음의 문을 열게 하시고, 마음의 왕좌에 하나님을 주인으로 모시게 해 주시옵소서."

이런 기도도 필요합니다.

"하나님! 악한 것들이 저 소중한 영혼을 붙들어 노예로 부리고 있습니다. 저 영혼은 새장에 갇힌 한 마리 새처럼 붙들려 있다가 마침내 죽임 당할 것입니다. 저 영혼에게 놓임을 허락하옵소서."

기도는 한 영혼을 살릴 수도 있고, 악한 세력의 손아귀에서 건짐도 받게 합니다.

[21]예수께서 그 아버지에게 물으시되 언제부터 이렇게 되었느냐 하시니 이르되 어릴 때부터니이다 [22]귀신이 그를 죽이려고 불과 물에 자주 던졌나이다 그러나 무엇을 하실 수 있거든 우리를 불쌍히 여기사 도와 주옵소서 [23]예수께서 이르시되 할 수 있거든이 무슨 말이냐 믿는 자에게는 능히 하지 못할 일이 없느니라 하시니 [24]곧 그 아이의 아버지가 소리를 질러 이르되 내가 믿나이다 나의 믿음 없는 것을 도와주소서 하더라 [25]예수께서 무리가 달려와 모이는 것을 보시고 그 더러운 귀신을 꾸짖어 이르시되 말 못하고 못 듣는 귀신아 내가 네게 명하노니 그 아이에게서 나오고 다시 들어가지 말라 하시매 [26]귀신이 소리 지르며 아이로 심히 경련을 일으키게 하고 나가니 그 아이가 죽은 것 같이 되어 많은 사람이 말하기를 죽었다 하나 [27]예수께서 그 손을 잡아 일으키시니 이에 일어서니라 [28]집에 들어가시매 제자들이 조용히 묻자오되 우리는 어찌하여 능히 그 귀신을 쫓아내지 못하였나이까 [29]이르시되 기도 외에 다른 것으로는

이런 종류가 나갈 수 없느니라 하시니라_막 9:21~29

> **Q** 위의 성경 말씀을 읽고 답해 봅시다.
>
> 1. 귀신 들린 아이의 아버지가 예수님에게 한 말은 무엇인가요?
> _____
>
> 2. 제자들이 조용히 물은 말에 예수님은 어떤 대답을 했나요?
> _____

한 아버지가 귀신 들린 아이를 데려와 제자들에게 고쳐 달라고 부탁했으나 그들은 고치지 못했습니다. 그 아버지는 예수님께 말했습니다.
"무엇을 하실 수 있거든 우리 아이를 낫게 해주십시오."
그때 예수님이 하신 말씀입니다.
"할 수 있거든이 무슨 말이냐 믿는 자에게는 능치 못함이 없느니라!"
예수님은 그 아이를 고쳐 주었습니다. 제자들은 조용히 물었습니다. 우리는 왜 낫게 하지 못했나요? 예수님의 대답입니다.
"기도 외에 다른 것으로는 이런 종류가 나갈 수 없느니라"(29절)
전도를 위해 잃어버린 영혼을 되찾기 위한 기도가 필요합니다. 하나님은 이런 기도를 기뻐하십니다. 구체적으로 이름을 부르며 전도 대상자를 위해 기도하십시오. 한 영혼이 온 천하보다 귀한 것 아닙니까? 한 영혼을 구원하기 위한 기도를 하십시오.

둘째, 친밀한 관계를 맺어야 합니다.

전도 대상자로 정한 다음에는 더 친밀한 관계를 형성해야 합니다. 선물도 건네고, 도움도 주고, 때로 시간을 내어 그의 실존적인 문제를 들어주는 것도 필요합니다. 친밀한 사랑의 관계를 맺어 복음을 전할 수 있는 토양을 마련하십시오. 교회에 데려 오기 위한 목적이라기보다는 진심으로 사랑하고 돌보는 마음이 필요합니다. 섬김으로 감동을 주십시오. 사람은 감동을 받아야 움직입니다. 기본적인 인적 사항과 기념일, 가족의 대소사를 알아 두었다가 챙겨 주면 좋은 열매를 얻을 수 있습니다.

사랑은 무엇을 주느냐보다 어떻게 주느냐의 문제라는 말이 있습니다. 그러니까 선물 자체보다는 선물을 건네는 순간의 태도나 표정, 품고 있는 마음이 중요하다는 말입니다. 관계 중심의 전도 오이코스(oikos)에서는 '미인 대칭'이 필요하다고 말합니다. 미소, 인사, 대화, 칭찬 이 네 가지(미인대칭)의 표정을 중요하게 여깁니다.

① 미소입니다. 웃으라는 것입니다(살전 5:16). 예쁘게 웃는 것은 구원받은 사람의 징표입니다. 전도 대상자에게 항상 웃음으로 대하십시오.

〈데살로니가전서〉 5:16
항상 기뻐하라

② 인사하기입니다. 반갑게 인사하는 것, 환대하는 것이 필요합니다. 사람은 스쳐 지나는 짧은 순간에도 얼굴 표정만으로 호불호를 느낄 수 있습니다. 그래서 무의식적으로 인상을 찌푸리거나 외면해 버리는 일이 없도록 조심해야 합니다. 항상 반갑게 인사하십시오. 영혼을 얻는 비결입니다.

③ 대화하기입니다. 경청해 주고, 과하지 않게 적절한 리액션을 보이는 것이 좋습니다. 따뜻한 대화가 오고 가면 마음이 열립니다. 마음이 열리면 귀

도 열리고 전도가 됩니다.
④ 칭찬하기입니다. 누구든지 칭찬을 들으면 기분이 좋습니다. 칭찬을 하되 구체적으로 그리고 과장되지 않아야 합니다. 진심을 담은 칭찬을 할 때 상대방은 마음을 엽니다.

사람들은 감동을 주기 위해 이벤트를 해야 하는 것처럼 생각하지만 감동은 크고 화려한 것이 아니라 작은 것에서 느끼게 됩니다. 항상 웃으며 대해 주는 것, 반갑게 인사하며 환대하는 것, 경청하고 반응하는 것, 진심이 담긴 칭찬을 하며 소중하게 대하는 것은 사람의 마음을 얻는 지름길입니다.

셋째, 선전이 필요합니다.
선전, 홍보가 필요합니다. 전도를 잘하려면 '홍보', '선전', '자랑'을 잘해야 합니다. 무엇을 자랑하고 알려야 할까요? 예수님 자랑, 교회 자랑, 목사님 자랑입니다. 이 세 가지는 부흥하고 전도 잘하는 교회들의 특징입니다. 전도 잘하는 성도는 만나는 사람에게 예수님을 자랑하고, 자신이 출석하는 교회가 얼마나 좋은지 자랑합니다. 그리고 자기 목사님을 자랑합니다. 그런 자랑은 듣는 사람의 마음에 교회에 대한 기대감을 갖게 합니다. 물론 적절한 상황을 보아 가며 해야 합니다. 아무데서나, 어떤 상황에서나 생각 없이 그렇게 하면 반감을 갖게 할 위험이 있습니다.

때에 따라 자신의 간증을 들려주어도 좋습니다. 예수님을 믿기 전 자기 모습, 믿음을 가지게 된 동기, 믿은 후의 변화 등을 말하면 생동감 있게 전달됩니다. 간증은 자기 자랑이 아닙니다. 자신의 삶 가운데 역사하신 하나님의 은혜를 전하는 것임을 명심해야 합니다. 전도 대상자가 자신과 비슷한 문제로 어려움을 겪고 있을 때 아픔을 이해하는 '상처 입은 치유자'로 나서는 것입니다.

³찬송하리로다 그는 우리 주 예수 그리스도의 하나님이시요 자비의 아버지시요 모든 위로의 하나님이시며 ⁴우리의 모든 환난 중에서 우리를 위로하사 우리로 하여금 하나님께 받는 위로로써 모든 환난 중에 있는 자들을 능히 위로하게 하시는 이시로다_고후 1:3~4

> **Q** 위의 성경 말씀을 읽고 답해 봅시다.
>
> 1. 우리가 환난을 당할 때 하나님은 어떤 일을 하셨습니까?
> _____
>
> 2. 우리는 환난당하고 있는 이들에게 어떤 사람이 되어야 합니까?
> _____

그리스도인은 특정한 문제로 어려움을 겪습니다. 그 고난은 우리를 바른 신앙인이 되게 하는 데 목적이 있기도 하지만, 환난을 겪고 있는 사람을 위로하기 위한 목적도 있습니다. 우리가 겪은 고난과 비슷한 일을 겪고 있는 사람에게 하나님의 위로를 소개하여 전도의 기회로 삼으십시오. 자신의 간증을 아무데서나 하는 것은 악취를 풍길 위험이 있지만 적절하게 하면 큰 유익이 됩니다.

어떤 상황에서는 복음을 전해야 합니다. 성령의 감동이 있어서 복음을 소개해야겠다는 마음이 들면 '전도' 부분에서 소개한 내용을 기초로 복음을 전하고, 영접 기도까지 하면 됩니다.

넷째, 예배에 초대하십시오.

전도 대상자를 적절한 때 예배에 초대하십시오. 주일 예배 때도 좋고, 교회가 정한 총동원 주일이나, 전도의 날에도 좋습니다. 경험상 예배에 초대했을 때 단번에 오는 사람은 거의 없습니다. 여러 번 실망시키고, 낙심시킵니다. 그럴 때 전도는 거절에서 시작된다는 것을 기억하십시오. 한두 번의 거절에 낙심하지 마십시오. "너한테 투자한 게 얼마인데 왜 약속하고 안 와. 다시는 너를 인간 대우하나 봐라!" 하는 마음으로 미워하거나 영혼을 포기하면 안 됩니다. 사람은 언젠가는 변합니다.

⁷스스로 속이지 말라 하나님은 업신여김을 받지 아니하시나니 사람이 무엇으로 심든지 그대로 거두리라 ⁸자기의 육체를 위하여 심는 자는 육체로부터 썩어질 것을 거두고 성령을 위하여 심는 자는 성령으로부터 영생을 거두리라 ⁹우리가 선을 행하되 낙심하지 말지니 포기하지 아니하면 때가 이르매 거두리라_갈 6:7~9

> **Q** 위의 성경 말씀을 읽고 답해 봅시다.
>
> 1. 하나님은 어떤 분이십니까?
> _____
>
> 2. 선을 행하면서 하지 말아야 할 것은 무엇인가요?
> _____

하나님은 심는 대로 거두게 하시는 분입니다. 영혼을 구원하기 위하여 심은 소중한 씨앗이 싹을 내고 성장하여 반드시 열매 맺도록 할 것입니다. 그러므로 선을 행하다 낙심하면 안 됩니다. 때가 이르면 거두게 되기 때문입니다. 그 믿음으로 굳건하게 서기 바랍니다. 이번에 오지 않더라도 다음에 올 수 있고, 다음에 오지 못하더라도 꼭 결과를 보게 됩니다.

전도, 어떻게 할 것인가에 대해 공부했습니다. 전도는 은사받은 사람만 하는 것이라고 마음을 닫고 있으니 전도가 어렵게 느껴지는 것입니다. 전도는 특별한 사람에게 주어진 은사가 아니라, 모든 성도가 해야 할 본분입니다. 물론 교회도 함께해야 할 사명입니다. 성도와 교회가 전도에 관심을 갖고 영혼 구원을 위해 기도하고 그 일에 힘쓰는 분위기를 만들면, 새 교우를 대하는 태도가 바뀌고 교회 분위기도 달라집니다. 전도! 하면 됩니다. 예수님은 제자들에게 이렇게 말씀했습니다.

> 이르시되 우리가 다른 가까운 마을들로 가자 거기서도 전도하리니 내가 이를 위하여 왔노라 하시고_막 1:38

선포합니다
- 나는 전도자로 부름받았습니다.
- 나는 전도 대상자를 정하고 기도하겠습니다.
- 나는 한 영혼을 그리스도에게 인도하는 충성된 사람이 되겠습니다.

14 위대한 전도자
: 허드슨 테일러

📢 지난 한주 하나님께서는

_____

_____

_____

아시아에서 그리스도인이 가장 많은 나라는 어디일까요? 바로 중국입니다. 1억여 명에 이르는 것으로 추정하고 있습니다. 어떻게 중국에 이처럼 많은 그리스도인이 생겼을까요? 그 이유를 한 가지로 콕 집어 말하기는 어렵지만, 여기에는 '가정 교회'가 크게 기여했습니다. 1949년 공산화 이후 중국 당국은 서양 선교사들을 추방하고, 정부가 허락한 '삼자 교회'만 남겨 두었습니다. 그러자 중국의 지하에서 가정 교회가 폭발적으로 성장하기 시작했습니다. 중국 가정 교회가 성장할 수 있도록 초석을 놓은 사람은 선교사 허드슨 테일러(1832~1905)입니다. 그는 중국 현지인처럼 옷을 입고 머리도 변발을 했습니다다. 그리고 비교적 편의 시설이 잘 갖추어진 항구와 해안 지대를 떠나 중국 내지에 들어가 복음을 전했고 많은 열매를 얻었습니다.

회심과 훈련

허드슨 테일러는 1832년 5월 21일 영국 요크셔 주 반슬레의 경건한 감리교 집안에서 태어났습니다. 아버지는 약사였고 감리교 평신도 설교자였습니다. 복음적인 부모의 영향을 받은 허드슨은 어린 시절부터 선교사의 꿈을 키웠습니다. 그런데 11살 때 학교에서 기도하다가 친구들의 비웃음을 받게 되었고, 이 충격을 이기지 못해 한때 믿음을 버렸습니다. 15살에는 학교를 그만두고 은행에 취직하여 돈을 벌게 됩니다. 성실히 일하던 그는 시력이 급속히 나빠져 은행을 그만두게 되었고 절망의 나락에 빠졌습니다. 허드슨 곁에는 그의 회심을 위해 중보 기도하는 어머니와 여동생이 있었습니다. 1849년 17살 되던 해에, 아버지 서재에서 《그리스도의 완성된 사역》이라는 소책자를 읽던 중, "그리스도가 다 이루셨다면 내가 해야 할 일은 더 이상 없는 것이구나!" 하는 깨달음을 얻고 회심하게 됩니다.

> **Q** 여러분의 회심 과정은 점진적이었나요? 아니면 급격하게 이루어졌나요?

회심한 후 그는 어떻게 그리스도를 위해 살까 고민했습니다. 성경 말씀대로 사는 훈련을 하며 중국 선교를 준비하게 됩니다. 약한 몸을 건강하게 만들기 위해 운동하고 잠과 음식을 절제하는 훈련을 했습니다. 중국어를 비롯하여 라틴어, 헬라어, 히브리어를 공부했습니다.

1851년부터는 헐이라는 도시에 가서 로버트 하디 박사의 조수가 되어 의료 기술을 배웠습니다. 가난한 자들과 함께하기 위해 빈민촌에 들어가 살았습니다. 형제단 모임에 가서 조지 뮐러에 대해 들으며, 믿음 선교(faith mission)를 배웠습니다. 당시 조지 뮐러는 브리스톨에서 "하나님이 공급하신다"라는 믿음 하나로 고아원을 운영했습니다. 뮐러는 하나님이 필요를 채우신다는 것을 믿고 하나님께 기도하고 의지하며 고아들을 입히고 먹였습니다.

> **Q** 허드슨 테일러는 중국 선교를 위해 그가 할 수 있는 준비를 모두 한 것 같습니다. 여러분은 하나님이 주신 사명을 감당하기 위해 어떤 준비를 하고 있나요?
>
> _____

1852년 20살 때, 허드슨 테일러는 본격적으로 중국 선교를 준비하기 위해 런던왕립병원에서 의학을 공부했습니다. 런던에 살면서 허드슨은 하나님의 공급으로만 사는 삶을 훈련했습니다. 아버지와 중국복음화선교회의 지원을 모두 거부하고 하나님만 의지하고 살았습니다. 해부 실습 중 열병에 감염되어 죽을 위기를 맞았으나 믿음으로 이겨냈습니다. 그 즈음 중국에서 태평천국의 난(1850-1864)이 일어났다는 소식을 듣고 마음이 급해진 허드슨은 1년 남은 의학 공부를 포기하고 중국복음화선교회의 파송을 받아 1853년 9월 19일 중국을 향해 출발했습니다.

1854년 3월 1일, 그는 상하이에 도착했습니다. 6개월이 걸린 긴 항해였습니다. 22세 영국 청년이 복음의 불모지 중국에 복음의 씨앗을 뿌리기 위해 문을 연 것입니다. 도착 후 1년 동안 내전의 소용돌이에 휘말려 고생하게 됩니다. 그러다가 1855년부터 상하이 인근 지역의 선교사들과 협력하여 '복음을 전하는 여행'을 시작했습니다. 허드슨은 1855년부터 1857년 사이에 상하이를 거점으로 18차례의 선교 여행을 다녀왔습니다. 폭도들의 위협 속에서도 성경과 소책자를 배부하며 복음을 전하고 아픈 자를 치료했습니다.

그의 초기 사역은 상하이 아래에 있는 닝보를 중심으로 이루어졌습니다. 허드슨은 복음에 대한 열정이 뜨거웠을 뿐만 아니라 중국 문화에도 민감했습니다. 1855년 7월 월터 메드허스트 박사의 조언으로 중국 내륙에 들어가기로 결심한 뒤, 중국옷을 입고 머리도 중국식 변발로 바꾸었습니다.

1857년 적자에 시달리던 중국복음화선교회를 나와 독립하고, 하나님의 공급에만 의지하는 '믿음 선교'를 시작했습니다. 1858년부터는 내륙 지방으로 들어가 복음을 전하기 시작했습니다. 허드슨은 목사 안수도 받지 않았고 의사 자격증도 없었지만, 닝보에서 사역의 첫 열매를 거두게 됩니다. 그리고 같은 해에 미션 학교 교사인 마리아 제인 다이어와 결혼했고 믿음 선교의 원리로 병원도 잘 운영했습니다. 30~40명의 현지인이 참석하는 교회도 세웠습니다. 그러나 1860년 건강이 악화되어 가족과 함께 영국으로 귀국할 수밖에 없었습니다.

중국내지선교회

허드슨 테일러는 1860년부터 1866년까지 6년 동안 런던에 머무르며 중국 선교를 다시 준비했습니다. 1862년 런던왕립병원 외과 대학에서 다시 의학을 공부하고 산파학 학위를 받았습니다. 그리고 중국 닝보 방언으로 성경을 번역했습니다. 1862년에는《중국의 영적 필요와 요구》라는 소책자를 저술하여 중국 선교에 대한 관심을 불러일으켰습니다. 영국의 여러 지방을 다니며 설교하고 강의하면서 중국 선교를 호소했습니다. 그리고 찰스 스펄전을 만나 친구가 되고 평생 후원을 약속받았습니다.

1865년 6월 25일 허드슨 테일러는 중국내지선교회(China Inland Society)를 설립했습니다. 보다 체계적인 중국 선교가 필요했기 때문입니다. 선교회 설립 후 1년이 안 되어 21명의 선교사 지망생을 받았고, 2천 파운드를 모금할 수 있었습니다. 초교파적으로 선교사를 받아들였고 믿음이 있다면 누구나 뽑았습니다.

1866년 허드슨 테일러는 래머뮤어 호에 16명의 선교사를 태우고 다시 중국으로 출발했습니다. 믿음이 있고 하나님의 임재를 경험한 노동자 출신 지원자 중에서 선교사를 주로 선발했고 파격적으로 9명의 미혼 여성도 포함시켰습니다. 그리고 중국내지선교회 소속 선교사들에게 중국옷을 입게 했습니다. 중국 문화를 긍정해야 중국 땅에 복음이 뿌리를 내리게 할 수 있다고 보았기 때문입니다. 허드슨 테일러는 죄짓는 일이 아니면 중국인을 구원하기 위해 중국인처럼 되자고 역설했습니다.

2차 중국 선교 기간에 허드슨 테일러는 영적으로 힘든 시기를 보내게 됩니다. 그러다가 믿음으로 예수 그리스도와 연합하는 큰 기쁨을 경험하게 됩니다.

1869년 여름 내내, 허드슨은 영적 무기력에 빠져 있었습니다. 기도하고 금식하며 회복하기 위해 노력했으나, 백방이 무효였습니다. 허드슨은 자신의 죄와 실패와 무능력에 압도되어 크게 절망했습니다.

그때 동료 선교사 존 맥카시가 편지로 《우리의 모든 것 되시는 그리스도》의 내용을 전해 주었습니다. 믿음으로 예수 그리스도 안에서 안식하는 삶의 원리였습니다. 허드슨은 이 편지를 읽고 또 읽으며 묵상하다가 드디어 영적 깨달음을 얻었습니다. 자신이 이미 예수 그리스도 안에 있다는 것이 믿어졌습니다. 예수 그리스도 안에서 쉼을 얻으려고 노력했던 것이 얼마나 헛된 일인가 하고 깨달았습니다. 자신이 이미 포도나무에 붙어 있는 가지라는 것을 깨닫고 나니 자연스럽게 안식을 누릴 수 있게 되었습니다. 허드슨은 이 경험을 통해 자신이 실제로 전혀 다른 새 사람이 되었다고 고백했습니다. 그리스도가 자기 내면에 거주한다는 통찰을 얻게 된 그는 일평생 믿음으로 안식하는 삶을 살 수 있게 되었습니다.

Q 허드슨 테일러가 영적으로 힘든 시기를 보낸 적이 있다고 합니다. 여러분에게도 그런 경험이 있나요? 어떤 일이었으며, 어떻게 이겨 냈습니까?

허드슨 테일러는 중국내지선교회 사역을 통해 엄청난 열매를 거두었습니다. 허드슨의 선교 전략은 단순했습니다. 선교사는 선교 사역에 있어 건물의 터와 같은 기초 역할을 하고, 중국 그리스도인이 직접 복음을 전하게 하는 것이었습니다. 각 성마다 감독자와 두 명의 협력 선교사를 세우고, 주요 도시에 중국인 조사(협력자)를 두고, 다른 도시에는 중국인 성경 반포자를 두었습니다.

중국내지선교회가 파송한 선교사는 꾸준히 늘었습니다. 1881년 100명의 선교사를 파송했고, 1882년에 이르러서는 중국의 모든 성에 선교사를 배치할 수 있었습니다. 몽고에도 선교사를 보냈습니다. 중국내지선교회는 총 800명의 선교사를 중국에 보내고, 300개의 선교부를 설립하고, 500명의 지역 조사들과 함께 동역했습니다. 125개의 학교를 세우고, 1만 8,000명을 회심시켰습니다(중국내지선교회는 1964년 OMF로 이름을 바꾸었습니다).

복음 전도를 위한 희생의 대가

선교의 열매를 맺기 위해 허드슨 테일러는 큰 희생을 대가로 치렀습니다. 첫 부인 마리아와 네 자녀를 양자강 근처 전장(젠지앙)에 있는 선교사 묘지에 묻은 것입니다. 허드슨도 중국 선교 기간 중에 수시로 병에 걸려 영국으로 돌아가야 했습니다.

1874년에는 강에서 배를 타고 가다가 넘어져 목과 척추를 다쳐 몸이 마비되기도 했습니다. 1876년 다시 회복하고 18명의 선교사를 데리고 중국으로 들어가는 용기를 발휘했습니다. 의화단 사건(1900) 때, 중국내지선교회 소속 선교사 58명과 21명의 아이들이 죽었습니다. 그러나 허드슨은 배상을 전혀 요구하지 않았습니다.

1902년 허드슨 테일러는 공식적으로 중국내지선교회에서 은퇴했습니다.

그리고 1905년 11번째, 마지막 중국 방문길에 나섰습니다. 중국 선교 현지를 둘러보다가 결국 후난 성 창사에서 하나님의 부르심을 받았습니다. 허드슨은 전장에 있는 외국인 선교사 묘지에 첫 부인 마리아 옆에 묻혔습니다.

양자 강 근처에 있던 이 선교사 묘지는 문화대혁명 때 파괴되었습니다. 그러나 1988년 허드슨의 증손자는 다음과 같은 비석을 발견했습니다.

> 1832년 5월 21일 태어나 1905년 6월 3일 잠들은 중국내지선교회의 창시자 J. 허드슨 테일러 목사님의 영전에 바침. 그리스도 안에서 살다 간 사람.

1999년 허드슨의 후손들은 이 기념비를 찾아 중국 현지 교회 안에 다시 세웠습니다. 테일러의 후손들은 중국 선교를 계속하여, 현재 5대째 동아시아에서 중국인 화교 공동체를 섬기고 있습니다.

> **Q** 현재 허드슨 테일러의 무덤은 남아 있지 않습니다. 그런데 당신이 허드슨 테일러 무덤 앞에 있다면 무슨 말을 하고 싶습니까?
> _____
> _____
> _____

선교학자 랄프 윈터는 허드슨 테일러를 19세기 세계 선교에 가장 크게 기여한 사람으로 평가했습니다. 허드슨 테일러는 또한 수많은 그리스도인에게 섬김과 희생의 영감을 불어넣었습니다. 에릭 리델, 짐 엘리엇, 빌리 그레이엄 등

많은 복음 전도자가 그에게서 영감을 받고 선교에 헌신했다고 알려져 있습니다. 하나님 나라에서 이렇게 빛나는 별이 또 있을까 싶습니다.

> 🕊 **선포합니다**
> † 위대한 선교사 허드슨 테일러처럼 저도 선교의 사람이 되겠습니다.
> † 선교는 가든지 보내는 것입니다. 저도 이 일에 동참하겠습니다.
> † 나는 선교사를 지속적으로 후원하고, 격려하며 돕겠습니다.

15 위대한 전도자 : 언더우드

🕊 지난 한주 하나님께서는

_____
_____
_____

주여! 지금은 아무것도 보이지 않습니다. 주님! 메마르고 가난한 이곳 조선 땅, 나무 한 그루 시원하게 자라 오르지 못하고 있는 이 땅에 저희들을 옮겨와 심으셨습니다. 그 넓고 넓은 태평양을 어떻게 건너왔는지 그 사실 자체가 기적입니다. 지금은 아무것도 보이지 않습니다. 보이는 것은 그저 고집스럽게 얼룩진 어둠뿐……. 어둠과 가난과 인습에 묶여 있는 조선 사람뿐입니다. 그들은 왜 묶여 있는지 고통이라는 것도 모르고 있습니다. 고통을 고통인 줄 모르는 자에게 고통을 벗겨 주겠다고 하면 의심부터 하고 화를 냅니다. 조선 남자들의 속셈이 보이지 않습니다. 이 나라 조정의 내심도 보이지 않습니다. 가마를 타고 다니는 여자들을 영영 볼 기회가 없으면 어쩌나 합니다. 조선의 마음이 전혀 보이지 않습니다. 그리고 저희가 해야 할 일이 전혀 보이지 않습니다.

이것은 언더우드의 기도문입니다. 이 땅을 바라보며 안타까워하는 언더우드 선교사의 마음이 문장과 단어를 통해 진하게 전해져 옵니다. 1884년부터 1984년까지 100년 동안 한국에 온 선교사는 2,900여 명입니다. 이중에 언더우드(1859~1916)는 한국에 온 최초의 목사 선교사였습니다.

> **Q** 언더우드의 기도문을 읽고 어떤 느낌을 받았습니까?
> _____
> _____

네가 가면 어떻겠니?

언더우드는 1859년 영국 런던에서 아버지 존 언더우드의 6남매 중 넷째로 태어났습니다. 아버지 존 언더우드는 화학자와 발명가로서 타자기와 잉크를 개발하고 이와 관련된 사업을 시작했습니다. 존은 신앙이 독실한 사람으로서 자녀에게 깊은 신앙을 물려주었습니다. 언더우드가 12살이 되던 해인 1872년, 사업이 어려워지자 미국으로 이민을 갔습니다.

이후 언더우드 집안은 뉴저지 주 뉴더럼에 정착하고 그로브교회를 다녔습니다. 미국에서 아버지 사업은 번창했고, 장남 존은 타자기 사업으로 성공하여 동생의 한국 선교를 크게 후원했습니다. 언더우드는 어릴 적부터 선교사의 꿈을 키웠습니다. 1881년 뉴욕대학교, 1884년 뉴브룬스윅 신학교를 졸업했습니다. 사실 언더우드는 신학교를 다니는 동안 인도 선교사로 헌신할 생각이었습니다.

    그러던 중 1882년에 한국이 막 개방되었다는 소식과 복음의 불모지 한국에 선교사가 필요하다는 내용의 글을 읽게 됩니다. 그리고 1883년 하트포드에서 열린 신학교 선교사 연맹 총회에서 프린스턴 신학교 하지 교수가 '마지막 은둔의 나라' 조선에 대해 얘기하는 것을 듣고 마음이 크게 흔들렸습니다. 인도와 한국 사이에서 갈등하고 있던 언더우드는 어느 날 내면의 목소리를 듣게 됩니다.

"네가 한국에 가는 게 어떻겠니?"

    언더우드는 1884년 12월 뉴브룬스윅 노회에서 목사 안수를 받고, 이듬해 1885년 4월 5일 미국북장로교회의 파송을 받아 인천항에 도착했습니다. 감리교의 파송을 받은 아펜젤러 목사와 함께였습니다. 한국에 처음 와서 언더우드 선교사가 조선과 조선인을 보고 얼마나 충격을 받았을까요? 그러나 언더우드는 절망만 하고 있지 않았습니다. 위 기도문에 이어 언더우드는 이렇게 기도했습니다.

    그러나 주님! 순종하겠습니다. 겸손하게 순종할 때 주께서 일을 시작하시고 그 하시는 일을 우리들이 영적인 눈으로 볼 수 있는 날이 있을 줄 믿습니다. 믿음은 바라는 것들의 실상이요 보지 못하는 것들의 증거라고 하신 말씀을 따라 조선의 믿음의 앞날을 볼 수 있게 될 것을 믿습니다.
    지금은 우리가 황무지 위에 맨손으로 서 있는 것 같고, 우리가 서양 귀신, 양귀신이라고 손가락질 받고 있으나, 자녀들이 우리 영혼과 하나인 것을 깨닫고 하늘나라의 한 백성 한 자녀임을 알고 눈물로 기뻐할 날이 있을 것을 믿습니다.
    비록 지금은 예배드릴 예배당도 없고 학교도 없고 그저 이곳 모든 사람들로부터 받은 경계의 의심과 멸시와 천대함이 가득하지만 이곳이 머지않아 은총의 땅이 되리라는 것을 믿습니다. 주여! 오직 제 믿음을 붙잡아 주소서. 아멘.

언더우드의 믿음의 기도는 다 이루어졌습니다. 하나님은 선교사 언더우드를 한국 교회의 기초를 세우는 데 사용하셨습니다. 선교사 언더우드가 한국에서 어떤 선교를 했는지 알아보겠습니다.

'제중원'에서 시작된 사역

1884년 9월 20일 미국 공사관의 의사 자격으로, 중국에 파송되어 있던 의료 선교사 알렌이 한국에 입국합니다. 그해 12월 갑신정변이 발생했고, 보수파 민영익이 큰 부상을 입게 됩니다. 알렌은 부상당한 민영익의 치료를 계기로 왕실과 급속도로 가까워졌습니다. 급기야 고종의 허락을 받아, 1885년 2월 한국 최초의 근대식 병원인 '광혜원'(왕실 전용으로 개원했으나 같은 해 3월 12일 일반인에게도 혜택을 주자는 취지로 '제중원'으로 이름 변경)을 설립했습니다.

그해 4월에 입국한 언더우드가 처음 선교의 둥지를 튼 곳이 바로 이 제중원이었습니다. 언더우드는 알렌 박사를 도와 진료와 간호를 담당하고, 특별히 제중원 산하 의학교에서 물리와 화학을 가르쳤습니다. 선교의 자유가 보장되지 않았던 당시에 의료 선교는 선교의 길을 예비하는 가장 효과적인 방법이었습니다. 제중원은 나중에 세브란스 병원으로 발전했습니다.

1886년 언더우드는 한 명의 고아를 데리고 고아원을 만들었습니다. 정부의 허락을 얻어 길에 버려진 고아를 데려다가 재우고 입히며 가르쳤습니다. 이 고아원은 후일 경신학교로 발전했습니다. 1912년 언더우드는 경신학교의 교장이 되었고, 1915년에는 경신학교에 대학부가 설립되는데, 이 학교는 나중에 연희전문학교(연세대학교 전신)로 발전했습니다. 언더우드는 처음부터 한국의 인재들을 기르기 위해 학교와 대학을 세우는 데 관심을 기울였습니다.

국법을 어기고 세례를 주다

언더우드는 의료, 교육 사역과 더불어 복음을 전하고 교회를 세우는 일에 헌신했습니다. 당시의 개신교 선교사들은 자유롭게 복음을 전파할 수 없었습니다. 이런 상황에서 언더우드는 기이한 경험을 하게 됩니다. 이미 예수를 믿게 된 사람들이 언더우드를 찾아와서 세례를 요청한 것입니다. 첫 번째 사람은 노춘경이었습니다. 그는 한문으로 된 〈마가복음〉과 〈누가복음〉을 읽고 기독교 진리에 관심을 가지게 됩니다. 본격적으로 기독교에 대해 연구하기 위해 언더우드를 찾아와 성경을 배웠습니다.

그리고 예수를 구주로 믿기로 결심하고 세례 문답을 받았습니다. 언더우드는 1886년 7월 18일 국법을 어기는 위험을 무릅쓰고 노춘경에게 세례를 주었습니다. 1887년 봄에는 황해도 솔내에서 서상륜이 동생 서경조와 최명오, 정공빈을 데리고 와서 세례를 베풀어 달라고 부탁했습니다. 언더우드는 알렌의 반대에도 불구하고 이 세 사람에게 세례를 주었습니다.

> **Q** 목숨을 걸고 세례를 받는 초기 한국 교회 신자들을 보고 어떤 마음이 드나요? 세례를 주던 언더우드는 어떤 마음이었을까요?
> _____
> _____

세례 교인이 생기자 언더우드는 1887년 9월 27일 정동에 있는 자기 집에서 14명의 교인을 데리고 두 명의 장로를 선출한 후 최초로 교회를 설립했습니다. 이 교회는 정동교회라고 불리다가 1895년 새문안으로 장소를 옮기고 새문안교회로 이름을 바꾸었습니다. 새문안교회는 한국의 어머니 교회로서 한국 교회 역사에서 큰 역할을 감당하게 됩니다. 드디어 언더우드는 1887년 10월 1차 전도 여행에 나섭니다. 송도, 소래, 평양, 의주에 이르는 긴 여정이었습니다. 복음을 직접 전할 수 있는 형편은 아니었지만 세례를 요청하는 이들에게 비밀리에 세례를 줄 수는 있었습니다. 소래(솔내)에서 7명에게 세례를 주었고, 의주에 가서는 100여 명에게 세례를 주었습니다. 이들은 언더우드가 입국하기 전부터 권서인이나 매서인을 통해 복음을 읽고 예수를 구주로 믿게 된 사람들이었습니다.

언더우드는 조선 왕실과 각별한 친분을 맺고 고종과 명성 황후를 도움으로써 선교의 문을 여는 데 크게 기여했습니다. 1889년 3월 언더우드는 제중원 의사 릴리아스 호톤과 결혼하는데 그녀가 명성 황후의 시의를 맡게 됨에 따라 언더우드도 왕실과 친해졌습니다.

1895년 을미사변으로 명성 황후가 시해되고 1896년 아관파천으로 고종이 고립되자 언더우드는 인도주의적 마음에서 고종을 충실하게 보호해 주었습니다. 언더우드와 동료 선교사들은 고종의 침실을 지키고 안전한 음식을 공급해 주었습니다. 이런 언더우드의 충성으로 말미암아 조선 왕실은 기독교에 대한 적대감을 누그러뜨리게 되었습니다.

언더우드는 당시 한국어에 있어서 최고의 전문가였습니다. 1889년 최초로 《한영사전》을 출판하고, 1894년에는 《한영·영한사전》을 출판했습니다. 이런 한국어 실력을 토대로 1887년 성경번역위원회를 조직하고 다른 선교사들과 힘을 합쳐 한글 성경 번역 작업을 시작했습니다. 1900년 신약 성경이 번역되고, 1910년 구약 성경이 완역되고, 1911년 드디어 한글 성경이 출판되었습니다. 이를 통해 한국인은 비로소 한 권으로 묶인 완전체, '하나님의 말씀' 전체를 접할 수 있게 되었습니다(1911년 성경은 '구역'이라고 불립니다. 1937년 '개역' 성경이, 1998년 '개역 개정판' 성경이 출판되었습니다).

우리는 지금까지 선교사, 교육자, 번역가로서의 언더우드의 삶을 살펴보았습니다. 언더우드는 한국 교회의 초석을 놓았고, 한국 사회를 위해 봉사했습니다. 언더우드는 이렇게 열심히 선교 사역을 감당하다가 결국 병을 얻어 1916년 미국으로 돌아가서 바로 죽음을 맞이했습니다. 1999년 언더우드의 묘는 그로브교회의 묘지에서 서울 양화진의 외국인 선교사 묘지로 이장되었습니다. 언더우드는 그의 아내와 아들과 며느리와 손자와 함께 한국 땅에 묻힌 것입니다.

Q 언더우드 선교사가 현재 한국 교회와 한국 사회의 발전을 보고 무어라 말할까요?

언더우드 가문의 한국 사랑

언더우드 사후, 언더우드의 후손들은 계속하여 한국 교회와 사회를 섬겼습니다. 언더우드의 한국 이름은 원두우(1859~1916)입니다. 언더우드의 아들 원한경(1890~1951)은 3.1 운동 당시 자행된 일본의 제암리 학살 만행을 세계에 폭로했고, 연희전문학교 3대 교장을 역임했습니다. 일제 강점기 말 추방되었다가 광복 후 미 군정청 고문으로 일했습니다. 손자 원일한(1917~2004)은 한국 전쟁 때 미국 해군 대위로 참전하여, 정전 협정 당시 UN군의 수석 통역 장교로 일했고, 전쟁 후에는 연세대학교의 재건과 발전을 위해 애를 썼습니다.

언더우드의 4대손, 증손자가 한국에 살고 있습니다. 그가 바로 피터 언더우드(1955~), 한국명은 원한석입니다. 그는 아버지, 조부, 증조부와 달리 선교사의 삶을 살지 않았습니다. 그는 샌프란시스코 대학 MBA를 졸업한 후, 1988년부터 한국에서 IRC 비즈니스 컨설팅 회사에 다니고 있습니다. 현재 연세대학교 재단 이사이기도 하고, 국가브랜드위원회 위원으로 봉사하고 있습니다.

피터 언더우드는 그동안 한국에서 비즈니스 컨설팅을 해온 경험을 바탕으로 2012년 《퍼스트 무버》라는 책을 썼습니다. 그는 한국의 성공의 원인이 "우리를 위한 개인의 희생"에 있다고 보고, 한국을 "불가능한 목표를 세우고 초과 달성하는 나라"라고 칭송했습니다. 그러나 이제는 한국인이 지켜 온 성공의 방정식을 버리고 창의성이 풍부한 나라가 되었으면 좋겠다고 제안했습니다. '패스트 팔로어'(fast follower)에서 '퍼스트 무버'(first mover)가 되어야 한다, 창의력의 허브, 혁신의 허브, 성취의 허브, 공정함의 허브가 되어야 한다고 말했습니다. 참 가슴 뭉클한 고언으로, 한국에 대한 그의 무한 애정이 느껴집니다.

언더우드 가족의 이야기를 접하면서 한국은 '복음에 빚진 나라'라는 생각이

듭니다. 한국을 사랑하고 한국의 복음화를 위해 생명을 바치며 섬긴 언더우드 가문의 선교 여정은 예수 그리스도의 십자가의 사랑이 무엇인지, 하나님 나라가 어떤 나라인지 엿볼 수 있게 해주었습니다.

> 🕊 **선포합니다**
>
> † 전도자 언더우드를 기억하겠습니다.
> † 나는 언더우드처럼 다양한 영역에 관심을 갖고 복음을 전하겠습니다.
> † 그의 후손들처럼 나도 한 나라에 대를 이어 관심을 갖고 후원하겠습니다.

10단원의 주제는 "천국 백성의 삶"입니다.

우리는 세상에 살면서 일하고 세금 내고 각종 의무를 감당합니다. 그러면 하나님 나라의 백성이 되어서는 어떤 책임과 의무를 감당하여야 할까요? 그리고 하나님의 백성으로 무엇을 누릴 수 있을까요? 10단원에서는 천국 백성의 삶에 있어 중요한 다섯 가지의 소주제를 다루고 있습니다. 가장 먼저 '살리며 사는' 아가페의 사랑을(16과), 거저 용서받은 삶을 사는 만큼 종말론적인 자세로 타인을 용서하여 진정한 평화를 누리라는 내용의 용서를(17과), 예수 안에 머무는 기쁨을 누리면서 서로의 다름을 존중하고 수용하는 자세로의 관용을(18과), 교회 안과 밖에서 그리고 가정과 사회 어디든 모든 이를 반갑게 맞고 후하게 대접해 지경을 확대하여 갈 것을 권하는 돌봄을(19과), 그리고 마지막으로 자신의 가치 판단의 근거를 하나님께 두고 행동하는 진정한 순종에 대해(20과) 알려 줍니다.

창이 깨끗할수록 바깥 풍경을 있는 그대로 느끼고 즐길 수 있습니다. 10단원에서 나눈 소주제를 머리로 이해하는 단계를 넘어서 행동으로 구체화시키는 것이 '마음의 창'을 닦아 내는 과정이 될 것입니다. 그리고 그 과정을 통해 하나님 나라 백성의 삶을 조금 더 맛볼 수 있을 것입니다.

10단원

천국 백성의 삶

16 | 사랑
17 | 용서
18 | 관용
19 | 돌봄
20 | 순종

16 사랑

성경 〈요한일서〉 4: 7-11   요절 〈요한일서〉 3:14

지난 한주 하나님께서는

_____
_____

사랑에 대해서

사랑이라는 말을 들으면 남녀 간의 사랑을 먼저 생각하지만 사랑은 그보다 훨씬 더 큰 개념입니다. 부모와 자식 간의 사랑, 친구와의 우정, 성도와의 사랑도 있기 때문입니다. 신약 성경에는 '윤리'라는 단어는 없고 '사랑'이라는 말이 자주 나옵니다. 사랑이 강조된 이유는 무엇일까요? 특히 요한 사도는 사랑에 대해 이야기를 많이 했습니다. 자세히 보면 초기에는 '믿음'을 강조했다가 후기에 이르러 '사랑'에 대해 말합니다. 〈요한복음〉에서는 '믿음'을 강조하여 믿음이 있으면 사망에서 생명으로 옮겨진다고 했는데, 〈요한일서〉에서는 '믿음'이 '사랑'으로 바뀝니다. 두 구절을 비교하여 읽어보겠습니다.

> 내가 진실로 진실로 너희에게 이르노니 내 말을 듣고 또 나 보내신 이를 믿는 자는 영생을 얻었고 심판에 이르지 아니하나니 사망에서 생명으로 옮겼느니라 _요 5:24

> 우리는 형제를 사랑함으로 사망에서 옮겨 생명으로 들어간 줄을 알거니와 사랑하지 아니하는 자는 사망에 머물러 있느니라 _요일 3:14

이는 신앙생활에 있어 '믿음'이 중요하지 않다는 말이 아닙니다. 믿음으로 구원을 얻는 것은 사실이지만, 구원받은 사람들의 삶이 사랑이어야 한다고 확신한 것입니다. 사망에서 생명으로 옮겨진 믿음의 사람들은 '사랑의 삶'을 살아야 한다는 것을 강조한 것으로 보아야 합니다. 왜 이런 변화가 일어났을까요? 믿음을 가진 사람들에게 사랑이 부족했던 것이 원인이었을 것이라 짐작하게 합니다. 요한은 더 강력하게 사랑하며 살아야 할 이유를 〈요한일서〉 4장 7~11절에서 말합니다.

> ⁷사랑하는 자들아 우리가 서로 사랑하자 사랑은 하나님께 속한 것이니 사랑하는 자마다 하나님으로부터 나서 하나님을 알고 ⁸사랑하지 아니하는 자는 하나님을 알지 못하나니 이는 하나님은 사랑이심이라 ⁹하나님의 사랑이 우리에게 이렇게 나타난 바 되었으니 하나님이 자기의 독생자를 세상에 보내심은 그로 말미암아 우리를 살리려 하심이라 ¹⁰사랑은 여기 있으니 우리가 하나님을 사랑한 것이 아니요 하나님이 우리를 사랑하사 우리 죄를 속하기 위하여 화목제물로 그 아들을 보내셨음이라 ¹¹사랑하는 자들아 하나님이 이같이 우리를 사랑하셨은즉 우리도 서로 사랑하는 것이 마땅하도다 _요일 4:7~11

> **Q** 위의 성경 말씀을 읽고 답해 봅시다.
>
> 1. 하나님의 사랑은 어떻게 나타났습니까?
> _____
>
> 2. 하나님의 사랑을 받은 우리는 어떤 삶을 살아야 합니까?
> _____

아가페, 살리는 사랑

하나님은 아들을 '화목 제물'로 내어놓으면서까지 인간을 사랑하셨습니다. 그분이 우리에게 원한 것은 사랑의 삶을 통해 누군가를 '살리며 사는 것'이었습니다. 성육신의 궁극적인 목표가 살리는 데 있었던 것과 같은 맥락입니다. 그런 하나님의 의도와는 달리 초기 성도들은 믿음이 있다 하면서도 사랑을 실천하지 못했습니다. 말과 행동으로 '살리는' 대신 '죽이는' 실수를 거듭했습니다. 하나님은 우리가 죄인이었을 때도 살리기 위하여 당신의 아들을 내어놓으셨는데 사람들은 하나님의 사랑을 받았다 하면서도 죽이는 '연약함'을 보였습니다. 자신의 맘에 들지 않거나 기대에 미치지 않으면 상대방을 괴롭히고 힘들게 하여 죽여 놓았습니다. 믿음은 있지만 사랑을 알지 못한 까닭이었습니다. 이같이 된 이유는, 성도들이 세속적 환경에서 체득한 사랑이 아가페가 아니라 에로스였기 때문입니다. 이뿐만 아니라, 하나님께서 사랑을 원하고 계신다는 것을 알지 못했습니다. 이런 현실을 보면서 요한은 안타까운 마음으로 사랑을 강조한 것입니다.

아들이 아버지를 싫어하는 경향을 '외디푸스 콤플렉스', 아들이 엄마를 미워하고 증오하는 경향을 '헤밍웨이 콤플렉스'라 합니다. 이런 개념이 세상에 회자되게 된 데는 사연이 있습니다. 헤밍웨이의 어머니는 독실한 기독교 신자였다고 전해집니다. 그 어머니는 아들의 생활 방식이 맘에 들지 않아 아들을 못마땅하게 여겼습니다. 그러다가 아들의 생일날, 케이크를 보내면서 아버지가 자살할 때 사용한 권총도 함께 보냈습니다. 그 행위가 의미하는 바가 섬뜩합니다. 그리고 이런 편지를 보낸 적도 있다고 합니다.

> 자식들은 태어날 때 무한정으로 사용할 수 있는 통장을 갖고 태어난다. 물론 그 통장을 채워 주는 사람은 부모다. 성장하여 어른이 된 자식들은 이제 부모의 통장 잔고를 채워야 한다. 부모 생일에 꽃을 선물하는 것, 요금 청구서를 부모 몰래 지급하는 것, 그리고 방탕한 생활을 정리하고 하나님께 돌아오겠다고 서약하는 것 등이 통장의 잔고를 채우는 구체적인 방법이다.

헤밍웨이는 이런 어머니를 증오했습니다. 더불어 어머니의 종교마저 내던져 버렸습니다. 무엇이 문제였을까요? 헤밍웨이의 어머니는 율법은 알았지만 사랑을 알지 못했습니다. 그런 어머니의 신앙 행태는 아들의 인생을 고달프게 했고, 아들로 하여금 하나님도 등지게 하고 말았습니다.

신앙 교육은 훈육을 기본으로 하지만, 방탕한 삶을 살아갈 때도 기다려 주는 하나님의 긍휼이 밑바탕에 깔려 있어야 합니다. 우리가 잘할 때 하나님은 기쁜 마음으로 사랑하지만, 잘못할 때도 '사랑하는 분'입니다. 어긋난 길로 갈 때 아픈 마음으로 사랑하며 우리를 기다립니다. 하나님은 사랑입니다. 이런 하나님을 잘못 이해해서 잘하면 축복하고, 잘못하면 벌 주는 분으로 생각하는 이들이 있습니다. 율법적인 신앙인들입니다. 그런 사람들은 왜곡된 신앙 개념 때문에 주변 사람들이 잘못하면 심하게 비난하고 정죄합니다. 이런 행태는 기독교 신앙과 거리가 먼 것입니다. 죄인도 사랑하여 의로운 사람이 되게 하고, 매력 없는 사람도 사랑하여 매력 있는 사람이 되게 하는 것이 아가페(하나님의 사랑)입니다. 아가페는 매력 있으면 사랑하고 조건이 좋지 않으면 미워하는 에로스와는 다릅니다. 그렇다면 아가페 사랑을 경험한 사람들은 어떤 모습으로 살아갈까요?

상대를 위해 '옳은 일' 이상을

자녀들이 올바르게 성장하기 원하는 것은 모든 부모의 기대입니다. 이 기대와 소원을 따라 곁에서 지원하고 격려하면 좋은데 어떤 부모는 지속적으로 꾸중하거나 훈계합니다. 그 결과 자녀는 위축되어 자신감을 잃어버리거나 심지어 우울증에 걸리기도 합니다. 그뿐이 아닙니다. 부모 자녀 관계가 돌이키기 어려울 만큼 망가져 버립니다. 자녀는 마땅히 행해야 할 것을 유치원 때 다 배웠다고 합니다(버스카글리아). 아이가 몰라서 기대에 어긋난 행동을 하는 것은 아니라는 말입니다. 그러니까 학동기에 접어든 아이에게 필요한 것은 옳은 소리나 회초리가 아니라 자녀를 이해하고 공감하는 말입니다. 무례한 아이가 될까, 사람 구실을 하지 못할까 걱정하는 부모의 마음에는 불안이 있습니다. 이런 불안에서 시작된 옳은 말은 기대했던 결과로 이어지는 것이 아니라, 아이들의 내면 세계를 망가뜨리는 실수로 이어질 위험이 높습니다. 옳은 것을 행하는지, 하지 못한다면 그 원인은 무엇인지 살펴보고 '그 이상의 것'을 챙겨 주는 지혜를 발휘해야 합니다.

> 또 아비들아 너희 자녀를 노엽게 하지 말고 오직 주의 교훈과 훈계로 양육하라_엡 6:4

자녀들을 화나게 하지 말고, 주의 교훈과 훈계로 양육하라고 했습니다. 교훈은 훈련에, 훈계는 가르침에 해당되는 개념이므로, 전체적으로는 정서적 안정 위에 좋은 습관을 가진 사람으로 훈련시키고, 그 안에 하나님의 자녀됨을 심어주라는 말씀입니다. 이렇게 기초를 단단히 해놓으면 불필요하게 자녀를 위해 옳은 것을 하려고 애쓰지 않아도 됩니다. 도리어 자발성을 갖도록 만드는 것이 훨씬 중요합니다. 아이들을 잘 훈련시켜서 독립적인 성품과 주도적 생활습관을 갖게 해주는 것이 사랑입니다. 주도적인 성품의 사람이 되면 부모는 매번 아이를 위해 옳은 일을 하라고 잔소리를 하거나 비난하고 책망할 필요가 없어집니다.

> 하나님이 세상을 이처럼 사랑하사 독생자를 주셨으니 이는 그를 믿는 자마다 멸망하지 않고 영생을 얻게 하려 하심이라_요 3:16

하나님이 세상을 사랑했다고 합니다. 어느 정도 사랑했느냐 하면 독생자를 주기까지 사랑했습니다. 그 사랑에는 의도가 있었습니다. 영생을 주기 위하여! 그러니까 영원까지 살게 하기 위하여 아들을 주셨습니다. 아들을 주기까지 사랑한 하나님은 막연하게 그런 행동을 한 것이 아닙니다. "살리기 위하여" 그리 하셨습니다. 여기에 사랑의 건강성을 측정하는 바로미터가 숨어 있습니다. 우리의 사랑도 자녀와 이웃들을 살리는 것이어야 합니다.

현대 사회에서 사랑이 길을 잃은 이유는 '에로스'로만 생각하기 때문입니다. 매력이 있으면 사랑하고, 매력이 없으면 버리는 사랑이 에로스입니다. 에로스가 사랑의 대부분인 것처럼 보이지만 사랑의 전부는 아닙니다. "사람은 에로스에 의해 태어나고, 필레오에 의해 길러지고, 아가페를 향하여 살아간다"는 말이 있습니다. 서로의 매력에 끌리는 에로스에 의해 사랑을 시작하지만, 사랑을 키워가는 과정에는 '필레오'가 필요합니다. 친밀감을 쌓아 친구가 되고, 결함이 있음에도 불구하고 사랑하는 것이 필레오입니다. 필레오 너머에는 아가페가 있습니다. 매력이 없음에도 사랑하여 매력 있는 사람이 되게 하는 아가페를 향해 나아갈 때 사랑은 온전해집니다. 하나님은 우리를 사랑했습니다. 사랑받을 자격이 없었는데 사랑하여 매력 있는 사람이 되게 했습니다. 그 과정에 오래 참음이 있었고, 온유가 있었습니다. 사랑의 하나님은 상처를 입으면서도 우리를 기다렸습니다. 그 따뜻한 사랑 덕분에 오늘 우리가 있습니다.

[4]사랑은 오래 참고 사랑은 온유하며 시기하지 아니하며 사랑은 자랑하지 아니하며 교만하지 아니하며 [5]무례히 행하지 아니하며 자기의 유익을 구하지 아니하며 성내지 아니하며 악한 것을 생각하지 아니하며 [6]불의를 기뻐하지 아니하며 진리와 함께 기뻐하고 [7]모든 것을 참으며 모든 것을 믿으며 모든 것을 바라며 모든 것을 견디느니라 고전 13:4~7

Q 위의 성경 말씀을 읽고 답해 봅시다.

1. 아가페 사랑의 첫 번째 특징은 무엇인가요?
   _____

2. 사랑은 무엇과 함께 기뻐합니까?
   _____

하나님의 사랑은 오래 참음으로 나타났습니다. 오랫동안 참고 기다려 준 하나님의 사랑에 대한 우리의 응답은 진리와 함께 기뻐하는 삶으로 나타나야 합니다. 사랑은 상대를 위해 옳은 일 '그 이상을 하는 것'입니다. 이 진리를 따라 살 때 삶은 축복이 됩니다.

의도가 숨겨진 '자기희생'을 멈춘다

"집에서 하는 일도 없는 여자가 빨리 안 가져오고 뭐 해?"

활동복을 안 가져온 학생이 어머니에게 전화하는 소리입니다. 집에서 누군가 하는 말을 듣고 이렇게 말하는구나 싶었습니다. 그런데 더 놀라운 것은 학생 어머니의 반응이었습니다. 아이가 요구하면 언제든, 무엇이든 다 들어주고 있었습니다. 마치 시녀처럼 행동했습니다. 자기 일은 없는 사람처럼 희생하고 있었습니다. 그 학생의 어머니는 "모든 불행의 씨앗은 너다. 너만 없으면 나는 행복하겠다" 하고 불평하지만 실제로는 끝없이 자기를 희생하고 있었습니다. 왜 이렇게 된 것일까요? 엄마가 갖고 있는 사랑의 개념이 잘못되었기 때문입니다. 아이를 위해 종노릇하는 것은 사랑이 아닙니다. 부모는 부모고, 자식은 자식입니다. 부모는 자녀를 사랑하지만 사려 깊게 주고, 사려 깊게 주지 않아야 합니다. '좋은 사람'이라는 말을 듣고자 하는 것이 함정입니다. 때로 좋은 사람이 아니라는 비난을 듣더라도 자녀가 독립적인 존재로 설 수 있도록 생각 있게 주고, 생각 있게 주지 않아야 합니다. 그런데 독립적인 존재로 양육하는 대신 의존하게 만들고, 희생하는 대신 통제하려고 든다면 그것은 사랑이라 하기 어렵습니다. 걸어서 등교할 수 있는데 기어이 차로 데려다 주고, 스스로 해결할 수 있는

데 개입해서 쥐고 흔드는 것은 사랑이 아닙니다.

    간혹 건강한 사랑을 위해 싸울 용기가 필요합니다. 옳지 않은 것을 옳지 않다고 맞서는 용기 부족, 목적의식이 결여된 무의식적 행동 때문에 문제가 생깁니다. 예수님은 성전을 강도의 소굴로 만든 대제사장의 행태를 두둔하지 않고 상을 뒤엎었습니다. 안식일이라는 이유만으로 병든 사람을 고쳐 주는 것에 반대하는 바리새인의 의견에 동조하지 않았습니다. 사랑은 때론 욕먹기를 마다하지 않는 것이고, 옳지 않은 것과 맞서 싸우는 용기라는 것을 보여 주셨습니다. 겉으론 희생이지만 결국 좋은 사람이라는 칭찬을 들으려는 무의식적 행위나 상대방을 소유하려는 욕망에서 우러난 행동은 사랑이 아닙니다. 필요 이상의 돈이나 선물을 주고, 상대방을 자신의 뜻대로 조종하려는 행위도 사랑이 아닙니다. 선물이나 돈으로 다른 사람의 환심을 사고, 지나치게 희생하며 마치 종처럼 행동하는 것은 사랑을 잘못 이해한 결과입니다. 건강한 사랑은 멈춰 설 줄 압니다.

독립적인 인격체로의 성장을 돕는다

한국에 주둔하던 미국 군인 가운데 한국 여성과 결혼하여 가정을 꾸리고, 가족과 함께 본토로 돌아간 이들이 있습니다. 이들 중에 영어에 서툴렀던 아내가 영어로 자신의 의견을 피력하기 시작하면 이혼해 버리는 경우가 있습니다. 영어로 말하지 못할 때는 사랑스러워하다가 자신의 감정과 의견을 말로 표현하자 이혼을 한 것입니다. 이와 비슷한 현상은 엄마들에게서도 발견됩니다. 갓난아기를 사랑하고 귀여워하다가 아이가 말을 하면서 자기주장을 하거나 엄마의 기대와 반대되는 행동을 하면 곧바로 애정을 거둬들입니다. 그리고 마치 대용품(?)을 마련하는 것처럼 둘째를 낳습니다. 사랑은 아이를 낳아 먹이고 귀여워하여 돌봐 주는 것을 기본으로 하지만 그것만으로는 충분하지 않습니다. 독립적인 인격체로 성장하도록 도와주는 것이 사랑입니다. 대상이 자녀이든 배우자이든 아니면 성도이든, 인격적인 존재로서 자기 삶을 살아가도록 도와주는 것이 사랑입니다. 사랑받는 사람이 상대방에게 의존하도록 만들거나 반대의 경우가 되게 하는 것은 건강한 사랑이라 할 수 없습니다. 사랑은 진리와 함께 기뻐합니다(고전 13:6). 진리가 아닌 거짓된 것을 기뻐하는 것은 사랑이 아닙니다. 왜냐하면 사랑에는 거짓이 없기 때문입니다(롬 12:9). 사랑이 슬픔이 된 까닭은 사랑이라는 미명 뒤에 숨어 있는 거짓된 것들 때문입니다. 그런 사랑은 눈물의 씨앗이 됩니다.

〈로마서〉 12:9
사랑에는 거짓이 없나니 악을 미워하고 선에 속하라

아가페 사랑은 기독교 신앙의 핵심 개념입니다. 믿음이 있는 사람에게는 사랑의 응답이 있습니다. 이 사랑은 '살리는 사랑'입니다. 성공과 성취를 향해 힘겨운 언덕을 올라가도록 재촉하는 사회에서 아가페의 사랑만이 인생의 본래적 의미를 회복하게 만들어 줍니다. 사랑, 그 거룩한 길로 가십시다.

선포합니다

† 하나님은 사랑이십니다.
† 나는 에로스를 넘어 아가페를 실천하겠습니다.
† 나도 예수님처럼 누군가를 '살리는 삶'을 살아가겠습니다.

17 용서

성경 《에베소서》 4:31~32 요절 《마태복음》 18:35

🕊 지난 한주 하나님께서는

_____

_____

_____

경기도 소재 어느 소도시에서 2015년 2월 27일 아침, 70대 남성의 총기 난사로 네 명이 숨지는 사건이 발생했다. 80대의 형 부부를 엽총으로 쏴 죽인 뒤 본인도 자살하는 충격적인 범행이었다. 그 과정에서 신고를 받고 출동한 파출소장까지 안타깝게 목숨을 잃었다. 피를 나눈 형제에서 총을 겨눈 원수가 된 이들에게 무슨 일이 있었던 것일까? 유가족 말에 따르면 총을 쏜 70대 동생 전 모 씨는 10년 전부터 술만 마시면 형을 찾아와 돈을 달라며 행패를 부렸다고 한다. 설날 전에도 조카에게 3억 원을 요구하다 거절당했다는 것으로 볼 때 자신이 원하는 것을 주지 않는다는 분노, 거절당한 것을 용서하지 못하여 생긴 악의 때문에 발생한 사건으로 보인다.

용서하며 살아가라

³¹너희는 모든 악독과 노함과 분냄과 떠드는 것과 비방하는 것을 모든 악의와 함께 버리고 ³²서로 친절하게 하며 불쌍히 여기며 서로 용서하기를 하나님이 그리스도 안에서 너희를 용서하심과 같이 하라_엡 4:31~32

악독, 노함, 분냄을 악의와 함께 버리고 용서하며 살아가라 합니다. 그런데 용서가 참 어렵습니다. 사소한 사건과 함께 악한 독이 사람 안으로 들어오면 그 악한 기운은 노여움을 만들어 내고, 그 노여움은 분냄으로 이어집니다. 분냄과 악의가 결합되면 마치 불에 기름을 끼얹는 것과 같아서 감당하기 어려운 사건을 일으킵니다. 그러므로 악한 독기가 들어오지 못하도록 잘 경계할 뿐 아니라, 악한 기운이 악의와 융합해 폭발력을 키워가지 않도록 주의할 필요가 있습니다. 열관리는 냉-난방기에만 필요한 것이 아니라, 사람에게 우선적으로 필요합니다. 분노도 일종의 열이어서 잘못 관리하면 집(존재) 전체를 태워 버릴 수 있습니다.

악한 기운은 어디에서 시작될까요? 가까이 있는 사람들로부터 악한 독이 들어옵니다. 그런데 깊이 생각해 보면 문제는 촉발자에게 있는 것이 아니라, 잘 다스리지 못하는 '나'에게 있습니다. 화를 유발케 하는 사람이 있어도 '내'가 화를 내지 않으면 됩니다. 그러므로 화를 다스리는 능력을 갖는 것이 중요합니다. 화나게 자극하는 사람이 있을 때, 악한 것이 문을 두드릴 때, 들어오지 못하도록 문을 열어 주지 않는 능력을 갖춰야 합니다. 세상 모든 일이 다 내 뜻대로 되지 않습니다. 될 수도 없고, 될 필요도 없습니다. 그러므로 뜻대로 되지 않는 현실과 괴롭히는 사람들까지도 너그러이 대하는 것이 좋습니다.

용서하기 위해 떠올려야 할 기억

마음은 그러고 싶은데 현실에 부딪히면 너그러운 마음이 사라져 버립니다. 학교 가야 할 시간이 지났는데도 일어나지 않고 침대에 여전히 누워 있는 아이를 볼 때, 아이가 학교에 갔다 와서 숙제는 안 하고 게임만 하고 있을 때, 열심히 뒷바라지했는데도 성적이 기대한 만큼 나오지 않을 때, 마땅히 해야 할 일은 하지 않고 저 하고 싶은 일은 다 하며 지낼 때, 상대방이 약속한 시간에 매번 늦게 나올 때, 빌려간 돈을 갚지 않고 엉뚱한 거짓말을 할 때, 사소한 일에도 폭언을 하며 감정적으로 나올 때 마음은 좁아지고 너그러움은 사라져 버립니다. 화를 내고, 화를 내도 상대방이 동일한 행동을 반복하면 그로 인해 악의가 생깁니다. "해치려 하거나 미워하는 악한 마음"이 발동하면 난폭한 언행으로 이어집니다. 용서는 용서하는 사람에게 가장 큰 혜택을 준다는 것을 알고 있지만 용서는 참 어렵습니다. 용서와 관련하여 몇 가지 기억할 것이 있습니다.

첫째, 나도 용서받은 사람이라는 사실
둘째, 우리는 종말론적 삶을 살고 있다는 것
셋째, 용서하지 않으면 나만 괴롭다는 진리

용서하며 살기 위해 맨 먼저 기억해야 할 것은 나도 하나님께 용서받은 사람이라는 사실입니다. 그뿐만이 아닙니다. 성장하면서 많은 사람에게 용서받았습니다. 부모님과 가족, 선생님, 그리고 수많은 이웃에게 용서를 받으며 성장했습니다. 나에게 잘못한 사람보다 내가 더 많은 잘못을 했고, 내가 용서한 경우보다 용서받은 것이 더 많다는 것을 기억할 필요가 있습니다. 용서받았다는 사실을 기억하면 용서 못할 사람은 없습니다. 우리에게 큰 잘못을 한 사람도 용서할 수 있는 근거가 우리에게 있습니다.

[22]예수께서 이르시되 네게 이르노니 일곱 번뿐 아니라 일곱 번을 일흔 번까지라도 할지니라 [23]그러므로 천국은 그 종들과 결산하려 하던 어떤 임금과 같으니 [24]결산할 때에 만 달란트 빚진 자 하나를 데려오매 [25]갚을 것이 없는지라 주인이 명하여 그 몸과 아내와 자식들과 모든 소유를 다 팔아 갚게 하라 하니 [26]그 종이 엎드려 절하며 이르되 내게 참으소서 다 갚으리이다 하거늘 [27]그 종의 주인이 불쌍히 여겨 놓아 보내며 그 빚을 탕감하여 주었더니 [28]그 종이 나가서 자기에게 백 데나리온 빚진 동료 한 사람을 만나 붙들어 목을 잡고 이르되 빚을 갚으라 하매 [29]그 동료가 엎드려 간구하여 이르되 나에게 참아 주소서 갚으리이다 하되 [30]허락하지 아니하고 이에 가서 그가 빚을 갚도록 옥에 가두거늘 [31]그 동료들이 그것을 보고 몹시 딱하게 여겨 주인에게 가서 그 일을 다 알리니 [32]이에 주인이 그를 불러다가 말하되 악한 종아 네가 빌기에 내가 네 빚을 전부 탕감하여 주었거늘 [33]내가 너를 불쌍히 여김과 같이 너도 네 동료를 불쌍히 여김이 마땅하지 아니하냐 하고 [34]주인이 노하여 그 빚을 다 갚도록 그를 옥졸들에게 넘기니라 [35]너희가 각각 마음으로부터 형제를 용서하지 아니하면 나의 하늘 아버지께서도 너희에게 이와 같이 하시리라 마 18:22~35

Q 위의 성경 말씀을 읽고 답해 봅시다.

1. 만 달란트 빚진 사람은 어떤 조건으로 용서받았나요?

2. 만 달란트 탕감받은 사람이 백 데나리온 빚진 사람에게 어떻게 행동했나요?

3. 용서가 되지 않는 사람이 있나요? 용서하기 어려운 이유는 무엇인가요?

　로마의 통치를 받고 있던 당시, 이스라엘은 로마에 세금으로 800달란트를 냈다고 합니다. 이와 비교할 때, 일만 달란트가 얼마나 큰돈인지 짐작할 수 있습니다. 한 나라가 낸 세금의 10배도 넘는 돈이니 개인이 갚을 수 없는 금액입니다. 그렇게 큰돈을 탕감받았다는 것은 갚을 수 없는 은혜를 입었다는 것이요, 그것도 무조건적으로 용서받은 것이므로 당연히 그 은혜에 감격하여 다른 사람들의 사소한 빚은 용서하며 살아야 한다는 메시지가 내포된 말씀입니다. 갚을 수 없는 은혜를 받은 그리스도인은 용서하는 삶을 살아야 합니다. 이유는 하나님께 갚을 수 없는 빚을 탕감받았기 때문입니다. 용서해야 할 이유가 상대방에게 있는 것이 아니라, 하나님께 있다는 것입니다.

　예수님은 "너희가 거저 받았으니 거저 주라"(마 10:8)고 말씀하셨습니다. 거저 받은 하나님의 자녀들은 거저 주는 사람이 되어야 합니다. 공짜로 용서를 받았으니 조건 없이 용서하십시오. 거저 받았으면서도 마치 값비싼 대가를 지불하고 받은 것처럼 행세하면 곤란합니다. 우리가 큰 빚을 탕감받을 때 하나님께서는 어떤 조건도 내걸지 않으셨습니다. 조건 없이 용서받았음에도 불구하고 용서하지 않으면 우리가 받은 용서도 조건적으로 바뀔 것입니다.

　우리는 완벽하지 않습니다. 완벽하게 살고 있는 것처럼 착각하지만 사실은 실수가 많습니다. 연약함도 있습니다. 늘 넘어집니다. 죄인입니다. 그런 우리에게 하나님의 은혜가 넘쳐, 마치 죄 없는 사람처럼 여겨지고 있을 뿐입니다. 구원의 또 다른 이름은 '칭의'입니다. 칭의는 영어로 Justification, '의롭게 여겨지다'라는 뜻입니다. 우리는 죄가 없는 것이 아니라, 죄 없다 여겨졌습니다. 뿐만 아니라, 허물과 실수를 지금도 용서받고 있습니다. 이 놀라운 하나님의 은혜를 진심으로 느낀다면 용서 못할 사람은 없습니다.

두 번째 기억해야 할 사실은, 우리가 종말론적 삶을 살고 있다는 것입니다. 오늘이 마지막이라 생각하며 살아간다는 뜻입니다. 하루하루를 마지막이라 여기며 사는 사람이라면 누구든, 어떤 문제든 용서 못할 것이 없습니다.

<blockquote>
어떤 분이 암에 걸려 병실에 눕게 되었다. 어떻게 알았는지 알고 지냈던 사람들이 병문안을 왔다. 그중에는 원수처럼 지내던 사람들도 있었다. 그 사람들 때문에 자신의 인생이 불행해졌다고 여겼기에 분하고 원망스러웠던 인물들인데 그들이 병실에 찾아온 것이다. 과거에는 얼굴도 보기 싫은 사람들이었는데 병실에 찾아온 그 사람들을 보자 신기하게도 용서하는 마음이 생겼다. 곧 죽는다는 사실, 그리고 어떻게 생각하면 그럴 수밖에 없는 상황이었을 것이라는 마음, 특별히 자신에게도 과오가 있었다는 생각이 들면서 용서할 수 있었다고 한다.
</blockquote>

마지막으로 기억해야 할 또 한 가지는 용서하지 않으면 나만 괴롭다는 것입니다.

한 아이가 있었습니다. 어린 시절 알코올 중독자인 아빠에게 상처를 많이 받고 성장한 여자 아이였습니다. 술에 취한 채 일터에서 밤늦게 돌아온 아빠는 자고 있는 아이들을 깨웠습니다. 이미 잠들어 있던 아이들은 영문도 모른 채 깨어 아빠 앞에 앉았습니다. 아빠는 자신의 맘에 들지 않는 여러 행동에 대해 지적하고 꾸짖었습니다. 그리고 기분에 따라 때렸습니다. 그런 일이 반복되자 아이들은 아빠를 싫어하고, 미워하기 시작했습니다.

대학생이 되자 집을 떠나 도시로 온 이 학생은 이상한 행동을 거듭했습니다. 사람들의 관심을 끌기 위해 무의식적으로 공동체를 힘들게 했습니다. 감당하기 어려울 만큼의 일을 맡았다가 아무런 설명 없이 잠수(?)를 탔습니다. 초책임적이거나 초무책임적인 일을 반복했습니다. 사람들은 점차 그 학생을 싫어했습니다. 안쓰러운 것은 그 여학생이 자신과 비슷한 남학생을 좋아하고, 병리적인 사람에게만 끌리는 이상한 행동을 반복했습니다. 성인 아이(Adult-child)가 된 것입니다.

그 학생의 고운 마음에 좋지 않은 씨를 뿌린 것은 아버지였지만 그 잡초를 캐내 버리지 못하고 계속 키워가는 사람은 학생 자신이었습니다. 문제의 원인을 정확히 진단하고, 직면하여 새로운 인생을 설계해야 했지만 실패하고 있었습니다. 왜냐하면 아버지와 아버지의 행동을 용서하지 못하고 여전히 내면이 분노로 이글거리고 있었기 때문이었습니다.

용서, 훈련해야 하는 삶의 태도

용서, 참 어렵습니다. 그러나 용서함으로 가장 큰 이익을 보는 사람은 용서하는 사람 자신입니다. 용서는 묶여 있던 것을 풀어 주는 행위이기 때문입니다. 묶여 있는 강아지는 짖어 대거나 할큅니다. 묶어 두고 풀어 주지 않은 것들이 내면을 할퀴며 짖어 댑니다. 그 소리로 인해 고통받고, 그 할큄으로 상처받습니다. 풀어 버릴 때 비로소 그 모든 소음과 생채기에서 벗어날 수 있습니다. 용서하지 않으면 그로 인해 자신만 고단해집니다.

용서하지 않음으로 가장 큰 피해를 보는 사람은 용서하지 않는 사람 자신입니다. 그러므로 용서하기를 생활화해야 합니다. 내 힘으로 용서가 안 될 때는 성령의 도움을 구하십시오. 성령께서 용서할 수 있는 능력을 주실 것입니다. 누구를 용서해야 할까요? 우리를 힘들게 했던 주변 사람들과 운명을 용서해야 합니다.

[15]요셉의 형제들이 그들의 아버지가 죽었음을 보고 말하되 요셉이 혹시 우리를 미워하여 우리가 그에게 행한 모든 악을 다 갚지나 아니할까 하고 [16]요셉에게 말을 전하여 이르되 당신의 아버지가 돌아가시기 전에 명령하여 이르시기를 [17]너희는 이같이 요셉에게 이르라 네 형들이 네게 악을 행하였을지라도 이제 바라건대 그들의 허물과 죄를 용서하라 하셨나니 당신 아버지의 하나님의 종들인 우리 죄를 이제 용서하소서 하매 요셉이 그들이 그에게 하는 말을 들을 때에 울었더라 [18]그의 형들이 또 친히 와서 요셉의 앞에 엎드려 이르되 우리는 당신의 종들이니이다 [19]요셉이 그들에게 이르되 두려워하지 마소서 내가 하나님을 대신하리이까 [20]당신들은 나를 해하려 하였으나 하나님은 그것을 선으로 바꾸사 오늘과 같이 많은 백성의 생명을 구원하게 하시려 하셨나니 [21]당신들은 두려워하지 마소서 내가 당신들과 당신들의 자녀를 기르리이다 하고 그들을 간곡한 말로 위로하였더라 _창 50:15~21

Q 위의 성경 말씀을 읽고 답해 봅시다.

1. 형들은 요셉에게 무엇을 부탁했나요?

2. 요셉은 자신의 운명을 어떻게 해석했나요?

어린 요셉은 형들에게 줄 도시락을 가지고 도단 언덕을 찾았다가 운명이 바뀌게 됩니다. 형들에 의해 애굽으로 팔려 왔고, 거기서 노예 생활을 했습니다. 후에 애굽의 총리가 되어 백성들의 생명을 구원할 수 있었지만 형들에게 복수를 해도 누가 잘못했다고 말할 사람이 없는 인생이었습니다. 아버지가 소천하자 형들은 요셉이 복수할 것이라는 두려움에 휩싸였고, 급기야 살려 달라고 부탁을 하게 되었습니다. 요셉은 그런 형들의 부탁을 듣고 눈물을 흘렸습니다. 요셉은 이미 그 모든 일이 하나님의 섭리에 의해 이루어진 것임을 확신하고 있었기 때문입니다. 요셉은 형들도 용서하고 자신의 운명을 용서했습니다. 서로를 해방시키는 이 결정적 행위를 통해 자유를 얻었습니다. 덕분에 불행했던 시절의 원석이 아름다운 보석으로 바뀌었습니다.

용서는 인간의 본성에 어긋난 것입니다. 복수하고 보복하는 것이 인간의 본성에 맞는 일입니다. 그런 본성을 따라 살아가려는 우리에게 하나님은 용서하라고 말씀하십니다. 우리가 하나님의 말씀에 순종하여 용서하면 그것은 "사랑할 줄 모르는 이에게 베푸는 사랑"이 됩니다(헨리 나우웬). 이 사랑의 실천은 심판자의 자리, 복수자의 자리에서 내려오는 구체적인 행동입니다. 복수는 또다시 복수를 낳습니다. 복수의 원한은 결코 끝을 내지 못합니다. 복수에는 출구가 없습니다. 사건의 결말을 하나님께 맡기는 용서만이 모든 문제를 해결하는 만능키가 됩니다. 용서는 가끔 필요한 행동이 아니라, 항상 훈련되어 있어야 할 삶의 태도입니다. 용서하며 살아갑시다.

> 🕊️ **선포합니다**
>
> † 나는 복수에는 출구가 없음을 인정합니다.
> † 나는 용서하며 살라는 하나님의 말씀에 순종하겠습니다.
> † 용서란 "사랑할 줄 모르는 이에게 베푸는 사랑"임을 믿습니다.

18 관용

성경 〈여호수아〉 1:1~9   요절 〈빌립보서〉 4:4~5

지난 한주 하나님께서는

_____
_____
_____

메트로를 타고 프랑스 시내를 지나는데 어떤 곳은 소음이 심하고, 어떤 곳은 소음이 거의 없게 느껴져서 친구에게 물었다. 친구는 부자들이 사는 동네는 소음이 적고, 가난한 사람들이 사는 동네는 소음이 좀 있다고 답했다. 소음이 심한 곳에 사는 시민들이 불평하지 않느냐고 했더니 여기서는 부자들이 세금을 많이 내니까 그에 걸맞게 대접받는 것을 당연하게 여긴다고 설명했다.

똘레랑스(관용)는 프랑스 사람들이 중요하게 여기는 덕목입니다. 생각이 다르고, 종교가 다르고, 학력이 다르고, 수입이 다른 사람들이 서로를 존중하고 관용하며 삽니다. 관용, 이것은 성경에서 강조하는 덕목이기도 합니다.

지혜 가진 자가 갖추어야 하는 덕목

¹⁷오직 위로부터 난 지혜는 첫째 성결하고 다음에 화평하고 관용하고 양순하며 긍휼과 선한 열매가 가득하고 편견과 거짓이 없나니 ¹⁸화평하게 하는 자들은 화평으로 심어 의의 열매를 거두느니라_약 3:17~18

위로부터 난 지혜를 가진 사람이 갖춰야 할 덕목이 구체적으로 소개되어 있습니다. 성결, 화평, 관용, 양순, 긍휼, 편견과 거짓이 없는 생활. 이 소중한 덕목들 한 가운데 '관용'이 있습니다. 관용이란 "상대방을 너그러이 받아 주는 태도"입니다. 상대방이 나와 다른 생각, 입장을 취할 때도 너그러이 받아 주는 관용이 있을 때 화평을 이룰 수 있고, 의의 열매를 거둘 수 있습니다.

화평을 이루지 못하여 불화하는 경우 그 원인이 편협함에 있을 때가 많습니다. 상대방을 너그럽게 받아들이는 마음이 있으면 평화롭게 살아갈 수 있고, 선한 열매도 거둘 수 있습니다. 그러나 무관용, 불통의 태도는 갈등, 싸움, 전쟁을 그치지 않게 합니다. 나와 입장이 다른 사람들을 적으로 몰아붙이지 말아야 합니다. 나와 입장이 다르고, 생각이 다른 사람과 어떻게 지내야 할까요?

³⁶며칠 후에 바울이 바나바더러 말하되 우리가 주의 말씀을 전한 각 성으로 다시 가서 형제들이 어떠한가 방문하자 하고 ³⁷바나바는 마가라 하는 요한도 데리고 가고자 하나 ³⁸바울은 밤빌리아에서 자기들을 떠나 함께 일하러 가지 아니한 자를 데리고 가는 것이 옳지 않다 하여 ³⁹서로 심히 다투어 피차 갈라서니 바나바는 마가를 데리고 배 타고 구브로로 가고 ⁴⁰바울은 실라를 택한 후에 형제들에게 주의 은혜에 부탁함을 받고 떠나 ⁴¹수리아와 길리기아로 다니며 교회들을 견고하게 하니라_행 15:36~41

> **Q** 위의 성경 말씀을 읽고 답해 봅시다.
>
> 1. 바울과 바나바는 어떤 일로 다투었나요?
>   _____
>
> 2. 후에 바울은 마가에 대해 어떤 태도를 보였나요? (딤후 4:11)
>   _____

바울은 사역 초기에 관용에 대해 알지 못했습니다. 실수하는 사람에게 무관용의 원칙으로 대했습니다. 옳고 그름이 기준점이었습니다. 1차 전도 여행 때 힘들다는 이유로 중도에 집으로 가버린 마가에 대해서도 그랬습니다. 2차 전도 여행을 떠날 때 마가가 다시 따라가겠다고 나섰습니다. 마치 아무 일도 없었던 것처럼! 바나바는 젊은 사람의 실수에 너그러워서 데려가고자 했지만 바울이 반대했습니다. 이 문제는 바울과 바나바 사이에 심한 다툼으로 번지게 됩니다. 결국 두 사람은 갈라서고 말았습니다. 똑똑함보다 중요한 것은 덕인데 바울에게는 마가의 실수를 덮어 줄 덕이 없었습니다. 필요한 것은 옳음에 대한 자기주장이 아니라, 덕이라는 진리를 깨닫는 데는 꽤 많은 세월이 흘러야 했습니다(롬 15:1~2; 딤후 4:11).

〈디모데후서〉 4:11
누가만 나와 함께 있느니라 네가 올 때에 마가를 데리고 오라 그가 나의 일에 유익하니라

〈로마서〉 15:1~2
1 믿음이 강한 우리는 마땅히 믿음이 약한 자의 약점을 담당하고 자기를 기쁘게 하지 아니할 것이라 2 우리 각 사람이 이웃을 기쁘게 하되 선을 이루고 덕을 세우도록 할지니라

시골 교회에 부임한 담임목사님이 장로님 댁에 심방을 가서 〈창세기〉 5장 21~24절을 읽고 설교를 했다. "에녹은 여자였으나 하나님과 동행하는 삶을 산 훌륭한 신앙인이다. 장로님도 에녹과 같은 사람으로 사시라"는 요지였다. 예배가 끝난 뒤 장로님이 조용히 물었다. "목사님, 에녹이 여자인가요?" 목사님은 확신에 가득 찬 어조로 여자라고 대답했다.

18. 관용

얼마 지나지 않아 목사님은 자신의 대답이 틀렸다는 것을 알았다. 그러나 그 대답이 틀렸다고 말하지 못한 채 수 년이 흘렀고, 그 교회를 사임하고 떠나게 되었다. 그동안 받은 사랑에 감사하고, 장로님께도 고마웠다고 인사하는데 장로님이 조용히 물었다. "목사님, 에녹이 여자인가요?"

목사님은 아무렇지도 않은 듯 에녹은 남자라고 대답해 주었다. 떠나오는 차 안에서 목사님은 장로님을 생각했다. 목사가 틀렸다는 것을 알고 있었음에도 함께 있는 동인 한 번도 그것을 지적하지 않았고, 다른 실수에 대해서도 자기의 옳음을 주장하지 않았다는 것을 깨달았다. 덕스러웠던 장로님 덕분에 목회를 잘할 수 있었던 것이다. 덕스러움에서 우러난 사랑을 느껴 진심으로 고마웠다고 했다.

존중하는 마음

관용은 상대방을 존중하는 마음입니다. 손이 하는 일이 다르고, 발이 하는 일이 다릅니다. 다르다고 없애 버리면 어떻게 될까요? 몸에 장애가 생깁니다. 다르기에 없어져야 한다는 것은 참으로 위험한 생각입니다. 틀렸지만, 다르지만, 그래도 존중하여 인정해 주는 것이 관용입니다.

[19]만일 다 한 지체뿐이면 몸은 어디냐 [20]이제 지체는 많으나 몸은 하나라 [21]눈이 손더러 내가 너를 쓸 데가 없다 하거나 또한 머리가 발더러 내가 너를 쓸 데가 없다 하지 못하리라 [22]그뿐 아니라 더 약하게 보이는 몸의 지체가 도리어 요긴하고 [23]우리가 몸의 덜 귀히 여기는 그것들을 더욱 귀한 것들로 입혀 주며 우리의 아름답지 못한 지체는 더욱 아름다운 것을 얻느니라 그런즉 [24]우리의 아름다운 지체는 그럴 필요가 없느니라 오직 하나님이 몸을 고르게 하여 부족한 지체에게 귀중함을 더하사 [25]몸 가운데서 분쟁이 없고 오직 여러 지체가 서로 같이 돌보게 하셨느니라 [26]만일 한 지체가 고통을 받으면 모든 지체가 함께 고통을 받고 한 지체가 영광을 얻으면 모든 지체가 함께 즐거워하느니라 [27]너희는 그리스도의 몸이요 지체의 각 부분이라

_고전 12:19~27

> **Q** 위의 성경 말씀을 읽고 답해 봅시다.
>
> 1. 몸 가운데 없어야 할 것은 무엇인가요?
>   _____
>   _____
>
> 2. 성도는 누구의 몸이요 지체인가요?
>   _____

　교회는 예수 그리스도를 머리로 하는 신령한 유기체입니다. 이 유기체에는 많은 지체가 있습니다. 몸에는 손, 발, 코, 눈, 입이 있는 것처럼 그리스도의 몸인 교회 안에는 다양한 지체가 있습니다. 이 지체는 모양도 다르고, 맡은 역할도 다릅니다. 다른 것들이 조화를 이루면서 '한 몸'을 이루고 있습니다. 머리가 생각하기를, 발이 더럽고 매일 씻어야 하니까 잘라 버리자 하면 어떻게 되겠습니까? 걸어 다닐 수 없게 될 것입니다. 머리가 하는 일이 다르고, 발이 하는 일이 다르지만 불필요한 것은 아닙니다. 서로가 필요하고, 모두가 소중합니다. 그러므로 서로 존중하여 협력해야 합니다. 모세의 뒤를 이어 이스라엘의 지도자가 된 여호수아에게 하나님은 이렇게 말씀했습니다.

> 오직 강하고 극히 담대하여 나의 종 모세가 네게 명령한 그 율법을 다 지켜 행하고 우로나 좌로나 치우치지 말라 그리하면 어디로 가든지 형통하리니 _수 1:7

　하나님께서 여호수아에게 말씀하신 것은 세 가지로 요약됩니다.

첫째, 강하고 담대하라.
둘째, 율법을 지켜 행해라.
셋째, 우로나 좌로나 치우치지 마라.

'우로나 좌로나' 치우치지 말라는 말씀이 강조되었습니다. 한쪽 편으로 치우치기 쉬운 것이 사람입니다. 그런데 하나님은 여호수아에게 한쪽으로 기울지 말라고 했습니다. 그 말씀은 중용의 길로 가라는 권고이기도 하며, 한쪽 편을 들지 말라는 말씀이기도 합니다. 한쪽 편을 들면 쉽게 지지자를 얻을 수도 있습니다. 그런데 가운데 서는 것은 때로 고독하고 어렵습니다. 회색분자처럼 여겨질 수도 있고, 아무도 편이 되어 주지 않기 때문입니다. 그럼에도 하나님은 여호수아에게 치우치지 말라고 했습니다. 그 말은 둘 다를 포용하라는 의미입니다. 관용의 사람이 되라 하심입니다.

그리스도인들은 어떨까요? 이 문제에 있어 예외는 없습니다. 있는 사람 편이 되거나 없는 사람 편이 되기 쉽습니다. 여당 편을 들거나 야당 편을 들게 됩니다. 그런데 성경은 그렇게 하면 안 된다고 말합니다. 치우치지 말라고 합니다. 미국에서 대통령을 President 또는 Moderator라 부릅니다. '의장' 또는 '관용자'라 부르는 것입니다. 그렇게 부르는 이유는 그런 사람이 되라는 뜻일 것입니다. 대통령이 되면 좌나 우로 치우치지 말고 모두를 품을 수 있어야 하기에, 그런 사람이 되라는 뜻일 것입니다. 대통령은 자신을 찍은 사람들만의 대표가 아니라 찍지 않은 사람들의 대표이기도 하기 때문입니다. 모두를 품어야 할 사람이 한쪽만 품으면 문제가 심각해집니다.

한국은 OECD 34개 국가 가운데 사회 갈등 지수가 5위입니다. 갈등 관리 지수는 0.380으로 27위 최하위권에 머물고 있습니다. 또한 사회 갈등 비용이

약 300조 원으로 GDP의 30%에 가깝다는 통계가 있습니다. 남북, 동서, 계층, 노사 간의 갈등에, 최근에는 세대 간의 갈등까지 서로에게 나쁜 감정을 품고, 그것을 풀지 못하고 있는 것이 현실입니다. 이런 상황을 개선하려면 앞에 선 사람이 두 쪽을 모두 품어야 합니다. 두 편을 모두 품어 주는 관용이 있으면 세상은 지금보다 훨씬 살기 좋은 곳이 될 것입니다. 학자들은 사회 갈등 관리가 10%만 잘 돼도 1인당 GDP가 1.75~2.41% 오를 것이라 추산하고 있습니다. 그만큼 경제 파급 효과가 크다는 것입니다. 갈등은 존재할 수 있습니다. 이를 어떻게 관용(수용)하여 관리하느냐가 위기를 기회로 만드는 것이고, 분열을 일치로 이끄는 디딤돌이 될 것입니다.

여호수아는 이스라엘 사람 모두의 대표였습니다. 그가 지도자로 옹립될 때 찬성하는 사람도 있었을 것이고, 반대한 사람도 있었을 것입니다. 그렇다고 반대한 사람들은 멀리하고 찬성한 사람들의 이익만 챙겨 주는 사람이 되었다면 나라가 둘로 쪼개지고 말았을 것입니다. 때문에 하나님은 여호수아에게 우로나 좌로 치우치지 말라고 재삼 강조했습니다.

그리스도인 역시 하나님의 대사로 이 땅에 살고 있음을 기억해야 합니다. 우리는 두 나라 시민입니다. 하나님 나라의 백성으로 이 세상에 파송되어 존재합니다. 나를 좋아하는 사람만 편들며 사는 것은 그리스도인답지 못한 일입니다. 그러므로 나를 좋아하지 않는 사람들의 의견도 경청해야 하고, 그들을 품을 수 있어야 합니다.

기쁨과 관용

⁴주 안에서 항상 기뻐하라 내가 다시 말하노니 기뻐하라 ⁵너희 관용을 모든 사람에게 알게 하라 주께서 가까우시니라_빌 4:4~5

> **Q** 위의 성경 말씀을 읽고 답해 봅시다.
>
> 1. 첫 번째 명령은 무엇인가요?
>
> 2. 관용해야 하는 이유는 어디에 있나요?

첫째가 기뻐하라, 둘째가 너희 관용을 모든 사람에게 알게 하라입니다. 누가 예수를 잘 믿는 사람일까요? 기뻐하는 사람입니다. 예쁘게 웃는 사람이 예수를 잘 믿는 사람입니다. 또 하나 관용하는 사람입니다. 흥미로운 것은 기쁨과 관용이 짝을 이루고 있다는 점입니다. 사실 기뻐야 관용할 수 있습니다. 내가 짜증스럽고 화가 나는데 어떻게 너그러워지겠습니까? 기분이 좋으면 잘못해도 너그럽게 대해 줄 수 있습니다. 기쁘지 않을 때는 같은 사안에 대해서도 화를 내고 짜증을 부리게 됩니다. 기쁨은 일상에 널려 있는 것 같지만 항상 기쁘게 살아가기란 말처럼 쉽지 않습니다. 항상 기뻐하려면 '주 안에' 있어야 합니다. 내가 구원받은 것이 하나님의 은혜요, 때를 따라 도우시는 하나님의 은총을 받고 사는 것도 그분의 은혜라는 것을 느낄 때 기쁨이 넘치는 삶을 살아갈 수 있습니다. 죄 사함 받은 기쁨, 하나님의 자녀가 된 기쁨이 있을 때 우리의 마음은 넓어집니다. 반대로 미워하는 마음이 생기면 마음은 좁아지고, 기쁨은 우울함으로 변합니다. 우울해지면 관용하기도 어렵습니다. 그러므로 기쁨이 고갈되지 않도록 '주 안에' 있어야 합니다. 주 안에 있는 것이 관용할 수 있는 첫째 되는 조건입니다.

> **Q** 기쁨이 고갈되지 않게 하는 구체적인 방법을 적고, 기쁨을 회복시키는 자신만의 비결을 소개해 보세요.
> _____
> _____
> _____

"너희 관용을 모든 사람에게 알게 하라 주께서 가까우시니라"(빌 4:5) 하고 했습니다. 모든 사람이 알 만큼 관용해야 하는데 그것이 가능하려면 종말론적 신앙관이 있어야 합니다. 관용과 관련하여 기억해야 할 것은 우리가 얼마 있지 않아 죽는다는 사실입니다. 세상에 살아 있을 날이 그리 많지 않으므로 살아 있는 동안 관용을 베풀어야 합니다. 신앙생활에서 중요한 것은 옳고 그름이 아니라, 허물과 실수를 덮어 주는 덕과 관용입니다. 갈등하고 싸우는 이유는 관용하지 않기 때문입니다. 자신이 옳다고 주장하는 사람들 때문에 교회는 분열하고, 선한 열매를 맺지 못합니다. 옳고 그름에 대한 판단이 아니라, 포용하는 덕과 관용이 우선 되어야 합니다.

사람의 쓸모는 각기 다른 데 있습니다. 무지개는 색깔이 일곱이지만 어우러져서 아름다운 자태를 드러냅니다. 다른 색깔이 하나로 어우러질 때 아름다운 일곱 색깔 무지개가 되듯 서로 다른 사람들이 필요성을 인정하고 관용할 때 아름다운 세상을 만들 수 있습니다. 성경은 우리에게 "우리의 관용을 모든 사람이 알게 하라"고 권면하고 있습니다.

> 🕊 **선포합니다**
> † 나는 옳고 그름을 주장하기보다는 덕 있는 사람이 되겠습니다.
> † 나는 관용의 사람이 되기 위해 기쁨을 잘 관리하겠습니다.
> † 나의 관용을 모든 사람에게 알게 하겠습니다.

19 돌봄

성경 〈누가복음〉 10:30~37   요절 〈마태복음〉 7:12

🕊 지난 한 주 하나님께서는

_____
_____
_____

부활하신 예수님은 제자들에게 "그러므로 너희는 가서 모든 민족으로 제자를 삼아 아버지와 아들과 성령의 이름으로 세례를 베풀고 내가 너희에게 분부한 모든 것을 가르쳐 지키게 하라 볼지어다 내가 세상 끝날까지 너희와 항상 함께 있으리라"(마 28:19~20) 하고 말씀하셨습니다. '위대한 위임'이라 부르는 이 말씀은 모든 사람을 제자 삼을 것과 세례를 베풀 것 그리고 예수님께서 하신 말씀을 가르쳐 지키게 하라는 부탁입니다. 이 부탁을 실현하는 첫걸음은 무엇일까요? 환대입니다. '환대'의 사전적 정의는 "반갑게 맞이하고, 후하게 대접하는 것"입니다. 어떤 사람을 만나든지 반갑게 맞이하고, 후하게 대접하는 것이 환

19. 돌봄 **201**

대입니다. 내 마음에 드는 사람은 환대하고 마음에 들지 않으면 박대하고, 기분이 좋을 때는 환대하고 기분이 나쁘면 박대하는 태도로는 만나는 사람들을 그리스도께 인도하기 어렵습니다. 만나는 사람이 낯선 사람이든 가족이든 시무룩하게 맞지 말고 환영하여 맞이해야 합니다.

환대, 자기 내면의 평안이 우선

환대하는 사람이 되려면 먼저 자신에게 편안해야 합니다. 짜증이 난 상태이거나 갈등으로 힘겨운 상황에 있으면서 남을 반갑게 대하기는 어렵습니다. 다른 사람에게 자신을 내어줄 수 있는 여유와 마음의 공간이 있어야 푸근한 사랑을 베풀 수 있습니다.

> [30]예수께서 대답하여 이르시되 어떤 사람이 예루살렘에서 여리고로 내려가다가 강도를 만나매 강도들이 그 옷을 벗기고 때려 거의 죽은 것을 버리고 갔더라 [31]마침 한 제사장이 그 길로 내려가다가 그를 보고 피하여 지나가고 [32]또 이와 같이 한 레위인도 그곳에 이르러 그를 보고 피하여 지나가되 [33]어떤 사마리아 사람은 여행하는 중 거기 이르러 그를 보고 불쌍히 여겨 [34]가까이 가서 기름과 포도주를 그 상처에 붓고 싸매고 자기 짐승에 태워 주막으로 데리고 가서 돌보아 주니라 [35]그 이튿날 그가 주막 주인에게 데나리온 둘을 내어 주며 이르되 이 사람을 돌보아 주라 비용이 더 들면 내가 돌아올 때에 갚으리라 하였으니 [36]네 생각에는 이 세 사람 중에 누가 강도 만난 자의 이웃이 되겠느냐 [37]이르되 자비를 베푼 자니이다 예수께서 이르시되 가서 너도 이와 같이 하라 하시니라 눅 10:30~37

> **Q** 위의 성경 말씀을 읽고 답해 봅시다.
>
> 1. 제사장이나 레위인은 왜 강도 만난 사람을 돕지 못했나요?
>
> _____
>
> 2. 사마리아 사람은 강도 만난 사람을 어떻게 대했나요?
>
> _____

강도를 만나 거반 죽게 된 행인을 본 제사장이나 레위인은 마음의 여유가 없었으므로 피하여 지나갔습니다. 그러나 사마리아 사람은 그를 불쌍히 여기는 마음도 있었고, 도울 여유도 있었습니다. 덕분에 강도 만난 사람은 돌봄을 받을 수 있었습니다.

> 교회 안에는 만년 갓난아기 신자들이 많다. 수년 동안 꼬박꼬박 설교를 들었지만 여전히 기저귀가 젖었는지 돌봐 줘야 하고, 베이비파우더를 발라 주어야 한다. 우유병을 볼에 대고 뜨겁지 않은지 확인해 주어야 하는 교인도 있다. 주님은 우리를 군대라고 부르셨지만, 요즘 교회에는 신생아들로 가득 차 있는 것 같다. _후안 까를로스 오르티즈

> 성도들이 갓난아기 신자에서 벗어나 새끼를 낳아 기르는 어미(아비)가 되려면 자신에게 집중하는 데서 벗어나야 한다. 자신의 욕구에 매이고, 감정에 매이고, 일에 매여서는 불신자를 그리스도의 제자로 삼기 어렵다. 자기중심에서 벗어나 다른 사람의 필요를 읽고 도울 여유가 있어야 한다. 그것은 자신에게서 물러나는 것인 동시에 상대방에게 집중하는 것이다.
> _헨리 나우웬

'군중 속의 고독'이라는 개념은 그 자체가 역설적입니다. 군중은 사람이 많다는 뜻 아닌가요? 사람이 많은데 어찌 고독하단 말입니까? 사람이 많으면 외

롭지 않습니다. 함께 밥을 먹을 수도 있고, 놀러갈 수도 있습니다. 그렇다고 고독이 해결되는 것은 아닙니다. 고독이란 사람이 없음으로 인해 느끼는 외로운 감정이 아니라, 곁에 사람이 있음에도 같은 수준과 경지에서 대화할 사람이 없을 때 느끼는 감정이기 때문입니다. 현대인들은 고독합니다. 그들에게는 동정이 아니라 공감이 필요하고, 조건이나 상품성이 아니라 있는 그대로 존중받는 사랑이 필요합니다. 이를 위해 성도들이 할 일이 있습니다.

공감과 존중을 위한 세 가지 노력

[28]우리가 그를 전파하여 각 사람을 권하고 모든 지혜로 각 사람을 가르침은 각 사람을 그리스도 안에서 완전한 자로 세우려 함이니 [29]이를 위하여 나도 내 속에서 능력으로 역사하시는 이의 역사를 따라 힘을 다하여 수고하노라_골 1:28~29

본문에서는 최소한 세 가지 노력이 필요하다고 말씀합니다.

첫째, 그리스도를 전파하는 일에 지혜가 필요합니다.
둘째, 완전한 사람으로 세우려는 의도가 있어야 합니다.
셋째, 성령의 능력을 힘입어 수고해야 합니다.

현대인은 익명성을 좋아합니다. 남이 자신의 삶에 간섭하지 않기를 바랍니다. 그러나 한편으로는 누군가가 자신에게 다가와 친구가 되어 주기를 기대합니다. 이 양면성을 잘 이해하여 진심으로 공감하고, 있는 그대로 존중하는 사랑을 베풀면 마음을 열기 마련입니다. 복음을 전하는 사람의 지혜가 필요한 이유가 여기 있습니다.

환대가 반드시 불신자를 대상으로 할 필요는 없습니다. 가정에서, 가까이 있는 사람으로부터 시작하는 것이 더 절실합니다. 아이들을 깨울 때, 혹 늦게 일어나 여러 번 깨우는 일이 있더라도 이 아이가 우리 집에 온 것을 감사하고 환대하며 깨운다면 거기서부터 사랑이 피어날 것입니다. 청소년기 자녀를 둔 대부분의 가정에서 아이를 깨우느라 전쟁을 치릅니다. 그 과정에서 아이를 꾸짖고 비난하고, 심지어 폭력을 행사하기도 합니다. 그것은 아이들이 잘못 훈련되어서가 아니라 호르몬과 관련이 있습니다. 청소년기에는 수면 주기를 조절하는 멜라토닌이 많이 분비되어 성인보다 더 오래 자려는 경향이 있습니다. 이 때문에 유달리 아침에 일어나기 힘들어합니다. 이런 청소년기의 특징을 이해하여 지혜롭게 아이를 깨우면 아침은 상쾌할 것입니다. 깨울 아이가 침대에 누워 있는 것을 감사하고, 이 소중한 아이가 오늘 우리 집에 처음 찾아온 귀한 손님처럼 환대하면 하루의 시작은 행복할 것입니다. 덤으로 좋은 그리스도의 제자를 얻을 수 있습니다.

> 연구소에 근무하던 크리스천 청년이 있었다. 나름 유능한 사람들이 모인 집단이다 보니 따뜻하고 살갑게 인사하기보다는 의례적인 경우가 많았다. 어떻게 하면 그리스도의 사랑을 전할 수 있을까 고민하던 청년은 일찍 출근하여 동료들의 책상을 닦기 시작했다. 그리고 그 책상을 사용할 동료를 위해 잠시 기도했다. 처음에는 어색해하던 사람들이 점차 마음을 열고 감사해할 뿐 아니라, 기도 부탁도 해왔다. 알고 보니 그 가운데 꽤 많은 사람이 크리스천이었던 것이다. 한 사람의 순수한 섬김으로 크리스천이 아닌 동료들도 마음을 열고 함께 좋은 공동체를 만들어갈 수 있었다.

교회에서 만나는 성도를 환대하는 것도 구체적인 사랑의 실천입니다. 교회에 와 있는 사람은 모두 완벽한 그리스도인일 것이라 생각하지만 실상은 그렇지 않습니다. 어떤 사람은 낯설어 하고, 어떤 사람은 환대에 목말라 있습니다.

환대받기 원하는 사람들은 교회 안에도 가득합니다. 성도 한 사람, 한 사람을 사랑하고 축복하는 일은 교회 공동체 안에서도 절실합니다. 사랑의 나눔이 있는 곳에 하나님이 계시다는 것을 기억할 필요가 있습니다.

> [5]사랑하는 자여 네가 무엇이든지 형제 곧 나그네 된 자들에게 행하는 것은 신실한 일이니 [6]그들이 교회 앞에서 너의 사랑을 증언하였느니라 네가 하나님께 합당하게 그들을 전송하면 좋으리로다 [7]이는 그들이 주의 이름을 위하여 나가서 이방인에게 아무 것도 받지 아니함이라 [8]그러므로 우리가 이같은 자들을 영접하는 것이 마땅하니 이는 우리로 진리를 위하여 함께 일하는 자가 되게 하려 함이라 [9]내가 두어 자를 교회에 썼으나 그들 중에 으뜸 되기를 좋아하는 디오드레베가 우리를 맞아들이지 아니하니 [10]그러므로 내가 가면 그 행한 일을 잊지 아니하리라 그가 악한 말로 우리를 비방하고도 오히려 부족하여 형제들을 맞아들이지도 아니하고 맞아들이고자 하는 자를 금하여 교회에서 내쫓는도다 [11]사랑하는 자여 악한 것을 본받지 말고 선한 것을 본받으라 선을 행하는 자는 하나님께 속하고 악을 행하는 자는 하나님을 뵈옵지 못하였느니라_요삼 1:5~11

Q 위의 성경 말씀을 읽고 답해 봅시다.

1. 가이오는 어떤 삶을 살았나요?
   _____

2. 디오드레베는 어떤 성도였나요?
   _____

사도 요한은 가이오의 선행을 칭찬하면서 으뜸 되기만 좋아할 뿐 형제들을 환대하지 않은 디오드레베를 꾸짖었습니다. 그리고 악한 것을 본받지 말고 선한 것을 본받으라고 권면했습니다. 교회 생활은 열심히 하지만 '환대'를 모르는 사람들이 있습니다. 가까이 있는 성도들을 후하게 대하십시오. 그리고 환대의 지경을 넓혀 가십시오. 성도들의 환대가 손이 닿는 사람들에서 손이 닿지 않는 사람에게로 그 영역을 확대해 가면 좋을 것입니다.

돌봄의 원칙

[1] 그때에 제자가 더 많아졌는데 헬라파 유대인들이 자기의 과부들이 매일의 구제에 빠지므로 히브리파 사람을 원망하니 [2] 열두 사도가 모든 제자를 불러 이르되 우리가 하나님의 말씀을 제쳐 놓고 접대를 일삼는 것이 마땅하지 아니하니 [3] 형제들아 너희 가운데서 성령과 지혜가 충만하여 칭찬 받는 사람 일곱을 택하라 우리가 이 일을 그들에게 맡기고 [4] 우리는 오로지 기도하는 일과 말씀 사역에 힘쓰리라 하니 [5] 온 무리가 이 말을 기뻐하여 믿음과 성령이 충만한 사람 스데반과 또 빌립과 브로고로와 니가노르와 디몬과 바메나와 유대교에 입교했던 안디옥 사람 니골라를 택하여 [6] 사도 앞에 세우니 사도들이 기도하고 그들에게 안수하니라 _행 6:1~6

Q 위의 성경 말씀을 읽고 답해 봅시다.

1. 초대 교회에 무슨 문제가 발생했나요?

2. 사도들은 성도들을 구체적으로 돌보기 위하여 누구를 세웠나요?

초대 교회는 모든 성도를 환대했습니다. 서로 사랑하여 떡을 떼며 기도하기에 힘썼으나 그럼에도 구체적인 돌봄에 문제가 발생했습니다. 사도들은 이 문제를 수습하기 위하여 집사를 세우게 되었습니다. 그들로 하여금 성도들의 구체적인 상황을 돕게 하고, 사도들은 말씀과 기도에 전념했습니다. 사도들은 영적인 것을, 집사들은 물질적인 것을 맡은 것입니다. 이런 결정이 교회의 성장에 도움이 되었습니다. 초대 교회의 여러 사건은 돌봄에도 몇 가지 원칙이 있음을 보여 줍니다.

〈빌립보서〉 4:13~14
13 내게 능력 주시는 자 안에서 내가 모든 것을 할 수 있느니라 14 그러나 너희가 내 괴로움에 함께 참여하였으니 잘하였도다

〈마태복음〉 26:40
제자들에게 오사 그 자는 것을 보시고 베드로에게 말씀하시되 너희가 나와 함께 한 시간도 이렇게 깨어 있을 수 없더냐

〈전도서〉 11:1
너는 네 떡을 물 위에 던져라 여러 날 후에 도로 찾으리라

1. 물질적인 돌봄에서 영적인 돌봄으로 발전해 나가라(행 6:1~4).
2. 서로 돌보라(빌 4:13~14). 한쪽의 빵만 먹지 말고, 서로의 잔을 채워라!
3. 문제를 해결해 주려고 하지 말고, 함께 나누라(마 26:40).
4. 돈을 사랑하여 돌봄의 기회를 놓치지 마라(딤후 3:1~2).
5. 결과를 기대하지 말고 돌보라(전 11:1).

주의할 것은 주인 의식이 지나쳐 주인 행세를 하는 것입니다.

"목사님, 저 교회 그만 다녀야 할 것 같아요!"
"무슨 말씀이세요? 무슨 일이 있으셨어요?"
"부엌에서 음식을 만들고 있었는데, 은퇴하신 권사님이 음식에 고기를 더 많이 넣으라고 했어요. 저는 예산이 부족해서 그렇게 할 수 없다고 말씀드렸죠."
"그랬는데요?"
"그랬더니 권사님이 '네가 뭔데 시키는 대로 안 해? 내가 누군 줄 알아? 내가 이 교회 주인이

야, 너 나가!'라고 말씀하시네요."

담임목사님이 여러 말로 위로했으나 마음이 편치 않았다 했습니다. 주인 의식을 갖는 것은 좋지만, 그것이 지나치면 돌봄에 적신호가 켜지게 됩니다.

'영적 에너지' 충전은 필수

오랫동안 함께 있는 사람들을 환대하는 일은 또 하나의 과제입니다.

애굽에서 나온 아브라함은 가솔이 많아 불편해지자 조카 롯과 결별하기로 합니다. 롯에게 먼저 선택하라고 권하자 삼촌에게 양보하는 겸양의 미덕은 보이지 않았습니다. 그는 여호와의 동산처럼 비옥한 소알 지역으로 떠났습니다. 섭섭할 만한 사건이었지만 아브라함은 흔쾌히 떠나보냅니다. 그후 롯에게 여러 위기가 찾아올 때마다 아브라함은 롯을 돌봅니다. 언제나 처음처럼 조카를 도왔습니다.

누군가를 돌보는 일은 에너지를 필요로 합니다. 에너지가 고갈되면 상대방을 받아들일 여유도 없어지고, 상대에게 상처를 입힐 가능성도 커집니다. 그러므로 에너지가 소진되었다고 느껴지면 충전하는 시간을 갖는 것이 좋습니다. "네가 말하기를 나는 부자라 부요하여 부족한 것이 없다 하나 네 곤고한 것과 가련한 것과 가난한 것과 눈 먼 것과 벌거벗은 것을 알지 못하는도다"(계 3:17)는 말씀처럼, 때로 가장 가련하고, 헐벗은 사람이 자기 자신일 수 있습니다.

자신을 돌보는 것도 남을 돌보는 것 못지않게 중요합니다. 영성신학자들은 최소한 3개월에 한 번씩 홀로 있는 시간을 갖기를 권합니다. 홀로 있으면서 성령의 치유를 경험하고, 하나님의 음성을 듣게 되면 영적 에너지는 충전됩니다.

예수님은 제자들에게 이렇게 권면했습니다.

이르시되 너희는 따로 한적한 곳에 가서 잠깐 쉬어라 하시니 이는 오고 가는 사람이 많아 음식 먹을 겨를도 없음이라_막 6:31

제자들은 예수님의 말씀을 따라 한적한 곳에 가서 잠시 쉬며 에너지를 충전했습니다. 덕분에 주어진 사역을 잘 감당할 수 있었습니다. 효과적인 돌봄을 위하여 에너지의 충전은 필수적이고, 돌봄이란 형태의 섬김은 우리가 존재하는 이유 중의 하나이기도 합니다.

선포합니다

† 나는 만나는 모든 사람을 환대하겠습니다.
† 나는 하나님께서 붙여 주신 사람들을 잘 돌보겠습니다.
† 환대와 돌봄을 위해 나 자신을 충전하는 것도 게을리하지 않겠습니다.

20 순종

성경 〈누가복음〉 10:30~37　요절 〈마태복음〉 7:12

지난 한주 하나님께서는

_____
_____
_____

순종, 믿음의 완성

교회의 일원이 되면서 직면하는 문제 가운데 하나는 '순종'입니다. 하나님에 대한 믿음은 순종과 긴밀한 관계를 갖기 때문이기도 하지만, 교회 공동체에 세워진 영적 지도자를 비롯한 성도들과 어떻게 지내야 하는지에 관한 문제는 매우 현실적인 주제가 됩니다. 어떤 사람들은 기독교 신앙을 오해하여 순종을 과소평가합니다. 믿기만 하면 구원받는데 순종의 여부가 그렇게 중요한 문제인지 반문하기도 합니다. 심지어 순종을 강조하는 것은 믿음의 중요성을 깎아 내리는 것이라고 비난합니다. 과연 그럴까요?

²¹우리 조상 아브라함이 그 아들 이삭을 제단에 바칠 때에 행함으로 의롭다 하심을 받은 것이 아니냐 ²²네가 보거니와 믿음이 그의 행함과 함께 일하고 행함으로 믿음이 온전하게 되었느니라 ²³이에 성경에 이른 바 아브라함이 하나님을 믿으니 이것을 의로 여기셨다는 말씀이 이루어졌고 그는 하나님의 벗이라 칭함을 받았나니 ²⁴이로 보건대 사람이 행함으로 의롭다 하심을 받고 믿음으로만은 아니니라 ²⁵또 이와 같이 기생 라합이 사자들을 접대하여 다른 길로 나가게 할 때에 행함으로 의롭다 하심을 받은 것이 아니냐 ²⁶영혼 없는 몸이 죽은 것 같이 행함이 없는 믿음은 죽은 것이니라_약 2:21~26

Q 위의 성경 말씀을 읽고 답해 봅시다.

1. 아브라함이 의롭다 함을 얻은 이유는 어디에 있나요?
   _____

2. 행함이 없는 믿음은 어떤 것인가요?
   _____

아브라함은 아들을 모리아 산에 가서 바치라는 하나님의 말씀에 순종했습니다. 모세도 이스라엘 백성을 해방시키라는 하나님의 말씀에 순종하여 노예 상태에 있던 백성들을 가나안으로 이끌어 냈습니다. 예수님은 십자가에 죽기까지 순종함으로 온 인류를 구원했습니다. 하나님의 모든 역사는 순종하는 사람을 통해 이루어졌습니다. 그러므로 믿음은 순종으로 완성된다고 할 수 있을 것입니다. 순종이 없는 믿음은 죽은 것입니다. 믿음은 순종을 통해 단단하고 견고하게 자라납니다.

어떤 이들은 영적 체험이 있으면 순종하겠다고 말합니다. 그런데 반대로 순종하면 영적 체험을 하게 됩니다. 순종이 먼저입니다. 순종이 없으니 체험도 없고, 체험이 없으니 믿음의 성장도 어렵습니다. 성경의 위대한 인물은 한결같이 순종의 사람이었습니다. 아브라함, 모세, 바울, 모두 순종의 사람들입니다. 심지어 예수님까지도 철저히 순종했습니다. 영적 성장을 원하나요? 순종, 그 좁은 길로 가십시오.

에덴에서부터의 불순종

[4]뱀이 여자에게 이르되 너희가 결코 죽지 아니하리라 [5]너희가 그것을 먹는 날에는 너희 눈이 밝아져 하나님과 같이 되어 선악을 알 줄 하나님이 아심이니라 [6]여자가 그 나무를 본즉 먹음직도 하고 보암직도 하고 지혜롭게 할 만큼 탐스럽기도 한 나무인지라 여자가 그 열매를 따먹고 자기와 함께 있는 남편에게도 주매 그도 먹은지라 [7]이에 그들의 눈이 밝아져 자기들이 벗은 줄을 알고 무화과나무 잎을 엮어 치마로 삼았더라 _창 3:4~7_

뱀의 유혹을 받아 선악과를 따먹기 전까지 사람들은 하나님께 순종했습니다. 유혹당한 사람은 다시 유혹하는 사람이 되었습니다. 유혹된 하와는 아담에게 거역을 권했고, 결국 둘 다 불순종의 사람이 됩니다. 불순종의 결과, 하나님처럼 되지 않았음에도 더 이상 하나님께 순종하지 않고, 자신들의 판단에 따라 행동합니다. 순종 대신 유혹자에 의해 왜곡된 자신의 판단력을 더 신뢰하게 된 것입니다. 그들은 하나님 밖에서 옳고 그름에 대한 판단의 근거를 찾기 시작했습니다. 더 이상 하나님은 그들의 왕이 아니었습니다.

> 그때에는 이스라엘에 왕이 없었으므로 사람마다 자기 소견에 옳은 대로 행하였더라_삿 17:6

왕을 잃은 사람은 이제 자신의 소견대로 행동합니다. 하나님의 결정에 순종하는 것이 최고의 예배인데 그 소중한 진리를 거슬려 역행하기 시작했습니다. 세상에는 이런 아담의 후예가 넘쳐났습니다. 하나님의 뜻보다는 자기의 신념이나 탐욕, 우월감에 붙잡혀 순종이 아니라 거역의 길로 갔습니다. 거역이 진리의 편에 서는 것인 양 행동하고, '반항'이 균형을 잡는 행동인 것처럼 굴었습니다. 순종하며 사는 것으로 인해 바보나 어리석은 사람처럼 여겨질까 두려워하여 짐짓 불순종하기도 했습니다.

순종이 제사보다 낫다

[16]사무엘이 사울에게 이르되 가만히 계시옵소서 간 밤에 여호와께서 내게 이르신 것을 왕에게 말하리이다 하니 그가 이르되 말씀하소서 [17]사무엘이 이르되 왕이 스스로 작게 여길 그때에 이스라엘 지파의 머리가 되지 아니하셨나이까 여호와께서 왕에게 기름을 부어 이스라엘 왕을 삼으시고 [18]또 여호와께서 왕을 길로 보내시며 이르시기를 가서 죄인 아말렉 사람을 진멸하되 다 없어지기까지 치라 하셨거늘 [19]어찌하여 왕이 여호와의 목소리를 청종하지 아니하고 탈취하기에만 급하여 여호와께서 악하게 여기시는 일을 행하였나이까 [20]사울이 사무엘에게 이르되 나는 실로 여호와의 목소리를 청종하여 여호와께서 보내신 길로 가서 아말렉 왕 아각을 끌어 왔고 아말렉 사람들을 진멸하였으나 [21]다만 백성이 그 마땅히 멸할 것 중에서 가장 좋은 것으로 길갈에서 당신의 하나님 여호와께 제사하려고 양과 소를 끌어 왔나이다 하는지라 [22]사무엘이 이르되 여호와께서 번제와 다른 제사를 그의 목소리를 청종하는 것을 좋아하심 같이 좋아하시겠나이까 순종이 제사보다 낫고 듣는 것이 숫양의 기름보다 나으니 [23]이는 거역하는 것은 점치는 죄와 같고 완고한 것은 사신 우상에게 절하는 죄와 같음이라 왕이 여호와의 말씀을 버렸으므로 여호와께서도 왕을 버려 왕이 되지 못하게 하셨나이다 하니 [24]사울

이 사무엘에게 이르되 내가 범죄하였나이다 내가 여호와의 명령과 당신의 말씀을 어긴 것은 내가 백성을 두려워하여 그들의 말을 청종하였음이니이다_삼상 15:16~24

Q 위의 성경 말씀을 읽고 답해 봅시다.

1. 아말렉과의 전투에서 하나님께서 요구한 것은 무엇인가요?(18절)
_____

2. 사울은 어떻게 했나요?
_____

3. 사무엘은 사울에게 무어라 말했나요?(22절)
_____

사무엘은 아말렉과의 전투를 끝내고 돌아오는 사울에게 하나님께서 시킨 대로 전쟁을 치렀는지 물었습니다. 사울은 그랬다고 대답했습니다. 그러나 사무엘은 "여호와의 목소리를 청종하지 아니하고 탈취하기에만 급했다"고 평가하면서 "순종이 제사보다 낫고 듣는 것이 숫양의 기름보다 낫다"고 훈계했습니다. 달콤한 말이 아니었습니다. 뼈아픈 말이었습니다. 다행히 사울은 자신이 하나님의 음성보다는 사람들을 두려워했노라고 정직하게 인정합니다. 사람들 가운데는 예수를 주님이라 고백하면서도 실제로는 사람들을 두려워하는 이들이 있고, 예수님이 주인이라고 인정하면서도 거역하는 이들이 있습니다. 하나님 외에는 그 누구도 두려워하지 말아야 하는데 그렇게 하지 못합니다. 우리가 신앙 고백을 하면서 되새기는 인물 빌라도가 그런 사람입니다.

> 빌라도가 무리에게 만족을 주고자 하여 바라바는 놓아 주고 예수는 채찍질하고 십자가에 못 박히게 넘겨 주니라_막 15:15

〈마태복음〉 27:24
빌라도가 아무 성과도 없이 도리어 민란이 나려는 것을 보고 물을 가져다가 무리 앞에서 손을 씻으며 이르되 이 사람의 피에 대하여 나는 무죄하니 너희가 당하라

〈누가복음〉 23:22
빌라도가 세 번째 말하되 이 사람이 무슨 악한 일을 하였느냐 나는 그에게서 죽일 죄를 찾지 못하였나니 때려서 놓으리라 하니

〈누가복음〉 23:25
그들이 요구하는 자 곧 민란과 살인으로 말미암아 옥에 갇힌 자를 놓아 주고 예수는 넘겨 주어 그들의 뜻대로 하게 하니라

빌라도는 하나님보다 무리들의 함성을 두려워했습니다. 그 결과 죄 없는 예수님을 죄인인 것처럼 유대인의 손에 넘겨주고 무리 앞에서 손을 씻었습니다(마 27:24). '나는 무죄하다'라고 선언하면서 말입니다. 과연 빌라도는 무죄할까요? 그럴 리 없습니다. 빌라도는 예수님에게 죄가 없다는 것을 알았습니다(눅 23:22). 그럼에도 군중들이 구하는 대로 언도했고, 예수님을 유대인의 손에 넘겨줍니다(눅 23:25). 자기의 소신과 판단에 따라 결정하지 않고 사람들이 두려워서 빌라도는 씻을 수 없는 죄를 저지르게 됩니다. 말보다 행동이 더 중요합니다. 순종은 행동과 관련된 것입니다.

하나님 vs 신념과 가치의 틀

자신의 생각을 하나님의 뜻보다 더 높은 데 두고 사는 사람들이 있습니다. 교회 생활이 오래 되고 익숙한 이들에게 더 많이 발견되는 현상입니다. 하나님을 섬긴다고 말은 하지만 자신이 만든 신념이나 가치의 틀을 판단 근거로 삼고 거기에 순종합니다. 예수님과 가장 첨예하게 대립하며 불순종했던 사람들이 바리새인이었습니다. 그들은 예수님이 세리나 죄인들과 어울린다고 비난하고

〈마태복음〉 9:11, 34
11 바리새인들이 보고 그의 제자들에게 이르되 어찌하여 너희 선생은 세리와 죄인들과 함께 잡수시느냐
34 바리새인들은 이르되 그가 귀신의 왕을 의지하여 귀신을 쫓아낸다 하더라

(마 9:11), 귀신의 왕을 힘입어 귀신을 쫓아낸다고 주장하기도 했으며(마 9:34), 안식일에 손 마른 사람을 고쳐준 것을 비난하며 예수님을 죽이려고 했습니다(마 12:14). 바리새인들은 자신들이 누구보다 하나님의 율법에 순종하고 있다고 자부했지만 예수님은 여러 차례 그들을 '위선자들'이라 불렀습니다. 그들이 위선자로 불린 이유가 무엇일까요? 식사 전에 손을 씻어야 한다는 정결예법과 안식일에는 일하면 안 된다는 등의 율법 세칙에 사로잡혀서 율법의 정신을 잃어버린 까닭입니다.

〈마태복음〉12:14
바리새인들이 나가서 어떻게 하여 예수를 죽일까 의논하거늘

⁹거기에서 떠나 그들의 회당에 들어가시니 ¹⁰한쪽 손 마른 사람이 있는지라 사람들이 예수를 고발하려 하여 물어 이르되 안식일에 병 고치는 것이 옳으니이까 ¹¹예수께서 이르시되 너희 중에 어떤 사람이 양 한 마리가 있어 안식일에 구덩이에 빠졌으면 끌어내지 않겠느냐 ¹²사람이 양보다 얼마나 더 귀하냐 그러므로 안식일에 선을 행하는 것이 옳으니라 하시고 ¹³이에 그 사람에게 이르시되 손을 내밀라 하시니 그가 내밀매 다른 손과 같이 회복되어 성하더라
_마 12:9~13

Q 위의 성경 말씀을 읽고 답해 봅시다.

1. 회당에서 예수님은 누구를 만났나요?

2. 안식일에 병 고치는 것이 옳은지 묻는 사람들에게 예수님은 무어라 대답했나요?

예수님은 안식일에 구덩이에 빠진 양을 보면 어떻게 하겠느냐고 물은 후 한

손 마른 사람을 고쳐 주셨습니다. 당시 유대인은 안식일을 거룩하게 지키라는 율법의 말씀을 소중히 여겼습니다. 그래서 안식일을 거룩하게 지키는 구체적인 조례를 613조항이나 만들어 그것을 지켰습니다. 그 틀에 의하면 안식일에 환자를 고치는 일은 노동에 해당되어 율법을 범하는 행위가 됩니다. 틀에 매여 있던 유대인은 예수님의 선행을 좋은 의도로 받아들이지 않고, 안식일을 범한다고만 생각했습니다. 이런 유대 지도자들을 향하여 예수님은 매우 격한 어조로 말했습니다.

> [23]화 있을진저 외식하는 서기관들과 바리새인들이여 너희가 박하와 회향과 근채의 십일조는 드리되 율법의 더 중한 바 정의와 긍휼과 믿음은 버렸도다 그러나 이것도 행하고 저것도 버리지 말아야 할지니라 [24]맹인된 인도자여 하루살이는 걸러 내고 낙타는 삼키는도다
> _마 23: 23~24

"하루살이는 걸러 내고 낙타는 삼키는" 바리새인의 습관이 문제였습니다. 율법의 세부 조항을 지키는 것도 중요하나 그것보다 선행되어야 할 것이 율법의 정신인데 그것은 무시했습니다. 끝내 자신들의 틀을 버리지 않았을 뿐 아니라, 도리어 예수님을 십자가에 못 박아 죽였습니다. "거역하는 것은 점치는 죄와 같고 완고한 것은 사신 우상에게 절하는 죄와 같음이라"(삼상 15:23)고 한 사무엘의 지적은 사울뿐만 아니라, 유대 지도자와 이 시대를 사는 우리에게 적용되는 가르침이요 말씀입니다. 다행인 것은 그중에 더러 회개하는 사람이 있었다는 것입니다. 헤롯의 살해 의도를 알려 주면서 피신을 권한 사람도 있었고(눅 13:31), 니고데모같이 회개하고 예수님의 제자가 된 사람도 있었습니다. 예수님은 그들을 귀히 여기었습니다. 불순종의 사람에서 순종의 사람으로 변화

되는 것을 기뻐했습니다.

주 안에서의 순종

불순종이 습관이 되지 않도록 주의할 필요가 있습니다. 애굽의 바로를 봅시다. 그는 모세가 일으킨 기적 앞에서 놀라 두려워하며 모세의 뜻에 따르겠다고 약속합니다. 그러나 위기가 수습되고 나면 언제 그랬냐는 듯 자신의 약속을 지키지 않았습니다. 불순종의 영이 그를 장악해 버렸기 때문입니다. 장자의 죽음을 보고야 비로소 이스라엘 백성을 내보냅니다. 성경을 읽으면서 바로가 참 미련한 사람이라 생각했습니다. 그런데 우리 안에 바로가 있습니다. 완고함이 우리 내면에 있는 바로입니다. 자신의 뜻을 굽히지 않고, 권위를 가진 이에게 거역합니다. 습관이 되어 버린 것입니다.

그리스도인은 불순종의 삶에서 돌아서서 순종의 사람이 되어야 합니다. 순종은 태도의 문제가 아니라 행동에 관한 것입니다. 그러니까 구체적인 행동에 있어서 '순종의 사람'이 된 증거를 보여야 합니다. 때로 하나님의 계획이나 위임된 권위자가 맘에 들지 않더라도 순종하는 것은 영적 성장의 기초가 됩니다. 사울이 자신을 작게 여길 때 하나님은 그를 왕으로 삼으셨습니다. 그러나 그가 자신의 판단을 하나님의 말씀보다 우위에 놓았을 때 하나님은 그를 버렸습니다. 성령께 순종해야 합니다. 하나님께서 세우신 사람들에게 순종해야 합니다.

물론 순종에도 한계는 있습니다. 그것은 권위를 위임받았다는 사람들이 '주 밖에' 설 때입니다. "자녀들아 주 안에서 너희 부모에게 순종하라 이것이 옳으니라"(엡 6:1) 하는 말씀처럼 주 안에서 순종해야 합니다. 명령하는 것이 '주 밖에' 있을 때는 그것에 순종할 필요가 없다 했습니다. 그러므로 그의 요구가 '주 안에 있을 때' 순종하는 것이지 '주 바깥에' 있을 때도 순종해야 하는 것은 아닙니다. 이것이 순종의 한계라 하겠습니다.

순종에 자유가 있다

예수님을 생각해야 합니다. 예수님은 아버지 하나님께 순종하여 사람이 되었습니다. 예수님은 성자 하나님이심에도 성부 하나님과 동등될 것을 요구하지 않았습니다. 아버지의 뜻에 전적으로 순종하여 사람이 되었고, 인간이라는 한계 속에 갇혀 고통당했습니다. 크신 하나님이 제한적 존재 안으로 들어와서 인간 구원의 대업을 이루었습니다. 우리는 예수님의 마음을 품어야 합니다. 예수님은 주인이심에도 종처럼 순종했습니다. 십자가에 죽기까지 복종했습니다. 그 예수님을 본받아야 합니다.

> [5]너희 안에 이 마음을 품으라 곧 그리스도 예수의 마음이니 [6]그는 근본 하나님의 본체시나 하나님과 동등됨을 취할 것으로 여기지 아니하시고 [7]오히려 자기를 비워 종의 형체를 가지사 사람들과 같이 되셨고 [8]사람의 모양으로 나타나사 자기를 낮추시고 죽기까지 복종하셨으니 곧 십자가에 죽으심이라_빌 2:5~8

순종은 하나님의 권위에 운명을 맡기는 것이요, 동시에 그분의 권위 아래서 자유와 보호를 누리며 사는 것입니다. 순종하는 만큼 믿음은 커집니다. 반대로 불순종의 길로 들어서면 믿음은 작아집니다. 악한 것들은 하나를 주면 열을 달라고 하기 때문입니다. 이것을 잊지 말아야 합니다. 불순종에는 속박이 있고, 순종에 자유가 있습니다.

> 🕊 선포합니다
>
> † 나는 순종의 사람이 되겠습니다.
> † 나는 순종하는 만큼 믿음도 커지는 것을 믿습니다.
> † 참 자유는 순종하는 삶 가운데 있습니다.

11단원의 주제는 "훈련"입니다.

운동선수는 기초 체력을 기르고 기술을 연마하기 위해 게으름을 부리지 않습니다. 실전에서의 승패에 큰 영향을 끼치기 때문입니다. 신앙 훈련 또한 운동선수의 체력 훈련과 크게 다르지 않습니다. 바늘 구멍만한 틈이 있어도 사탄은 공략하고 들어와 마음을 좀먹습니다. 그러니 성도에게 있어 훈련은 믿음을 지키는 과정이고 하나님의 나라 백성으로 사는 연습이기도 합니다. 하나님의 자녀가 되어 가는 과정, 이것이 훈련의 여정입니다. 11단원 훈련을 통해, 훈련은 몇 주 과정을 마치면 끝나는 것이 아니라 배운 것을 몸으로 익히는 과정이며 내면의 어둠을 빛으로 밝히 드러내 경건에 이르게 하는 것임을 다시금 깨닫게 될 것입니다. 그리고 이 과정을 통해 내 힘이 아니라 하나님이 공급하는 기쁨, 은혜가 훈련의 에너지원이 됨을 확인하게 될 것입니다.

11단원

훈련

21 | 훈련
22 | 재미와 기쁨
23 | 재능, 은사, 그리고 비전
24 | 고난
25 | 충성

성경 〈디모데전서〉 4:7-8　요절 〈요나〉 2:12

🕊 지난 한주 하나님께서는

_____
_____
_____

제자 훈련의 한계

나는 중학생 때부터 제자 훈련을 받았습니다. 중·고등학생 때는 대학생 선교회가 만든 《10단계 성경 교재》로, 청년이 되어서는 네비게이토 성경 공부 교재로 제자 훈련을 받았습니다. 접근 방법은 달랐지만, 제자 훈련 교재는 크게 세 가지 주제, 구원의 확신, 성령 안에서 살아가기, 증인되는 삶 등으로 구성되어 있습니다. 제자 훈련 과정을 통해 구원의 확신을 갖게 된 것은 사실입니다. 그리고 무엇보다 견고한 신앙의 틀도 제공받았습니다. 그러나 제자 훈련 과정을 마치고 난 제 머릿속에는 떠나지 않는 질문이 있었습니다.

"이 훈련으로 나는 완벽한 그리스도의 제자가 되었는가?"

"이 훈련을 끝으로 더 이상의 훈련은 필요 없는가?"

"세상에서 능력 있는 그리스도인으로 살아가기 위해 더 이상 필요한 것은 없는가?"

이 질문에 자신 있게 "네"라고 대답할 수 없었습니다. 이러한 아쉬움은 제 개인의 부족함 때문만은 아니었습니다. 선교 단체나 교회에서 소위 DTS(Disciple Training School)을 마쳤다고 자부하는 이들을 보면, 훈련된 사람에게서 보이는 성숙함보다는 우월 의식에서 비롯된 미숙함이 느껴질 때가 더 많기 때문입니다. 제자 훈련은 개인 영성 훈련에는 유익했지만 공동체 안에서의 영성이나 세상 속에서 능력 있는 그리스도인으로 살아가게 하기에는 근본적인 한계를 갖고 있었습니다.

리처드 포스터가 《영적 성장과 훈련》에서 분류한 형태의 훈련도 교회 안에서 중요하게 다루어졌습니다. 기도 훈련, 말씀 훈련, 침묵 훈련, 단순화 훈련 같은 것 말입니다. 훈련의 영역이 개인 영성에서 공동 훈련으로 확장된 점은 이 책이 제시한 새로운 통찰이라 할 수 있을 것입니다. 그러나 '훈련'이라는 주제와 관련하여 "세상 속에서 어떤 그리스도인으로 살아갈 것인가" 하는 것이 숙제로 남아 있습니다. "너희는 세상의 빛"이라 하신 예수의 말씀에 가까이 다가서기 위해서는 성품이 변해야 합니다.

[3]그의 신기한 능력으로 생명과 경건에 속한 모든 것을 우리에게 주셨으니 이는 자기의 영광과 덕으로써 우리를 부르신 이를 앎으로 말미암음이라 [4]이로써 그 보배롭고 지극히 큰 약속을 우리에게 주사 이 약속으로 말미암아 너희가 정욕 때문에 세상에서 썩어질 것을 피하여 신성한 성품에 참여하는 자가 되게 하려 하셨느니라_벧후 1:3~4

두 종류의 사람이 있습니다. 상황이 어렵고 힘든데도 행복하게 살아가는 사람과 상대적으로 좋은 여건에 살고 있음에도 연신 힘들다고 하소연하는 사람입니다. 이 둘의 차이는 무엇일까요? 상황을 다루는 기술이 관건입니다. 객관적인 상황이 좋음에도 힘들어 하는 사람은 일반적으로 '문제를 다루는 기술'이 부족합니다. 자신을 괴롭히는 문제를 다루는 기술을 발전시키면 비교적 편안하고 행복하게 살아갈 수 있음에도 훈련을 하려고 들지 않습니다. 결과적으로 자신의 인생이 불행하다고 느끼게 됩니다. 일각에서 허벅지 둘레 55센티, 허리 둘레 85센티를 유지하도록 몸을 훈련하면 건강하게 살아갈 수 있다고 합니다. 몸의 면역성이 높아지기 때문입니다. 몸을 단련하는 과정은 고통스럽지만 건강을 선물해 줍니다. 신앙은 어떨까요?

[7]망령되고 허탄한 신화를 버리고 경건에 이르도록 네 자신을 연단하라 [8]육체의 연단은 약간의 유익이 있으나 경건은 범사에 유익하니 금생과 내생에 약속이 있느니라_딤전 4:7~8

> **Q** 위의 성경 말씀을 읽고 답해 봅시다.
>
> 1. 경건에 이르기 위해 버려야 할 것은 무엇인가요?
>
> 2. 경건에 이르기 위해 무엇을 해야 합니까?

경건에 이르기 위한 훈련

사람들은 '보물섬'이라는 환상을 따라 대박을 꿈꾸며 삽니다. 이런 의식은 신앙생활에도 영향을 주어 한 번의 만남으로 완벽한 그리스도인이 될 것이라 착각하게 만듭니다. 성경은 그런 생각을 신화라고 단정 지어 말합니다. 신화란 일면 일리가 있으나 전체적으로는 참이 아닌 가르침입니다. 좋은 그리스도인은 한 번의 만남이나 성공으로 되는 것이 아니라, 지속적인 훈련을 통해서 만들어지기 때문입니다. 태어남은 순간이지만 성장은 지속적인 과정이듯, 좋은 그리스도인 역시 태어나는 것이 아니라 훈련을 통해 만들어집니다. 불교 용어로 말하자면 돈오돈수(頓悟頓修)가 아니라, 돈오점수(頓悟漸修)입니다. 그러므로 어느 순간 갑자기 완벽한 그리스도인이 될 것이라는 신화를 버리고, 경건에 이르는 훈련을 받아야 합니다. 경건이란 신앙의 가장 높은 상태를 일컫는 말입니다. 어떤 사람들은 하나님 앞에 서 있다는 의식을 갖고 사는 것이라 말하기도 합니다. 높은 신앙인의 경지에 이르기 위해 어떤 훈련을 받아야 할까요?

첫째, 책임을 지는 훈련을 받아야 합니다.

인생이란 결국 책임의 문제입니다. 똑똑한 남녀가 만나 결혼했으나 지적 장애아가 태어나면 부부는 서로를 향해 누구 때문에 이런 일이 일어났는지 책임을 물으려고 합니다. 사소한 문제에서 커다란 사건에 이르기까지 책임 소재를 가리려 듭니다. 사실 책임을 자신에게 돌리는 데는 상당한 용기가 필요합니다. 비난과 수모를 한 몸에 떠안아야 하기 때문입니다. 그래서 사람들은 책임을 떠넘기려고 회피하기도 합니다. 그렇게 하면 책임을 모면할 수 있고, 그 문제로부터 벗어나 도망칠 수 있다고 보기 때문입니다. 첫 사람 아담은 선악과를 따먹은 일과 관련하여 책임을 아내 하와에게 전가했습니다. 〈창세기〉 3장에는 하나님과 아담의 첫 대화 장면이 소개되어 있는데 그것은 책임과 관련된 내용입니다.

> ¹¹이르시되 누가 너의 벗었음을 네게 알렸느냐 내가 네게 먹지 말라 명한 그 나무 열매를 네가 먹었느냐 ¹²아담이 이르되 하나님이 주셔서 나와 함께 있게 하신 여자 그가 그 나무 열매를 내게 주므로 내가 먹었나이다 _창 3:11~12_

아담은 하와에게, 하와는 뱀에게 책임을 전가합니다. 만약 아담이 자신의 책임이라고 말씀드렸다면 어떻게 되었을까요? 벌을 면하기 어려웠다 하더라도 그 이후 전개되는 상황은 다른 방향으로 흘러갈 수 있었을 겁니다. 그런데 첫 사람들은 책임을 전가하고 원망했습니다. 아담의 DNA는 우리 모두에게 고스란히 남아 있습니다.

> ¹⁰그들 가운데 어떤 사람들이 원망하다가 멸망시키는 자에게 멸망하였나니 너희는 그들과 같이 원망하지 말라 ¹¹그들에게 일어난 이런 일은 본보기가 되고 또한 말세를 만난 우리를 깨우치기 위하여 기록되었느니라 _고전 10:10~11_

책임을 전가하거나 탓하는 행동을 하지 말라는 말씀입니다. 그런 행동을 일삼던 이스라엘 백성이 멸망당한 것을 거울삼아 그와 같은 실수를 반복하지 말라고 권면하고 있습니다. 잘못한 것은 잘못했다고 인정해야 회개와 새로운 도약이 가능하기 때문입니다. 요나는 니느웨로 가서 복음을 전하라는 하나님의 명령을 받았습니다. 하지만 원수의 나라, 앗수르 사람이 회개하여 하나님의 백성이 되는 것을 받아들이기 어려웠습니다. 고민 끝에 반대 방향인 욥바로 내려

갔다가 다시스로 가는 배를 탔습니다. 그의 도망길은 순탄하지 않았습니다. 항해 도중에 태풍을 만나게 되어 배가 파선될 위기를 만납니다. 선원들은 이 풍랑이 누구 때문인지 알고자 하여 제비를 뽑게 되었는데 요나가 뽑힙니다. 선원들이 추궁하자 요나는 이 풍랑의 책임이 자신에게 있다고 인정합니다.

> ¹¹바다가 점점 흉용한지라 무리가 그에게 이르되 우리가 너를 어떻게 하여야 바다가 우리를 위하여 잔잔하겠느냐 하니 ¹²그가 대답하되 나를 들어 바다에 던지라 그리하면 바다가 너희를 위하여 잔잔하리라 너희가 이 큰 폭풍을 만난 것이 나 때문인 줄을 내가 아노라 하니라
>
> _욘 1:11~12

Q 위의 성경 말씀을 읽고 답해 봅시다.

1. 요나는 폭풍이 누구때문이라 했나요?

2. 요나가 제시한 해결책은 무엇인가요?

요나는 이 풍랑의 책임이 자신에게 있다고 공개적으로 시인했습니다. 그 결과로 바다에 내던져졌습니다. 그러나 하나님은 솔직하게 자신의 책임을 인정하고 그 벌을 받아들인 요나를 그대로 내버려두지 않았습니다. 큰 물고기를 준비하여 요나를 살려 냈습니다. 요나처럼 책임을 지는 훈련이 필요합니다.

둘째, 진실한 사람이 되는 훈련이 필요합니다.
《데미안》에서 주인공 싱클레어는 동급생 크로머에게 기죽지 않으려고 한

거짓말을 기점으로 어둠의 세계에 빠져듭니다. 돈을 요구하는 크로머에게 시달려 저금통을 털게 되고, 죽음 같은 불안과 공포에 떨면서도 다시 옛날로 돌아가지 않습니다. 겉으로는 착하고 귀염성 있는 모범생이지만 그의 내면은 가인의 후예가 되고 있었습니다. 불량한 친구들과 어울려 방탕한 생활을 하면서 완전히 어둠의 자식이 됩니다. 자아를 위협으로부터 방어하기 위해 시작한 거짓말이 어둠의 세계로 들어가는 관문을 열고 말았습니다. 우리는 어떤가요? 거짓을 말하지 않고 정직하게 살고 있나요? 세상 사람이 "저 사람은 그리스도인이야. 진실하지!" 이렇게 말합니까? 진실한 사람이 되는 훈련은 어둠의 세계에서 벗어나는 시작점이요, 출구가 됩니다. 때로 아픈 결과를 맞게 되더라도 정직하게 말하는 것은 그리스도의 제자에게 꼭 필요한 훈련입니다.

소년 안중근이 어느 날 아버지가 아끼던 벼루를 깨뜨리는 실수를 저지른다. 곁에 있던 종이 말했다.
"도련님, 제가 깼다고 말하겠습니다. 도련님은 모른 척하세요."
그러나 안중근은 그럴 필요 없다며 아버지에게 이실직고했다. 종아리에 피가 나도록 회초리를 맞고 나오는 그를 본 종이 자기 말대로 했으면 좋았지 않냐고 말하자 안중근은 대답했다.
"괜찮다, 종아리는 좀 아프지만 마음은 편하다."

하나님이여 내 속에 정한 마음을 창조하시고 내 안에 정직한 영을 새롭게 하소서_시51: 10

시편 기자는 자신의 내면세계가 거짓된 것에서 벗어나기를 소원했습니다. 정직한 사람으로 거듭나기를 간절히 바랐습니다. 마음속 깊은 곳에 도사리고 있는 거짓이 문제의 핵심이라 느꼈기 때문입니다. 거짓됨에서 벗어나 정직한 사람이 되는 것이야말로 가장 절실한 과제였기에 몸 전체를 휘감고 있는 더러운 옷과 같은 거짓을 벗어버리기를 사모했습니다.

사람들이 정직하게 말하고 행동하기를 원하면서 왜 거짓을 말할까요? 정직하게 말하면 손해를 본다고 느끼기 때문입니다. 자녀들이 정직하게 말할 때 손해 보지 않도록 양육할 필요가 있습니다. 거짓말을 할 때 손해를 보고, 정직하게 말하면 이득이 되도록 양육하면 성장해서도 정직한 사람이 될 수 있습니다. 반면 거짓말을 하는 것이 훨씬 이익임을 몸소 체험한 아이들은 거짓말을 밥 먹듯 하게 됩니다. 그런 사람은 사회에서 인정받기도 어렵습니다. 결국 그의 거짓과 함께 쌓아올린 모든 것이 무너져 내립니다. 그러므로 진실한 사람으로 훈련되어야 합니다.

진실한 사람이란 단지 거짓말을 하지 않는 것에 머물지 않습니다. 자신의 마음 깊은 곳에 감춰져 있는 동기에 대해 정직하게 성찰하고 직면하여, 개방적인 마음을 가지도록 하는 것도 '거짓 없는 삶'을 만들기 위해 매우 중요한 자세입니다. 거짓된 행동의 이면을 속임 없이 드러낼 줄 아는 것은 진실한 삶의 시작인 동시에 어둠에서 빛 가운데로 나아가는 행복한 자기 개방입니다.

〈사무엘하〉 12장에는 다윗이 우리아를 죽게 한 다음 나단 선지자의 책망을 받은 이야기가 소개되어 있습니다. 다윗 왕은 자신과 밧세바 사이의 간음과 임신을 덮기 위하여 충직한 장군 우리아를 최전방에 배치시켜 전사하도록 음모를 꾸몄습니다. 아무도 모르리라 생각했는데 하나님의 사람 나단이 왔습니다. 그리고 비유를 통해 다윗의 음모를 꾸짖었습니다. 다윗은 나단 선지자의 책망을 듣고 "내가 여호와께 죄를 범하였노라"(삼하 12:13) 하고 회개합니다. 하나님은 다윗의 자기 개방을 소중히 여겨 주셨습니다. 덕분에 다윗은 어둠에서 빛으로 걸어 나올 수 있었습니다. 많은 사람이 당장의 비난과 책임을 모면하기 위해 거짓말을 합니다. 성경은 거짓을 일삼는 사람들에 대해 이렇게 말합니다.

거짓을 행하는 자는 내 집 안에 거주하지 못하며 거짓말하는 자는 내 목전에 서지 못하리로다 _시 101:7

그러나 두려워하는 자들과 믿지 아니하는 자들과 흉악한 자들과 살인자들과 음행하는 자들과 점술가들과 우상 숭배자들과 거짓말하는 모든 자들은 불과 유황으로 타는 못에 던져지리니 이것이 둘째 사망이라 _계 21:8

거짓을 행하는 사람, 거짓말을 하는 사람은 하나님의 집에 거주할 수 없다고 했습니다. 그런 행위는 불신자, 살인자, 음행하는 자들과 동급으로 여겨집니다. 그러므로 거짓을 버리고, 진실을 말하는 훈련을 해야 합니다. 그렇지 않으면 거짓된 말과 행동으로 인하여 신뢰받을 수 없는 사람이 되고, 하나님 나라를 빛낼 수 없게 됩니다.

⁹종들은 자기 상전들에게 범사에 순종하여 기쁘게 하고 거슬러 말하지 말며 ¹⁰훔치지 말고 오히려 모든 참된 신실성을 나타내게 하라 이는 범사에 우리 구주 하나님의 교훈을 빛나게 하려 함이라 _딛 2:9~10

Q 위의 성경 말씀을 읽고 답해 봅시다.

1. 종들은 무엇이 나타나게 해야 합니까?
   _____

2. 그렇게 살 때 무엇이 빛나게 됩니까?
   _____

진실 말하기란 쉽지 않은 훈련 가운데 하나입니다. 그러나 거짓 없는 진실한 사람으로 살아가면 하나님의 교훈을 빛나게 하는 사람이 될 수 있습니다.

> **선포합니다**
> † 나는 거짓 없는 진실한 사람이 되겠습니다.
> † 나는 책임을 전가하거나 탓하는 사람이 되지 않겠습니다.
> † 나는 하나님의 교훈을 빛나게 하는 사람이 되겠습니다.

22 재미와 기쁨

성경 〈빌립보서〉 1:9~11   요절 〈요한복음〉 10:10

지난 한주 하나님께서는

_____

_____

달콤함의 유혹

달콤한 것, 재미있는 것을 뒤로 미루는 것도 결코 간과할 수 없는 훈련 가운데 하나입니다. 먼저 해야 할 일이 있고, 나중에 해도 되는 일이 있지만 사람들은 먼저 할 일은 뒤로 미루고 달콤한 것을 먼저 합니다. 학교에 다녀와서 무엇보다 먼저 숙제를 하면 좋을 텐데 그러지 못합니다. 숙제를 뒤로 미뤄놓고 먼저 컴퓨터 게임이나 스마트폰 게임을 하기 시작하면 학업과 멀어지기 쉽습니다. 학업이 뒤로 밀리면 학교생활도 힘들어지고, 친구들과의 관계도 불편해집니다. 달콤한 것을 좇다가 폐인이 된 사람을 만나기란 그리 어려운 일이 아닙니다.

주부들의 살림살이는 어떨까요? 살림의 시작은 청소라 하는데 청소를 미루면 곳곳에 미세먼지도 쌓이고, 점점 하기 싫어집니다. 설거지도 밥 먹은 다음 곧바로 해버리면 편하고 좋은데 미루면 짐이 됩니다. 청소나 설거지는 눈에 띄는 일도 아니고, 빛나는 일도 아니지만 마땅히 해야 할 일입니다. 마땅히 해야 할 일은 하지 않으면서 제 하고 싶은 것은 모두 하는 사람들이 있는데 그들은 성장 대신 퇴보하는 인생을 살게 됩니다. 성경 말씀을 읽고 기도하며 영적 성장을 추구하는 것도 이와 크게 다르지 않습니다. 매일 조금씩 하면 쉽고 좋은데 미루기를 거듭하면 영적 성장은 물 건너가고 맙니다. 게으름이 결국 자기를 죽이는 꼴이 되고 맙니다.

> 게으른 자의 욕망이 자기를 죽이나니 이는 자기의 손으로 일하기를 싫어함이니라 잠 21:25

사람에게는 욕구가 있습니다. 욕구라는 단어는 영어로 need이며 동사의 뜻은 '필요로 하다'입니다. 단순한 단어이지만 그 의미는 결코 단순하지 않습니다. 사람은 산소를 필요로 하고, 잠을 필요로 하고, 먹을 것을 필요로 합니다. 만약 그것들이 공급되지 않으면 짧게는 수분 안에, 길게는 한 달 안에 죽음에 이르게 됩니다. 그러므로 욕구는 반드시 충족되어야만 하는 매우 중요한 것입니다. 사람에게 어떤 욕구가 있을까요? 심리학자 윌리엄 글래서는 인간에게는 일차적인 욕구와 이차적인 욕구가 있다고 설명하면서 일차적인 욕구에는 식욕, 수면욕, 성욕이 있고, 이차적인 욕구에는 소속욕, 권력욕, 자유욕, 재미에 대한 욕구가 있다고 했습니다. 그런데 이차적인 욕구로 불리는 심리적인 욕구도 매우 중요합니다. 사람은 밥만 먹고 사는 존재는 아니기 때문입니다.

> **Q** 1. 일차적인 욕구에는 어떤 것이 있나요?
>
> _____
>
> 2. 이차적인 욕구를 소개해 봅시다.
>
> _____

재미 욕구

재미에 대한 욕구를 생각해 볼까요? 사람은 재미가 없으면 살 수 없는 존재라는 말이 있습니다. 그러면 사람은 무엇을 통해 재미를 느낄까요? 글래서는 학습과 놀이에서 재미를 느낀다고 했습니다. 부모는 자녀가 공부에서 재미를 느꼈으면 하겠지만 아이들은 공부보다는 놀이에서 재미를 느낍니다. 심지어 아이들이 즐기는 컴퓨터나 스마트폰 게임은 시간 낭비의 수준을 넘어 학업과도 멀어지게 하고 중독 증상을 보이기도 합니다. 왜 이러한 일이 발생하게 되는 것일까요?

부모는 자녀를 양육하기 위해 동분서주 바쁩니다. 아이들은 부모의 기대와 달리 학업을 등한히 하고, 게임을 즐기다가 급기야는 자기 통제력을 잃고 중독에 이르게 되기도 합니다. 부모가 자녀를 사랑하지 않아서 발생하는 일이 아닙니다. 다만 부모와 자녀가 서로를 이해하지 못했을 것이고 사랑이 의미하는 바가 무엇인지 정확하게 몰랐을 가능성이 큽니다. 부모는 자녀의 필요를 채우고 지원하기 위해 최선을 다해 경제 활동을 합니다. 일상의 소소한 일들은 언제든지 해줄 수 있다거나 물질적인 지원을 넉넉하게 하면 자녀가 자신들의 마음, 사랑을 느끼고 이해하게 될 것이라 생각합니다. 부모와 자녀의 생각에는 차이가 있고 이 간격의 넓이에 따라 문제가 적거나 많게 됩니다.

성장기에 있는 자녀는 부모의 사랑, 인정, 신뢰에 갈급합니다. 게리 체프먼은 "사랑은 시간을 함께 보내는 것인 동시에 인정하는 말을 해주는 것이다"라고 했습니다. 그러나 일상에 바쁜 부모는 자녀가 원하는 것에 시간을 내지도 못하고, 인정하는 말을 하는 것에 인색합니다. '공부해라', '숙제해라', '학원 안 가니?' 이런 말은 많이 했지만 아이들의 감정을 들어주고, 욕구를 인정해 주는 말은 하지 못했습니다. 그 결과 아이들은 사랑받지 못한다고 느끼게 되었고, 방황하다 재미를 따라갔습니다. 그 길 끝에 중독이 기다리고 있었습니다.

> 내 백성이 지식이 없으므로 망하는도다. 네가 지식을 버렸으니 나도 너를 버려 내 제사장이 되지 못하게 할 것이요 네가 네 하나님의 율법을 잊었으니 나도 네 자녀들을 잊어버리리라
> _호 4:6

"내 백성이 지식이 없어서 망한다"고 하나님께서 말씀하십니다. 부모는 돈을 많이 벌어 좋은 여건을 만들어 주고, 좋은 학원에 보내 주면 그것이 사랑이라 여기는데 아이들은 그렇게 생각하지 않습니다. 특히 초등학교를 다니는 시기는 인지적으로 구체적인 사고기여서 부모가 하는 일상의 말과 행동을 봅니다. 아이들은 귀로 듣는 것이 아니라, 눈으로 듣습니다. 부모의 구체적인 말과 행동에서 사랑을 느끼지 못한 아이들은 방황하게 되고, 사랑의 기쁨을 대신할 재미를 찾게 됩니다. 아이 입장에서 느끼는 사랑의 부재가 아이를 심리적으로, 정서적으로 방황하게 만드는 것입니다.

평소에는 교육과 관련된 여러 문제에 개입을 하지 않다가 자녀가 재미에 빠진 것을 보고 뒤늦게 꾸짖거나 훈계하는 아버지들이 있습니다. 아버지는 자신의 훈계를 듣고 자녀가 순종하여 행동을 고칠 것이라 기대할 것입니다. 과연 그렇게 될까요? 어림없는 이야기입니다. 아이들은 아버지라는 이유로, 혹은 돈을 벌어다 줘서 공부하고 있다는 이유만으로는 아버지가 하는 이야기를 듣지 않습니다. 때로 친구처럼, 아버지처럼, 멘토처럼 친밀감을 형성하지 못하면 자녀들과의 소통은 결코 쉽지 않습니다. 소통마저도 어려운 상황이라면 행동의 변화를 기대하기란 더욱 힘든 문제입니다. 평소 부모 자녀 간에 친밀한 관계가 구축되어 있어야 소통이 가능하고, 행동의 변화도 꾀할 수 있습니다.

사랑의 기쁨

인간은 사랑의 기쁨이 있어야 사는 존재입니다. 사랑의 기쁨이 있으면 재미가 없어도 살 수 있는데, 사랑의 기쁨이 없으면 대용품을 찾습니다. 재미에 빠져드는 이유가 여기에 있습니다. 부모는 자녀를 경제적으로 좋은 여건에서 살게 하려고 직장에 나가 일하는 동안 자녀들은 사랑받지 못한다고 느낀 채 학교와 학원을 오갑니다. 사랑의 기쁨을 얻지 못한 아이들은 컴퓨터나 스마트폰을 가지고 놉니다. 점차 재미의 늪 속으로 빠져들고 결국 그 늪에서 벗어나지 못합니다. 성인의 경우도 예외는 아니어서 게임, 알코올, 일, 쇼핑, 사랑 등 많은 종류의 중독으로 괴롭게 지냅니다.

[15]내가 행하는 것을 내가 알지 못하노니 곧 내가 원하는 것은 행하지 아니하고 도리어 미워하

는 것을 행함이라 ¹⁶만일 내가 원하지 아니하는 그것을 행하면 내가 이로써 율법이 선한 것을 시인하노니 ¹⁷이제는 그것을 행하는 자가 내가 아니요 내 속에 거하는 죄니라 ¹⁸내 속 곧 내 육신에 선한 것이 거하지 아니하는 줄을 아노니 원함은 내게 있으나 선을 행하는 것은 없노라
_롬 7:15~18

사탄은 인간의 욕구를 타고 들어옵니다. 그리고 인간은 그 욕구를 타고 온 사탄에 묶이게 됩니다. 한번 빠진 사탄의 늪에서 다시 나오기는 어렵습니다. 결심만으로 되지 않습니다. 욕구를 타고 들어온 죄가 마음속에서 왕 노릇하기 시작했기 때문입니다. 선택은 자유였는데 노예가 되고 말았습니다. 풀려나고 싶은 소원은 있지만, 행동의 변화는 어렵습니다. 바울의 탄식이 들려옵니다.

오호라 나는 곤고한 사람이로다. 이 사망의 몸에서 누가 나를 건져내랴_롬 7:24

> **Q** 위의 성경 말씀을 읽고 답해 봅시다.
>
> 1. 여러분은 어떤 것에서 재미를 느낍니까?
> ___
>
> 2. 빠져나오고 싶은 것이 있나요? 어디에서 빠져나오고 싶습니까?
> ___

재미에 빠진 사람을 건져 내기 위해 할 수 있는 것은 무엇일까요? 노예를 구속하려면 대가를 지불해야 했습니다. 재미의 늪에서 빠져나오는 것도 비슷하여 많은 에너지와 비용을 지불해야 합니다. 병이 들었다 회복되려면 병에 걸린 시간의 두 배가 필요하다고 하지 않습니까? 그러므로 여유를 갖고 사랑의 치료

를 시작해야 합니다. 곧바로 사랑의 기쁨을 느끼도록 만드는 것은 쉽지 않을 것입니다. 그렇다면 기쁨과 재미를 동시에 추구하는 방향으로 가다가 점차 재미를 줄여가는 방법이 좋습니다. 개인 놀이에서 공동체 놀이로 빠져나오는 것도 한 방법입니다. 공동체 놀이에는 재미와 함께 더불어 하는 기쁨이 있기 때문입니다.

> [9]내가 기도하노라 너희 사랑을 지식과 모든 총명으로 점점 더 풍성하게 하사 [10]너희로 지극히 선한 것을 분별하며 또 진실하여 허물없이 그리스도의 날까지 이르고 [11]예수 그리스도로 말미암아 의의 열매가 가득하여 하나님의 영광과 찬송이 되기를 원하노라_ 빌 1:9~11

Q 위의 성경 말씀을 읽고 답해 봅시다.

1. 사랑에 무엇이 더해져야 합니까?
   _____

2. 우리의 삶에는 어떤 열매가 가득해야 하나요?
   _____

사도 바울이 빌립보 교우에게 보낸 편지입니다. 사랑이 지식과 총명으로 풍성하게 되기를 기도한다고 했습니다. 지식이 있어야 문제의 원인이 보이고, 총명이 있어야 상황을 극복할 수 있는 출구를 찾을 수 있습니다. 우리의 사랑에 지식과 총명이 필요합니다.

다른 관점에서 보면 재미나 중독에 빠진 사람들의 행동은 사랑의 기쁨을 상실했다는 절규입니다. 사랑의 기쁨이 있으면 삶에는 생동감이 넘치게 되고, 하는 일에 좋은 열매가 맺힙니다. 반대로 기쁨이 없으면 재미라도 있어야 하니까 쓸 데 없는 곳에 시간과 돈을 낭비하게 됩니다. 쇼핑, 유흥, 게임 등의 중독은 뭔가 허전한 마음을 달래려는 사람들의 절규입니다. 그 절규를 들을 수 있는 귀가 필요합니다.

> [8]마지막으로 말하노니 너희가 다 마음을 같이하여 동정하며 형제를 사랑하며 불쌍히 여기며 겸손하며 [9]악을 악으로, 욕을 욕으로 갚지 말고 도리어 복을 빌라 이를 위하여 너희가 부르심을 받았으니 이는 복을 이어받게 하려 하심이라 _벧전 3:8~9

Q 위의 성경 말씀을 읽고 답해 봅시다.

1. 형제를 어떻게 대해야 합니까?
   _____

2. 복을 이어받기 위해 우리가 할 일은 무엇인가요?
   _____

상대방이 내 마음에 들지 않는 행동을 한다며 비난할 것이 아니라, 그렇게 될 수밖에 없었던 현실을 이해하고 불쌍히 여겨야 합니다. 그런 마음이 있을 때 위기를 극복할 길이 열립니다. 꾸짖고 비난해서 변할 수 있으면 좋은데 그렇게 해서는 변하지 않습니다.

사람의 모든 행동은 학습된 것이라 합니다. 태어날 때부터 게임을 잘하거나 재미에 빠져 산 사람은 없습니다. 성장하면서 그런 행동을 배운 것입니다. 학습한 것이니까 소거가 가능하다는 뜻도 됩니다. 대부분 중독에 빠진 사람들은 착하고 우유부단합니다. 결단하여 자신의 삶을 바꿀 능력이 없습니다. 필요한 것은 하나님의 은혜입니다. 하나님의 은혜가 그들에게 임하면 자신들의 모습에 직면하고, 습관을 바꿀 의지를 갖게 됩니다. 하나님의 은혜를 사모하여 충만히 덧입는 것, 그것은 중독에서 벗어나는 또 하나의 길입니다.

    훈련에 관하여 연속으로 살펴보았습니다. 달콤한 것을 뒤로 미룰 수 있는 사람은 성공적인 삶을 살아가지만 반대로 재미있는 것을 먼저 하기 시작하면 실패하는 사람이 됩니다. 책임지기, 정직 그리고 달콤한 것을 뒤로 미루기는 매우 중요한 성품 훈련입니다. 훈련의 첫걸음은 하나님의 은혜를 느끼는 것에서부터 시작됩니다. 하나님의 은혜를 느끼기 시작하면 훈련을 받아들이게 됩니다. 은혜는 우리를 들여다 볼 수 있는 거울과 같습니다. 이 거울은 자신을 들여다 볼 용기와 더러워진 부분을 고칠 수 있는 용기까지 선물해 줍니다. 나 같은 죄인을 살리기 위해 십자가에 돌아가신 예수 그리스도의 사랑을 느낄 때 어둠에서 빛으로 걸어 나가게 되고, 새로운 세상을 보게 됩니다. 이 놀라운 하나님의 은혜가 함께하시기를 바랍니다.

🕊 선포합니다

† 나는 달콤한 것, 재미있는 것을 뒤로 미룰 수 있는 사람이 되겠습니다.
† 나는 재미의 노예가 된 사람들을 자유하게 하는 데 힘쓰겠습니다.
† 나는 좋은 성품의 사람이 되겠습니다.

23. 재능, 은사 그리고 비전

성경 〈마태복음〉 25:14~30   요절 〈잠언〉 29:18

지난 한주 하나님께서는

_____
_____
_____

"저희 아이에게는 비전이 없어요."

이렇게 말하는 크리스천 부모를 종종 만나게 됩니다. 이 경우 '비전'은 '장래의 꿈' 또는 '재능 발견'이란 의미인 것 같습니다. "우리 아이는 되고자 하는 꿈이 없어요" 혹은 "우리 아이는 어떤 부분에 재능이 있는지 모르겠어요"라는 뜻일 것입니다. 이때 사용된 비전이라는 단어는 실상 본래의 의미와는 다릅니다. 비전은 "하나님께서 심부름 시키신 일"을 지칭하기 때문에 꿈이나 재능 발견과는 다른 말입니다. 물론 커다란 테두리 안에서 볼 때 비전이 꿈이나 재능과 연관이 있긴 하지만 같은 개념은 아닙니다.

재능

'재능'과 관련하여 두 가지 교육학적 입장이 있습니다. 인간은 백지와 같은 상태에서 태어나므로 외부의 자극에 의해 어떤 형태로든 만들어질 수 있다고 주장하는(존 로크) 이론이 있는가 하면, 사람은 이미 그의 내면에 청사진을 갖고 태어난다고 주장하는 학자(루소)도 있습니다. 인간은 선천적 관념을 갖지 않은 채 태어난다고 주장한 로크와는 달리 루소는 모든 밑그림을 가지고 태어나므로 특별한 외부 자극이 필요한 것이 아니라 감춰진 재능이 발현되도록 돕기만 하면 된다는 것입니다. 어느 의견에 동의하십니까?

제 아이는 말이 늦었습니다. 3살이 지났는데도 말을 하지 못했습니다. 말을 하지 못하면 어떻게 하나 걱정이 될 정도였는데 4살이 지나면서 말을 하기 시작하는데 마치 모든 것을 감춰두고 있다가 한꺼번에 보자기를 풀어 놓은 것 같은 놀라움을 안겨 주었습니다. 우리 아이가 천재가 아닌가 하는(물론 평범한 아이였지만) 경외감을 갖게 만들었습니다. 아이의 내면에 언어를 배우는 체제가 내재되어 있는 것처럼 보였습니다. 뿐만 아니라, 뭔가 열심히 하고, 지지 않으려는 성향도 갖고 태어난 듯했습니다. 왜냐하면 둘째 아이는 그러하지 않았기 때문입니다.

성경은 이 주제를 어떻게 말하고 있을까요? 〈마태복음〉 25장 14~30절에는 달란트 비유가 나옵니다. 한 사람은 5달란트, 한 사람은 2달란트, 한 사람은 1달란트를 받았는데 한 달란트를 받은 사람은 그대로 가지고 오고, 다른 사람들은 배로 남겼다는 내용입니다. 이 비유 말씀에서 말하는 달란트란 재능을 의미합니다. 모든 사람이 각각 다른 재능을 받아 이 세상에 태어나는데(마 25:15) 결실은 저마다

〈마태복음〉 25:15
각각 그 재능대로 한 사람에게는 금 다섯 달란트를, 한 사람에게는 두 달란트를, 한 사람에게는 한 달란트를 주고 떠났더니

다릅니다. 어떤 사람은 재능을 꽃피우고, 어떤 사람은 재능을 꽃피우지 못합니다. 왜 재능을 꽃피우지 못한 것일까요?

성경에서는 두 가지를 말하고 있습니다(마 25:25~26). 게으름과 그 뒤에 숨어 있는 두려움입니다. 사람 안에는 일어나지 않고 계속 누워 있으려는 죽음 본능이 있는가 하면 일어나서 부지런히 일하려는 생명 본능이 있습니다. 두 본능이 매일 내면에서 싸우는데 재능을 꽃피우지 못하는 사람들은 죽음 본능에 자신을 바치는 꼴입니다. 성장하지 않으려는, 그냥 무너져버리는 게으름이 재능을 꽃피우지 못하게 합니다.

사람은 왜 게으른 것일까요? 게으름 뒤에는 두려움이 숨어 있습니다. 두려워하는 마음으로 인해 현실적인 난관 앞에서 좌절해 버립니다. 난관 앞에서 좌절해 버린 사람에게는 무언가 시도하고자 할 때, 두려움과 시도하기 위해 지불해야 할 대가를 무서워하는 공포가 있습니다. 성경은 이 두려움이 하나님에 대한 인식과 깊이 관련되어 있음을 시사하고 있습니다(마 25:24~25). 한 달란트 맡았던 사람에게는 하나님에 대한 왜곡된 인식이 있었습니다. 사람들의 행동 깊은 곳에는 하나님에 대한 잘못된 두려움이 도사리고 있어서 재능을 꽃피우지 못하도록 방해합니다.

〈마태복음〉 25:24~26
24 한 달란트 받았던 자는 와서 이르되 주인이여 당신은 굳은 사람이라 심지 않은 데서 거두고 헤치지 않은 데서 모으는 줄 내가 알았으므로 25 두려워하여 나가서 당신의 달란트를 땅에 감추어 두었나이다 보소서 당신의 것을 가지셨나이다 26 그 주인이 대답하여 이르되 악하고 게으른 종아 나는 심지 않은 데서 거두고 헤치지 않은 데서 모으는 줄로 네가 알았느냐

Q 1. 비전과 재능은 어떻게 다릅니까?

2. 무엇이 우리 아이들의 재능을 꽃피우지 못하게 합니까?

어떤 학생이 노래를 전공하고 싶다고 했습니다. 노래하는 것을 자세히 들어보니 비음이 심해서 듣고 있기가 불편했습니다. 여러 차례 설득했으나 학생은 노래하겠다고 우겼습니다. 대학에 가면 복수 전공이 가능하다고 겨우 설득하여 원서를 내고 합격했습니다. 합격한 다음 그 아이는 더 이상 노래하겠다는 말을 하지 않았습니다. 이 학생에게 있어 노래는 일종의 도피였습니다. 수능 시험일이 다가오자 공부를 뒷전으로 미루고 노래하겠다고 한 것은 시험, 진학에 대한 두려움 때문이었습니다.

재능 개발을 위해 학원을 다니기도 하고, 학교에서 공부도 하지만 정작 자신의 재능이 무엇인지 모르는 학생들이 있습니다. 교사가 필요한 이유가 여기 있습니다. 한 사람의 재능 발견과 관련하여 중요한 것은 지속적인 관찰입니다. 교사가 애정을 가지고 학생을 관찰하여 재능이 어디에 있는지 확인해 주어야 합니다.

우리나라 교육의 어려움은 모든 학생이 공부를 잘해야 되는 것처럼 생각하는 데 있습니다. 국어, 영어, 수학과 탐구 영역에서 모든 학생이 좋은 성적을 얻기란 불가능합니다. 현재의 평가 제도는 서열화를 기본으로 하여 등수를 매기고, 1에서 9까지 등급도 정합니다. 이런 제도 속에서 모든 아이가 공부를 잘한다는 것은 불가능한 것입니다. 필요한 것은 등수나 등급이 아니라, 학생에게 어떤 재능이 있는지 발견해 주는 것입니다. 이 일을 위해 교사, 코치, 멘토가 필요합니다.

어떤 학생이 자신은 기타를 배워 대학에 가겠다고 했다. 기타를 치기 좋아해서 제법 연주도 잘하고, 재미있어 했다. 그러나 특별한 재능이 있어 보이지 않았고, 따로 시간을 내서 연습을 하는 것도 아니었다. 최소한 하루 2시간 이상은 연습을 해야 좋은 연주자가 될 수 있는데 연습은 싫어했다. 연습하지 않는데 재능이 개발될 리 만무했다. 지속적으로 관찰한 결과 글쓰기에 재능이 있다는 것을 발견한 나는 그 학생에게 문예창작을 추천해 주었다. 다행히 문예창작과에 합격해서 지금은 행복한 대학 생활을 하고 있다.

아직 재능을 발견하지 못하여 꿈을 찾지 못한 학생에게 "비전이 없다"고 말하는 대신 아직 자신의 "꿈을 찾지 못했다"고 말해야 옳습니다. 하고자 하는 일이 없는 것과 비전의 발견은 다른 차원의 문제입니다.

비전은 하나님이 시키신 심부름을 깨달아 그 심부름을 성실하게 감당하는 것입니다. 어떻게 보면 비전을 깨닫는 것은 나이가 많이 든 다음 가능한 일일 수 있습니다. 그것은 자신의 재능을 발견하여 직업인이 되는 것과는 다른 차원의 주제이기 때문입니다.

은사

재능과 비슷한 개념으로 은사가 있습니다. 비슷하긴 하지만 같은 개념은 아닙니다. 재능이 선천적인 것이라면 은사는 후천적이고, 재능은 자신의 직업과 관련되지만 은사(카리스마)는 교회 안에서의 섬김을 목적으로 합니다. 물론 예수 믿고 난 다음 재능을 교회의 유익을 위해 쓸 수는 있습니다. 노래 잘하는 사람이 찬양대원이 된다든지 학생을 잘 가르치는 사람이 교사가 되는 것이 그렇습니다. 하지만 은사는 한 개인의 기질이나 재능과는 전혀 상관없이 주어지기도 합니다. 방언, 통역, 신유, 교육, 섬김 등의 은사는 성령께서 교회를 섬기라고 성도에게 주는 일방적인 선물입니다.

각각 은사를 받은 대로 하나님의 여러 가지 은혜를 맡은 선한 청지기 같이 서로 봉사하라
_벧전 4:10

자신의 은사가 무엇인지 모르고 있다면 은사 테스트를 받아보는 것은 좋은 방법입니다. 은사 테스트란 자신의 주된 은사와 부차적인 은사가 무엇인지 확인하는 것입니다. 은사 테스트를 받아 자신이 해야 할 일을 명확히 알고 봉사하는 것은 교회 공동체에 큰 유익이 될 것입니다. 열심히 봉사하는데 성도와 갈등관계만 발생할 뿐 열매가 좋지 않다면 은사에 맞지 않는 사역을 하고 있을 가능성이 높습니다. 이런 형태의 사역은 본인의 탈진으로 이어질 뿐 아니라, 교회 공동체에도 유익하지 않습니다.

4은사는 여러 가지나 성령은 같고 5직분은 여러 가지나 주는 같으며 6또 사역은 여러 가지나 모든 것을 모든 사람 가운데서 이루시는 하나님은 같으니 7각 사람에게 성령을 나타내심은 유익하게 하려 하심이라_고전 12:4~7

> **Q** 위의 성경 말씀을 읽고 답해 봅시다.
>
> 1. 누가 은사를 주시나요?
> _____
>
> 2. 은사가 주어지는 이유는 무엇인가요?
> _____

음정을 잡지 못하는 교우가 찬양대원이 되었는데 그는 매우 기뻐하고 자랑스러워했습니다. 문제는 다른 대원들이었습니다. 연습할 때뿐 아니라 찬양하

는 시간에 전혀 다른 소리를 내 방해가 되기도 했고, 애써 만든 음악이 망쳐지는 것 같아 화를 내는 대원도 있었습니다. 그러나 본인은 그런 사실을 전혀 인지하지 못했기 때문에 홀로 만족스러워했습니다. 대원들의 불유쾌한 감정은 그를 반기지 않거나 냉담하게 대하는 태도로 나타났습니다. 어떤 대원은 인사도 받지 않으며 미워했습니다. 결국 다른 분야에서 봉사하게 했는데 본인은 노래하는 것이 좋다며 매우 불쾌해했습니다. 그 과정을 중재하기가 쉽지 않았습니다.

봉사는 하는 이에게는 섬기는 기쁨이 있어야 하고 교회에는 화평의 유익을 주어야 합니다. 그리고 무엇보다 봉사하는 자의 유익보다는 교회에 유익한가 하는 질문에서 시작해야 합니다. 봉사하는 과정에서 성도들과 갈등을 빚어 교회에 유익하지 않다면 아무리 자신이 좋아하는 일이라도 내려놓는 것이 마땅합니다.

비전

비전은 재능과 다르고 꿈과도 다른 개념입니다. 자신의 소원을 이루는 것이나 야망과도 다른 개념입니다. 바울은 아시아 지역, 지금의 터키 북쪽으로 복음을 전하러 가기를 원했습니다. 그런데 성령께서 그 길을 막았습니다. 짐작컨대 출발할 날이 되었을 때 몸이 좋지 않아 떠나지 못했던 것 같습니다. 그런 일이 여러 번 반복되던 때 바울은 환상을 봅니다.

[6]성령이 아시아에서 말씀을 전하지 못하게 하시거늘 그들이 브루기아와 갈라디아 땅으로 다

녀가 ⁷무시아 앞에 이르러 비두니아로 가고자 애쓰되 예수의 영이 허락하지 아니하시는지라 ⁸무시아를 지나 드로아로 내려갔는데 ⁹밤에 환상이 바울에게 보이니 마게도냐 사람 하나가 서서 그에게 청하여 이르되 마게도냐로 건너와서 우리를 도우라 하거늘 ¹⁰바울이 그 환상을 보았을 때 우리가 곧 마게도냐로 떠나기를 힘쓰니 이는 하나님이 저 사람들에게 복음을 전하라고 우리를 부르신 줄로 인정함이러라 _행 16:6~10

> **Q** 위의 성경 말씀을 읽고 답해 봅시다.
>
> 1. 바울은 어디로 가려고 했나요?
> _____
>
> 2. 하나님은 바울을 어디로 이끄셨습니까?
> _____

이 환상을 본 바울은 자신의 비전이 다른 데 있다는 것을 깨달았습니다. 아시아 지역에서 복음을 전하기 원했던 자신의 소원은 하나님이 시키실 심부름과는 다른 것임을 알아차렸습니다. 그래서 선교의 방향을 마게도냐 쪽으로 변경했습니다.

묵시가 없으면 백성이 방자히 행하거니와 율법을 지키는 자는 복이 있느니라 _잠 29:18

이 말씀에서 '묵시'는 '비전'이라 바꿔 번역해도 되는 단어이므로 "비전이 없으면 사람은 제멋대로 행하게 된다"라고 번역할 수 있습니다. 비전은 야망, 앞날에 큰일을 이루고자 하는 소망과는 다른 개념입니다. 하나님께서 나를 통하여 이루시기 원하는 것이 비전이기 때문입니다.

예수님의 제자 가운데 야망을 따라 행동한 인물이 있습니다. 가룟 유다입니다. 그는 자신의 야망과 비전을 혼동했습니다. 그 결과 자신의 야망을 이루기 위해 예수님을 도구화했습니다. 그의 야망은 자신의 인생도 망치고, 예수님도 팔아먹는 커다란 실수로 이어졌습니다. 야망은 사람을 해치는 흉기가 될 수 있음을 보여 주는 대목입니다.

비전의 사람 바울은 끊임없이 자기 세계의 확장을 추구했습니다. 구름 기둥과 불 기둥으로 인도받았던 이스라엘 백성처럼 성령의 인도하심을 따라 살았습니다. 자신이 갖고 있던 신념이 틀렸다고 판단되는 순간, 깨끗하게 내려놓고 하나님의 인도하심을 받아들였습니다. 그러한 바울의 행동은 자연히 영적 성장으로 이어졌습니다.

아이에게 비전을 발견하라고 요구하는 성도가 있습니다. 그런데 잘 살펴보면 바울, 베드로, 구약의 요셉이나 모세도 나이가 많이 든 다음에야 비로소 자신의 비전을 발견했습니다. 물론 사무엘처럼 어렸을 적부터 하나님의 심부름을 깨닫고 충실했던 인물도 있지만 대부분 나이가 든 다음, 그것도 사역을 감당하는 과정 가운데 비전을 깨달았습니다. 그러므로 아이에게 "비전이 없다"고 말하는 것은 잘못하는 것임을 알아야 합니다. '비전'이 없는 사람은 없습니다.

정리해 보겠습니다. 비전은 재능과도 다르고, 은사의 발견과도 다릅니다. 비전은 꿈이나 야망과도 다릅니다. 비전은 나를 통해 이루시고자 하는 하나님의 일입니다. 때로 우리는 하나님이 왜 나를 이곳에 심으셨는지 알지 못한 채 일하다가 세월이 흐른 다음에야 하나님께서 시킨 심부름이 무엇인지 깨달을 때도 있습니다. 그러므로 섣부른 판단은 조심해야 합니다.

¹³형제들아 나는 아직 내가 잡은 줄로 여기지 아니하고 오직 한 일 즉 뒤에 있는 것은 잊어버리

고 앞에 있는 것을 잡으려고 ¹⁴푯대를 향하여 그리스도 예수 안에서 하나님이 위에서 부르신 부름의 상을 위하여 달려가노라 ¹⁵그러므로 누구든지 우리 온전히 이룬 자들은 이렇게 생각할지니 만일 어떤 일에 너희가 달리 생각하면 하나님이 이것도 너희에게 나타내시리라 ¹⁶오직 우리가 어디까지 이르렀든지 그대로 행할 것이라 _빌 3:13~16_

🕊 선포합니다

✝ 나는 게으른 사람이 되지 않겠습니다.
✝ 나는 재능을 계발하여 하나님 나라를 위해 사용하겠습니다.
✝ 나는 비전을 깨달아 하나님의 뜻을 이루며 살겠습니다.

24 고난

성경 〈고린도후서〉 1:3~7   요절 〈고린도후서〉 4:10~12

🕊 지난 한주 하나님께서는

_____
_____
_____

나는 해군 경비전대에서 군복무를 했다. 산꼭대기에 레이더 기지가 있었고, 거기에는 세 명의 하사관이 3교대로 근무하고 있었다. 바다를 통해 접근하는 적이 있는지 레이더를 통해 나타난 물체의 움직임을 예의 주시하며 하루 종일을 보내는 고독한 근무지였다. 차량이 올라갈 길도 없었고, 물도 없었기 때문에 매번 마실 물과 세탁할 물을 등짐을 지고 날라야 하는 위치였다. 음식도 매끼 갖다 주어야 했는데 그것은 담당 병사에게 매우 고된 일이었다. 무거운 짐을 지고 올라가는 것도 힘들었는데 기지에 도착하면 하사관들은 온갖 이유를 들어 얼차려를 주거나 때렸기 때문이다. 그러니까 아무도 올라가려고 하지 않게 되었다.
나는 이 문제로 고민하고 기도했다. 아무도 하지 않겠다는 이 일을 예수 믿는 내가 하는 것이 마땅하겠다는 마음의 결심이 서자 제대할 때까지 그 일을 도맡아 했다. 참 곤욕스럽고 힘든 일이었다. 그래도 국방부 시계는 돌아가서 복무를 마치게 되었는데 제대 파티 때 동료 병사가 이렇게 말했다.

24. 고난 253

"나는 하나님을 믿지 않는다. 그러나 너의 군생활을 지켜보면서 하나님이 계신다는 것을 믿게 되었다."
그 말은 평생 들은 칭찬 가운데 최고의 찬사였다. 고난을 자처했더니 그것을 지켜보던 동료들이 하나님을 느꼈다고 고백한 것이다.

복음을 위해

⁷하나님이 우리에게 주신 것은 두려워하는 마음이 아니요 오직 능력과 사랑과 절제하는 마음이니 ⁸그러므로 너는 내가 우리 주를 증언함과 또는 주를 위하여 갇힌 자 된 나를 부끄러워하지 말고 오직 하나님의 능력을 따라 복음과 함께 고난을 받으라_딤후 1:7~8

바울은 믿음의 아들 디모데에게 복음이 전해지기 원한다면 고난도 감내해야 한다고 말했습니다. 복음은 고난당함 없이, 피 흘림 없이 전해지지 않습니다. 누군가 사랑의 수고를 해야, 허리에 수건을 동이고 남의 발을 닦아 주는 수고를 해야 복음이 전해집니다. 그리스도인이 된다는 것은 복음을 위해 기꺼이 고난을 받아들이겠다는 다짐이기도 합니다. 자기 실수로 혹은 애매히 고난당하는 사람들이 있지만 성도는 그리스도를 위하여 고난을 자처하는 사람입니다.

¹⁰우리가 항상 예수의 죽음을 몸에 짊어짐은 예수의 생명이 또한 우리 몸에 나타나게 하려 함이라 ¹¹우리 살아 있는 자가 항상 예수를 위하여 죽음에 넘겨짐은 예수의 생명이 또한 우리 죽을 육체에 나타나게 하려 함이라 ¹²그런즉 사망은 우리 안에서 역사하고 생명은 너희 안에서 역사하느니라_고후 4:10~12

바울은 자신의 일생이 예수의 죽음을 몸에 짊어지는 삶이었다고 고백했습니다. 모욕당하고 맞으며 죽임당하는 일을 몸에 짊어졌습니다. 촛불이 자신을 태워야 빛을 발할 수 있듯이 수고하고 희생해야 예수의 생명이 나타납니다. 그러니까 그리스도인은 고난받는 것에 대하여 불평하지 말고, 도리어 이 일을 통해 예수의 생명이 나타나기를 사모해야 합니다.

신앙생활을 한 이후 번영 신학의 영향을 받아 복받아 잘되는 것을 위해 기도하고, 그것이 그리스도인의 길인 것처럼 생각해 왔습니다. 그러나 기독교 역사를 들여다보면 그리스도인의 삶이란 순교의 역사이고, 고난을 몸에 짊어지는 행렬이었습니다. 교회 역시 그리스도의 피 흘림 위에 세워졌고, 교회사는 순교의 역사라 해도 과언이 아닙니다. 내가 복받아 잘되는 것은 사명을 위한 것이지 내 배를 불리기 위함이 아닙니다. 그러므로 고난에 대한 신앙적 관점이 무엇인지 분명히 알아야 합니다. 고난은 싫고 안락함이 좋지만 예수님을 위해 받는 고난이 어떤 의미를 갖는지 정리해 둘 필요가 있습니다.

고난을 경험한 치유자

[3]찬송하리로다 그는 우리 주 예수 그리스도의 하나님이시요 자비의 아버지시요 모든 위로의 하나님이시며 [4]우리의 모든 환난 중에서 우리를 위로하사 우리로 하여금 하나님께 받는 위로로써 모든 환난 중에 있는 자들을 능히 위로하게 하시는 이시로다 [5]그리스도의 고난이 우리에게 넘친 것 같이 우리가 받는 위로도 그리스도로 말미암아 넘치는도다 [6]우리가 환난당하는 것도 너희가 위로와 구원을 받게 하려는 것이요 우리가 위로를 받는 것도 너희 위로를 받게 하려는 것이니 이 위로가 너희 속에 역사하여 우리가 받는 것 같은 고난을 너희도 견디게 하느니라 [7]너희를 위한 우리의 소망이 견고함은 너희가 고난에 참여하는 자가 된 것같이 위로에도 그러할 줄을 앎이라_고후 1:3~7

그리스도인의 별명은 상처 입은 치유자입니다(헨리 나우웬). 가난으로 어려움을 겪어 본 사람만이 가난한 사람을 위로할 수 있고, 병들어 고통과 외로움을 느껴 본 사람만이 아픈 사람을 위로할 수 있습니다. 경험이 있는 사람만이 동일한 상황에 있는 사람을 위로할 수 있습니다. 그러므로 먼저 상처 입은 경험이 있는 성도가 같은 문제로 고통받는 이의 치유자가 될 수 있습니다.

> 하와이 근처에 '몰로카이'라는 섬이 있다. 우리나라 소록도처럼 나환자들이 사는 곳이다. 1840년 벨기에에서 태어난 '다미안'은 33살 되던 1873년 어느 날, 몰로카이에 복음을 전하기 위해 발을 내디뎠다. 외지에서 온 이 낯선 젊은이의 사랑을 섬사람들은 잘 받아들이지 않았다. 약을 건네고 위로를 해도, 아파 본 적이 없으니 하는 말 아닌가라며 거부했다. 다미안은 "하나님, 저도 저들과 같이 병들게 해주세요"하고 기도했다. 마침내 한센병에 걸린 그의 진정성을 그 섬의 나환자들은 받아들여 주었다. 지옥 같았던 섬은 점차 하나님의 나라로 변화되어 갔다. 나병 치료마저 거부하며 일생을 그들과 함께했던 다미안은 49세 되던 1889년 하나님 품에 안겼다.

아파 본 적이 없는 사람은 아픈 사람을 위로하기 어렵습니다. 암에 걸려 본 사람만이 암에 걸린 사람을 위로할 수 있습니다. 사업에 실패해 본 사람만이 실패한 사람을 위로할 수 있습니다. 그리스도인에게 고난이 필요한 이유가 여기 있습니다. 개인의 내적 성장뿐 아니라 다른 사람들을 돕기 위해, 그들에게 복음을 전하기 위해 고난은 필수입니다. 그러므로 고난을 회피하지도 고난을 피해 도망가지도 말아야 합니다. 기꺼이 고난을 받아들이고 결정적일 때 그것을 꺼내 상처 입은 자들의 치유자가 되십시오.

다만 자신의 상처를 아무 때나 노출하면 상대에게 위로가 되는 것이 아니라, 악취가 됩니다. 그러므로 자신이 받은 상처를 노출할 때는 지혜가 필요합니다.

"가장 개인적인 것이 가장 보편적인 것"이라는 말이 있습니다. 너무 개인적인 문제여서 노출하기 어렵다고 생각하지만 드러내 말해 보면 많은 사람이 겪고 있는 보편적인 문제라는 것을 알 수 있습니다. 그러므로 자신의 문제를 노출했을 때 상대가 위로를 받을 수 있겠다고 판단되면 그것을 드러내 간증하고, 함께 하나님의 치유를 경험하는 것이 좋습니다.

사실 하나님의 사랑은 고난 속에서 구체화됩니다. 요셉은 감옥에 갇혀 고생하던 중에 하나님의 돕는 손길을 경험했습니다. 다니엘은 사자굴에 던져졌다가 건짐받은 은혜를 경험했고, 바울은 압송당하던 배가 파선되는 어려운 상황 가운데서 하나님의 도우심을 체험했습니다. 우리 믿음의 선배들은 어려운 상황 속에서 도우시는 하나님의 은혜를 느꼈습니다. 동전의 양면과 같이 고난이 오면 그 가운데서 하나님의 구체화된 사랑을 만나게 됩니다. 그러므로 고난을 피하기보다는 당당히 맞서는 자세가 필요합니다. 당당히 고난과 맞서 하나님의 위로를 경험하면, 사역자로 세우시는 하나님의 섭리를 이해할 수 있을 것입니다.

어려운 일을 통해 잘 훈련된 사람은 덜 고통스럽게 살고, 작은 고통도 회피하며 사는 사람은 더 큰 짐을 지게 됩니다. 사소한 어려움을 지혜롭게 잘 처리하면 더 큰 문제가 다가와도 어려움 없이 잘 수습할 수 있지만 어려움을 회피하여 도망가거나 직면하지 않으면 더 큰 문제로 고통받게 됩니다. 어떤 문제가 다가와 얼굴을 내밀 때 거기에는 하나님의 손길이 숨어 있습니다.

[7]여러 계시를 받은 것이 지극히 크므로 너무 자만하지 않게 하시려고 내 육체에 가시 곧 사탄의 사자를 주셨으니 이는 나를 쳐서 너무 자만하지 않게 하려 하심이라 [8]이것이 내게서 떠나가게 하기 위하여 내가 세 번 주께 간구하였더니 [9]나에게 이르시기를 내 은혜가 네게 족하도다 이는 내 능력이 약한 데서 온전하여짐이라 하신지라 그러므로 도리어 크게 기뻐함으로 나

의 여러 약한 것들에 대하여 자랑하리니 이는 그리스도의 능력이 내게 머물게 하려 함이라 [10]그러므로 내가 그리스도를 위하여 약한 것들과 능욕과 궁핍과 박해와 곤고를 기뻐하노니 이는 내가 약한 그때에 강함이라 고후 12:7~10

> **Q** 위의 성경 말씀을 읽고 답해 봅시다.
>
> 1. 육체에 가시가 주어진 이유는 무엇인가요?
> _____
>
> 2. 하나님의 능력은 언제 온전해지나요?
> _____
>
> 3. 나에게는 어떤 가시가 있나요?
> _____

바울의 육체에 있는 '가시'가 어떤 종류의 질병인가에 대하여는 학자마다 견해가 다릅니다. 그러나 분명한 것은 이 가시는 바울이 복음을 전하는 데 방해가 되는 질병이었습니다. 이것을 없애 달라고 작정하여 세 번이나 기도했는데 하나님은 "내 은혜가 네게 족하다"고 했습니다. 바울은 없어져야 할 '가시'라고 생각했는데, 하나님은 '은혜'라고 하셨습니다. 바울은 이 가시가 주어진 이유에 대해 "너무 자고하지 않게 하시려고!"라고 설명합니다. 바울에게는 많은 은사와 영적 체험이 있었습니다. 자칫 우월 의식에 붙들릴 위험이 충분했습니다. 하나님은 그런 바울을 붙잡아 사용하기 위해 가시를 허락했습니다. 바울에게는 고통이었지만 전체적으로는 유익이었습니다. 다윗도 비슷한 고난을 겪었던 것으로 보입니다. 그는 이렇게 고백했습니다.

> 고난당한 것이 내게 유익이라 이로 말미암아 내가 주의 율례들을 배우게 되었나이다
> _시 119:71

병이 들었을 때 받는 은혜가 따로 있고, 실패를 했을 때 받는 은혜도 따로 있습니다. 고난당할 때 하나님의 음성은 훨씬 강력하게 들려옵니다. 고통을 느낀다는 것은 자신의 문제가 무엇인지 알게 된다는 뜻이기도 합니다. 손톱에 가시가 박히지 않으면 손톱 밑을 눈여겨보지 않습니다. 손을 다쳐 보지 않으면 손이 있다는 사실을 의식하지 못하고 삽니다. 아플 때 비로소 들여다보게 됩니다. 고난은 우리를 망가뜨리기 위함이 아니라 내면을 성찰하게 하고 성장을 자극하는 촉진제 역할을 합니다. "고통을 주는 모든 것은 교훈을 주기" 마련입니다. 이를 통해 성숙한 그리스도인이 되고, 하나님께서 심부름시킨 일을 충성스럽게 감당할 수 있게 됩니다. 그러므로 힘든 일이 있을 때 원망하지 말고 이 일을 통해 하나님께서 나에게 원하시는 것이 무엇인지 여쭈어 봅시다. 그때 새로운 은혜를 덧입게 될 것입니다.

공감으로 함께하기

다른 사람이 고난을 당하고 있을 때 내가 해야 할 일은 무엇일까요? 그의 문제를 해결하기 위해 발 벗고 나서 해결사가 되고픈 유혹을 받을 때가 있습니다. 하지만 힘겨운 중에 있는 이들을 위해 우리가 할 일은 문제 해결이 아니라 공감입니다. 고난 가운데 처하게 되면 고립과 외로움을 경험하게 됩니다. 곁에 공감해 주는 사람이 없기 때문입니다. 〈요한복음〉 5장 1~9절을 읽어 보면 도와줄 사람이 없는 세상에서 느끼는 아픔이 전해집니다.

¹그 후에 유대인의 명절이 되어 예수께서 예루살렘에 올라가시니라 ²예루살렘에 있는 양문 곁에 히브리 말로 베데스다라 하는 못이 있는데 거기 행각 다섯이 있고 ³그 안에 많은 병자, 맹인, 다리 저는 사람, 혈기 마른 사람들이 누워 [물의 움직임을 기다리니 ⁴이는 천사가 가끔 못에 내려와 물을 움직이게 하는데 움직인 후에 먼저 들어가는 자는 어떤 병에 걸렸든지 낫게 됨이러라] ⁵거기 서른여덟 해 된 병자가 있더라 ⁶예수께서 그 누운 것을 보시고 병이 벌써 오래된 줄 아시고 이르시되 네가 낫고자 하느냐 ⁷병자가 대답하되 주여 물이 움직일 때에 나를 못에 넣어 주는 사람이 없어 내가 가는 동안에 다른 사람이 먼저 내려가나이다 ⁸예수께서 이르시되 일어나 네 자리를 들고 걸어가라 하시니 ⁹그 사람이 곧 나아서 자리를 들고 걸어가니라_요5:1~9a

> **Q** 위의 성경 말씀을 읽고 답해 봅시다.
>
> 1. "네가 낫고자 하느냐"란 예수님의 질문에 환자는 무어라 대답하나요?
> _____
>
> 2. 이 대답이 여러분에게는 어떤 마음이 들게 하나요?
> _____

"네가 낫고자 하느냐"라는 질문에 정상적인 사람이라면 '예' 혹은 '아니요'라 대답했을 것입니다. 그러나 이 환자는 그렇게 대답하지 못했습니다. 대신 다른 사람을 원망합니다. "주여 물이 동할 때에 나를 못에 넣어 줄 사람이 없어 내가 가는 동안에 다른 사람이 먼저 내려가나이다"라며 못에 넣어줄 사람이 없다고 한탄합니다. 또 다른 사람이 먼저 내려가서 자신이 나을 순번을 빼앗긴다고도 했습니다. 도와줄 사람 없는 세상을 원망한 것입니다. 그러나 예수님은 이 사람에게 "일어나 네 자리를 들고 걸어가라" 말씀했습니다. 이 한 마디 말씀으로 병자가 낫게 되었습니다. 우리에게 예수님과 같은 능력은 없습니다. 다만 병든 사람을 진심으로 공감하고 돕는 자가 되면 하나님께서 치유의 은혜를 베푸실 것입니다. 낫게 해주려고 노력하기보다는 공감하고 아픔을 나누는 자리에 함께 있으면, 주님께서 다가오셔서 낫게 하시고 일으켜 세워 주실 것입니다.

겟세마네의 예수님은 제자들이 자신의 문제를 해결해 주기를 바란 게 아닙니다. 함께 있어 주기를 바랐습니다. 그런데 제자들은 그 고난에 동참하지 못했습니다. 곁에 있긴 했지만 공감하지 못한 까닭에 예수님은 고독했습니다. 고난 가운데 있는 사람들은 그들을 이해해 주는 사람을 필요로 합니다. 누가 그들의 이웃이 되어 줄 수 있을까요? 상처 입은 경험이 있는, 고난받은 경험이 있는 그리스도인입니다. 고난당하는 사람들의 현실을 깊이 공감하는 것만으로도 충분합니다. 그 이상의 것을 해주려고 나서는 것은 도움이 되지 않습니다. 왜냐하면 우리가 그들의 모든 문제를 항상 해결해 줄 수는 없기 때문입니다. 해결해 주려고 하지 마십시오. 함께 웃어 주고 함께 울어 주는 것으로도 충분합니다.

> **선포합니다**
> † 나는 복음을 위해 고난을 자원하는 사람이 되겠습니다.
> † 나는 상처 입은 치유자가 되겠습니다.
> † 나는 문제를 해결하려고 하기보다는 공감하는 사람이 되겠습니다.

25 충성

성경 〈갈라디아서〉 5:22~23   요절 〈고린도전서〉 4:2

🕊 지난 한주 하나님께서는

_____

_____

〈갈라디아서〉 5:22~23
22 오직 성령의 열매는 사랑과 희락과 화평과 오래 참음과 자비와 양선과 충성과 23 온유와 절제니 이같은 것을 금지할 법이 없느니라

충성은 성령의 열매 가운데 하나입니다(갈 5:22~23). 예수를 믿고 구원을 얻은 사람에게는 기쁨이 있고, 감사가 있고, 충성이 있습니다. 믿는 사람들의 삶 속에 나타나는 열매가 충성입니다. 〈고린도전서〉는 "맡은 자들에게 구할 것은 충성"(고전 4:2)이라고 말씀하고 있습니다.

믿을 수 있는 존재

유교 문화권에서 성장한 까닭에 부모에 효도, 나라에 충성이라는 구호를 귀에 못이 박히도록 들으며 자랐는데, 성경에서 말하는 충성도 이와 같은 개념일까요? 헬라어로 충성은 '피스토스'인데 대부분 '믿음'으로 번역됩니다. 그러므로 하나님을 믿고, 하나님이 믿을 만한 사람이 되는 것이 바로 '충성'입니다. 다른 측면에서 볼 때, 충성은 사랑에 대한 응답이요, 맡겨진 일에 대한 성실성이라 할 수 있습니다. 내가 하나님을 믿을 때 구원을 얻고, 하나님이 나를 믿을 수 있을 때 일을 맡기게 됩니다.

사람에게는 존재와 기능이라는 양면이 있습니다. "그 사람은 재주가 참 많은데…" 이런 평가만으로는 부족합니다. "그 사람 착하긴 한데…" 이것도 문제입니다. 착함과 능력이 모두 갖춰져 있어야 합니다.

> 보라 내가 너희를 보냄이 양을 이리 가운데로 보냄과 같도다 그러므로 너희는 뱀 같이 지혜롭고 비둘기 같이 순결하라 _마 10:16

Q 위의 성경 말씀을 읽고 답해 봅시다.

1. 이리 가운데로 보냄을 받은 양에게 필요한 것은 무엇인가요?

2. 지혜와 순결은 왜 둘 다 필요한가요?

예수님은 제자들이 지혜와 순결, 능력과 도덕성을 갖춘 인물이 되기를 바라셨습니다. 사람도 좋고 재능도 있어야 된다는 말씀입니다. 재능은 있지만 그의 존재를 믿을 수 없다면 한평생 곁에 있어도 온전한 동행이 되기는 어렵습니다. 다윗과 요압의 관계에서, 능력은 있지만 사람을 믿을 수 없어서 가슴앓이를 했던 다윗의 괴로움을 살펴볼 수 있습니다.

다윗에게 '스루야'라는 누이가 있었고, 그녀에게는 요압, 아비새, 아사헬 세 아들이 있었습니다. 모두 훌륭한 군인으로 다윗이 사울을 피해 도망 다닐 때부터 다윗과 생사고락을 함께한 용사들입니다. 맏형 요압은 다윗의 통치 기간 내내 총사령관직을 감당했으며, 권력 서열 2위 자리를 지켰습니다. 그런데 요압의 충성에는 많은 문제가 있었습니다. 결론부터 말하자면 요압은 다윗 곁에서 2인자로 한평생을 보냈지만 충성은 하지 않았고, 오직 자신만을 위하여 산 인물입니다.

사울 왕이 죽은 이후 이스라엘은 두 나라로 분열되었는데 사울의 아들 이스보셋은 열 지파의 왕이 되었고, 다윗은 헤브론에 도읍하여 유다 지파만의 왕이 되었습니다. 분열된 나라를 통일하려는 마음이 간절했던 다윗은 이스보셋의 총사령관 아브넬을 만나 통일 이스라엘을 위한 언약을 맺습니다. 협상이 성공적으로 진행되어 기분 좋게 돌아가는 아브넬을 요압이 다시 헤브론으로 불러들입니다.

> 아브넬이 헤브론으로 돌아오매 요압이 더불어 조용히 말하려는 듯이 그를 데리고 성문 안으로 들어가 거기서 배를 찔러 죽이니 이는 자기의 동생 아사헬의 피로 말미암음이더라
> _삼하 3:27

통일 이스라엘을 위한 정치적인 합의를 이루어 낸 상황에서 요압이 아브넬을 다시 불러들여 동생 아사헬을 죽인 원수를 갚습니다. 순전히 사적인 감정으로 아브넬을 죽인 것입니다. 이 사건으로 인해 이스라엘의 통일을 꿈꿨던 다윗의 기대는 순식간에 물거품이 되고 말았습니다. 요압으로 인해 마음이 상한 다윗은 다음과 같이 탄식합니다.

> 내가 기름 부음을 받은 왕이 되었으나 오늘 약하여서 스루야의 아들인 이 사람들을 제어하기가 너무 어려우니 여호와는 악행한 자에게 그 악한 대로 갚으실지로다 하니라 _삼하 3:39_

Q 위의 성경 말씀을 읽고 답해 봅시다.

1. 다윗은 요압에 대해 어떤 어려움을 느끼고 있나요?
   _____

2. 다윗은 요압과 관련하여 어떤 기도를 드리고 있나요?
   _____

천하를 얻은 다윗이었지만 요압 장군을 제어하지 못했습니다. 하나님께서 이 문제를 정리해 주시기를 기도할 만큼 다윗에게 있어 요압은 다루기 어려운 인물이었던 것입니다. 국가적인 문제를 해결하긴 하지만 목적은 다른 데 있는 사람이 요압이었습니다. 요압의 충성은 자신의 목적을 위한 방편에 불과했습니다.

또 다른 사건도 있습니다. 압살롬의 반역을 수습한 다음, 다윗은 민심을 추스르기 위해 압살롬군의 총지휘관이었던 아마사를 이스라엘군의 총사령관으로 임명했습니다. 그리고 뒤이어 발생한 세바의 난을 진압하도록 명령하자 사령관직에서 면직된 요압은 동생 아비새를 따라 나갔다가 아마사를 죽입니다.

> 아마사가 요압의 손에 있는 칼은 주의하지 아니한지라 요압이 칼로 그의 배를 찌르매 그의 창자가 땅에 쏟아지니 그를 다시 치지 아니하여도 죽으니라 요압과 그의 동생 아비새가 비그리의 아들 세바를 뒤쫓을새_삼하 20:10

아마사는 원한 관계에 있는 사람이 아니었습니다. 남도 아닌 이종 사촌 아마사를, 자신의 야심을 위해 죽인 것입니다. 세바의 난을 진압한 요압은 다시 이스라엘 전군의 총사령관직을 회복하고 권력 서열 제2인자의 자리를 되찾습니다. 그리고 다윗 말년에 아도니야를 왕으로 옹립하고자 역모에 가담하기도 합니다(왕상 1:7). 다윗은 솔로몬에게 왕위를 물려주고 이렇게 유언합니다.

〈열왕기상〉 1:7
아도니야가 스루야의 아들 요압과 제사장 아비아달과 모의하니 그들이 따르고 도우나

> ⁵스루야의 아들 요압이 내게 행한 일 곧 이스라엘 군대의 두 사령관 넬의 아들 아브넬과 예델의 아들 아마사에게 행한 일을 네가 알거니와 그가 그들을 죽여 태평 시대에 전쟁의 피를 흘리고 전쟁의 피를 자기의 허리에 띤 띠와 발에 신은 신에 묻혔으니 ⁶네 지혜대로 행하여 그의 백발이 평안히 스올에 내려가지 못하게 하라 왕상 2:5~6

솔로몬에게 자신과 한평생 함께했던 요압 장군을 죽이라는 것이 다윗의 유언이었습니다. 아버지의 유언을 따라 솔로몬은 요압 장군을 죽입니다.

> ²⁸그 소문이 요압에게 들리매 그가 여호와의 장막으로 도망하여 제단 뿔을 잡으니 이는 그가

다윗을 떠나 압살롬을 따르지 아니하였으나 아도니야를 따랐음이더라 ²⁹어떤 사람이 솔로몬 왕에게 아뢰되 요압이 여호와의 장막으로 도망하여 제단 곁에 있나이다 솔로몬이 여호야다의 아들 브나야를 보내며 이르되 너는 가서 그를 치라 ³⁰브나야가 여호와의 장막에 이르러 그에게 이르되 왕께서 나오라 하시느니라 그가 대답하되 아니라 내가 여기서 죽겠노라 브나야가 돌아가서 왕께 아뢰어 이르되 요압이 이리이리 내게 대답하더이다 ³¹왕이 이르되 그의 말과 같이 하여 그를 죽여 묻으라 요압이 까닭 없이 흘린 피를 나와 내 아버지의 집에서 네가 제하리라 ³²여호와께서 요압의 피를 그의 머리로 돌려보내실 것은 그가 자기보다 의롭고 선한 두 사람을 쳤음이니 곧 이스라엘 군사령관 넬의 아들 아브넬과 유다 군사령관 예델의 아들 아마사를 칼로 죽였음이라 이 일을 내 아버지 다윗은 알지 못하셨나니 ³³그들의 피는 영영히 요압의 머리와 그의 자손의 머리로 돌아갈지라도 다윗과 그의 자손과 그의 집과 그의 왕위에는 여호와께로 말미암는 평강이 영원히 있으리라 ³⁴여호야다의 아들 브나야가 곧 올라가서 그를 쳐죽이매 그가 광야에 있는 자기의 집에 매장되니라 ³⁵왕이 이에 여호야다의 아들 브나야를 요압을 대신하여 군사령관으로 삼고 또 제사장 사독으로 아비아달을 대신하게 하니라

_왕상 2:28~35

> **Q** 위의 성경 말씀을 읽고 답해 봅시다.
>
> 1. 솔로몬의 위협을 느낀 요압 장군은 어디로 피신했나요?
>
> 2. 솔로몬은 요압을 어떻게 했나요?

곁에 있긴 했으나 충성하지 않았던 인물 요압의 최후는 초라했습니다. 왜 그렇게 되었나요? 요압의 충성은 자신을 위한 것이지 다윗을 위한 것이 아니었기 때문이었습니다. 철저히 자기 계산에 의해 움직인 요압의 속내를 다윗은 훤히 들여다보고 있었습니다. 그의 업적은 대단했지만 사람됨은 믿을 수 없었습니다.

충성, 또 하나의 열매

대학 다닐 때 2호선 지하철 안에서 맨발로 객차 사이를 걸어 다니며 '예수 천당, 불신 지옥'을 외치던 한 할아버지를 만난 적이 있다. 어떻게 해서든 시선을 피해 보려고 노력했음에도 그 할아버지가 내 앞에 서더니 "김구 선생 닮으신 분! Why two korea? why? why?" 하고 물었다. 순간 얼굴이 화끈거리면서 이 노인네가 도대체 무슨 짓을 하는가 싶었다. 전도를 꼭 이런 방법으로 해야 하는지 의구심이 들면서 기독교에 좋은 감정을 갖고 있던 분들마저도 등을 돌리겠다 싶어 언짢은 표정으로 바라보자 'Pass!' 하고는 지나가 버렸다. 오랜 시간이 지났음에도 그날의 당황스러웠던 기억이 생생하다.

세월이 꽤 흐른 어느 날 텔레비전을 보다가 눈을 의심케 하는 영상을 보았다. 그 할아버지가 다큐로 소개되고 있었다. 일제 강점기에 일본 동경제대에 유학했으나 조국의 참혹한 현실에 가슴 아파하며 독립군에 들어가 김구 선생님과 함께 독립 운동을 했다고 한다. 독립 운동을 하다가 한국으로 돌아와서는 재산을 가난한 사람들에게 모두 나눠 주고 이사야처럼 조국을 위해 맨발로 복음을 전하고 있는 분이라 했다. 자식들이 여러 번 신발을 사주었지만 조국의 통일을 보는 그날까지 신발을 신을 수 없다며 한사코 맨발로 복음을 전하고 있는 것이라 했다. 비로소 그분이 하던 말과 행동이 이해가 되었다. 소천하던 마지막 날도 지하철에서 복음을 전했는데 유언 같은 말씀이 영상을 타고 전해졌다.

"충성은 또 하나의 열매요."

최춘선 할아버지가 남긴 마지막 말이다.

그렇습니다. 충성은 또 하나의 열매입니다. 하나님의 은혜로 죄 사함 받아 아들과 딸로 입양된 우리들에게 요구되는 또 하나의 열매는 충성입니다. 하나님의 부르심에 믿음으로 응답하고, 응답한 이후에는 '믿을 만한 존재'로 일해야 합니다. "그 사람 그리스도인이다"고 하면 정직하고, 믿을 수 있고, 책임감이 분명한 사람으로 평가되는 세상을 성도들이 만들어가야 합니다.

> **Q** 〈갈라디아서〉 5장 22~23절 말씀을 적어 봅시다.
> _____
> _____

사람은 변덕스러워서 충성을 맹세하고도 끝까지 지키지 못할 때가 있습니다. 한결같이 믿을 만한 사람으로 살아가기란 결코 쉬운 일은 아닙니다. 그러기에 충성은 성령의 열매 가운데 하나입니다. 지속적인 자기 부인을 통해 성령 안에 거할 때 충성스런 사람이 될 수 있고, 이는 주인의 마음을 시원케 하는 일이 됩니다.

> 충성된 사자는 그를 보낸 이에게 마치 추수하는 날에 얼음 냉수 같아서 능히 그 주인의 마음을 시원하게 하느니라 _잠 25:13

'작은 것'으로부터 시작

충성은 작은 것에서 시작되어야 합니다. 작은 것에 충성된 사람이 큰 것도 감당할 수 있습니다. 그런데 어떤 사람들은 작은 것은 하찮아서 할 수 없다고 하고, 큰 것만 맡겠다고 합니다. 작은 것에 충성하여 그 신실성이 인정되어야 큰 것을 맡을 텐데 작은 것에는 불충하고 큰 것만 맡겨 달라고 합니다.

> [10]지극히 작은 것에 충성된 자는 큰 것에도 충성되고 지극히 작은 것에 불의한 자는 큰 것에도

불의하니라 ¹¹너희가 만일 불의한 재물에도 충성하지 아니하면 누가 참된 것으로 너희에게 맡기겠느냐 ¹²너희가 만일 남의 것에 충성하지 아니하면 누가 너희의 것을 너희에게 주겠느냐 ¹³집 하인이 두 주인을 섬길 수 없나니 혹 이를 미워하고 저를 사랑하거나 혹 이를 중히 여기고 저를 경히 여길 것임이니라 너희는 하나님과 재물을 겸하여 섬길 수 없느니라

_눅 16:10~13

Q 위의 성경 말씀을 읽고 답해 봅시다.

1. 큰 것을 맡기 위한 전제는 무엇인가요?
   _____

2. '불의한 재물'이란 말은 어떻게 해석되어야 하나요?
   _____

'불의한 재물'이란 구절은 해석이 필요합니다. 헬라어 '아디코'(불의한)는 '곧 없어질'이란 뜻을 갖고 있습니다. 그러니까 재물은 곧 없어질 것이요, 남의 것(12절)이며, 작은 것입니다. "지극히 작은 것에 충성된 자는 큰 것에도 충성되고 지극히 작은 것에 불의한 자는 큰 것에도 불의하니라"는 10절 말씀은 작은 것에 충성하는 사람이 큰 것도 맡을 수 있다는 의미로, 그 출발점이 재물 관리라는 말씀입니다. 돈에 믿을 만한 사람이어야 더 큰 일도 맡을 수 있다는 가르침입니다. 어떻습니까? 이 말씀에 동의가 되나요? 그렇다면 작은 일에 믿을 만한 사람이 되기 바랍니다.

2014년 4월 16일 인천에서 제주도로 가던 세월호가 침몰하여 많은 사람이 목숨을 잃은 사고가 발생했습니다. 온 국민이 무책임한 선원들의 행동에 분노했지만 22살 난 여승무원 박지영 씨의 말과 행동으로 많은 위로를 받았습니다.

학생들의 증언에 의하면 병이 깨져서 파편이 날리는 3층 식당 로비에서 박지영 씨는 학생들에게 구명조끼를 나눠 주고 있었습니다.

"언니는 구명복 안 입어요?"

"선원은 맨 마지막이다. 너희들 다 구하고 난 나중에 나갈게."

마지막까지 구명조끼를 양보하며 학생들을 살리려고 노력하다가 본인은 사망한 것으로 알려졌습니다. 홀어머니와 여동생의 생계로 인해 대학을 휴학하고 승무원으로 일했던 지영 씨는 배와 승무원을 두고 일찍 도망한 선장과는 달리 끝까지 자신의 소임을 다한 충성스런 사람이었습니다.

그녀의 죽음은 결코 헛되지 않을 것입니다. 충성은 보는 이들에게 감동을 줄 뿐 아니라, 자신의 존재 가치도 높여 줍니다. 반대로 자신의 이익만 생각하며 행동하는 사람은 보는 이들을 서글프게 할 뿐 아니라, 궁극적으로 자신을 잃어버리게 합니다. 한평생을 충성스럽게 사셨던 예수님의 말씀입니다.

> 누구든지 자기 목숨을 구원하고자 하면 잃을 것이요 누구든지 나와 복음을 위하여 자기 목숨을 잃으면 구원하리라_막 8:35

선포합니다

† 나는 충성의 사람이 되겠습니다.
† '충성'을 이용하여 제 이익을 추구하는 사람이 되지 않겠습니다.
† 나는 충성하여 하나님의 마음을 시원하게 해드리며 살겠습니다.

12단원의 주제는 "교회"입니다.

사회의 많은 사람은 교회라는 단어를 들으면 건물을 떠올립니다. 그러나 성도에게 있어 교회란 예수를 구주로 고백한 이들의 모임이며 공동체입니다. 이 공동체에 속한 사람들은 하나님 나라를 소망하고 꿈을 꾸게 됩니다. 소망이 실제가 되기 위해서는 의미를 명확하게 이해하는 것이 중요합니다. 12단원에서는 과연 하나님 나라는 어떤 나라인지(26과), 교회란 무엇인지(27과), 교회 공동체의 본성과 사명 등에 대해 다루게 됩니다. 그리고 교회가 하고 있는 '사회 봉사'가 과연 어떠해야 하는가(28과) 하는 문제와 더불어 20세기 중반 이후 70여 개가 넘는 선교 그룹을 통해 다양한 사역을 감당하며 모델 교회로 손꼽히고 있는 미국 세이비어교회를 소개(29과)합니다. 다원화된 현대 사회에서 그리스도인으로 산다는 이유 때문에 힘든 선택을 해야 할 때가 있습니다. 이때 하나님 나라, 교회에 대한 분명한 생각을 가지고 있다면 흔들리지 않을 것입니다. 이 과정을 통해 현대 사회에 있어 교회는 어떤 역할을 감당해야 하는지 고민하고 기도하는 기회가 되었으면 합니다.

12단원

교회

26 | 하나님의 나라
27 | 교회란 무엇인가
28 | 사회봉사란 무엇인가
29 | 모델이 되는 교회

26 하나님 나라

성경 〈마가복음〉 2:14~15   요절 〈로마서〉 14:17

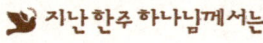 지난 한 주 하나님께서는

_____
_____
_____

오래 전 〈태조 왕건〉이라는 드라마에서 한 나라를 세우기 위해 정말 많은 인물이 희생하는 것을 보았습니다. 팔공산 전투에서 신숭겸이 왕건의 옷을 입고 대신 죽는 장면은 두고두고 마음에 남았습니다. 한 나라를 건국하는 이야기는 큰 감동을 줍니다. 땅의 나라 건국 이야기에도 감동이 있는데, 하나님의 나라 이야기는 어떻겠습니까. 성경은 하나님 나라에 대해 말하고 있습니다. 하나님 나라의 복음을 말하고, 구원 역사에 대해 말합니다.

하나님의 통치

사극 〈불멸의 이순신〉에서 이순신 장군이 속 좁은 선조를 왕으로 섬기느라 고생하는 것을 보았습니다. 부족한 왕에게 충성하는 장군의 인격이 참으로 인상적이었습니다. 그러면서 "나는 다행스럽게도 참으로 위대한 왕을 섬기고 있구나!" 하며 위로를 받았습니다. 성경이 말하는 하나님 나라는 무슨 뜻일까요? 성경에서 하나님 나라는 일차적으로 '하나님의 통치'를 의미하고, 이차적으로 '하나님이 다스리는 영역'을 의미합니다. 한마디로 '하나님 나라'는 하나님이 자기 백성을 통치하는 나라입니다.

하나님은 창조주로서 우주를 창조하고 역사를 다스리는 분입니다. 하나님은 열방의 모든 나라를 다스립니다. 그리고 하나님은 열방의 모든 나라 가운데서 한 백성을 택하여 하나님 나라의 백성으로 삼았습니다. 이스라엘을 애굽에서 구원해 내고 하나님의 백성으로 만들었습니다.

> ⁵세계가 다 내게 속하였나니 너희가 내 말을 잘 듣고 내 언약을 지키면 너희는 모든 민족 중에서 내 소유가 되겠고 ⁶너희가 내게 대하여 제사장 나라가 되며 거룩한 백성이 되리라
> _출 19:5~6_

왜 하나님은 이스라엘과 언약을 맺고, 이스라엘을 하나님의 백성으로 삼았을까요? 구약 성경에 따르면, 하나님은 이스라엘이 열방을 위해 제사장 나라가 되어 주기를 바라셨습니다. 하나님은 이스라엘을 통해 열방을 하나님께 이끌기를 원했습니다. 그래서 먼저 이스라엘을 선택하여 구원한 것입니다. 열방이 이스라엘을 보고 하나님을 알고 하나님을 예배하기를 바랐습니다. 하지만 이스라엘은 제사장 나라 역할을 수행하지 못하고, 바벨론에 포로로 끌려가는 심

판을 받았습니다. 그런데 이스라엘은 언약을 어겼어도 하나님께서는 언약을 지켰습니다. 그리고 메시아를 통해 이스라엘을 회복시키겠다고 약속했습니다.

예수 그리스도의 하나님 나라

어느 안식일 예수님이 고향 나사렛 회당에서 〈이사야서〉 61장 말씀을 읽으셨습니다.

> ¹⁸주의 성령이 내게 임하셨으니 이는 가난한 자에게 복음을 전하게 하시려고 내게 기름을 부으시고 나를 보내사 포로된 자에게 자유를, 눈 먼 자에게 다시 보게 함을 전파하며 눌린 자를 자유롭게 하고 ¹⁹주의 은혜의 해를 전파하게 하려 하심이라_눅 4:18~19

그리고 이렇게 말씀하셨습니다.

> 이 글이 오늘 너희 귀에 응하였느니라_눅 4:21

당시 회당에 있던 유대인들이 이 말을 듣고 얼마나 놀랐을까요!
예수 그리스도는 사역 초기부터 하나님 나라가 가까이 왔다고 선포하셨습니다(막 1:15). 예수님은 하나님 나라를 선포했을 뿐만 아니라 하나님의 왕권을 직접 드러내 보였습니다. 하나님 나라의 삶을 비유로 가르칠 뿐만 아니라 표적으로 보여 주셨습니다. 귀신을 쫓고, 병을 고치고, 물 위를 걷고, 오병이어의 기적을 일으키고, 죽은 자를 살

〈마가복음〉 1:15
때가 찼고 하나님의 나라가 가까이 왔으니 회개하고 복음을 믿으라

렸습니다. 하나님의 나라가 예수 그리스도 자신을 통해 이 땅에 이미 임했다고 선포했습니다.

> **Q** 〈마태복음〉 12장 28절 말씀을 적어 보세요.
>
> _____
>
> _____
>
> _____

당시 유대인은 이 말을 이해할 수 없었습니다. 그래서 "하나님의 나라가 어느 때에 임하나이까?" 하고 물었습니다. 예수님은 "하나님의 나라는 볼 수 있게 임하는 것이 아니요 또 여기 있다 저기 있다고도 못하리니 하나님의 나라는 너희 안에 있느니라"(눅 17:20~21) 하고 대답했습니다. 제자들도 이해할 수 없어서 예수께서 승천하는 순간까지 물었습니다. "주께서 이스라엘 나라를 회복하심이 이때니이까?" 그러자 예수님은 단정적으로 말합니다.

> ⁷이르시되 때와 시기는 아버지께서 자기의 권한에 두셨으니 너희가 알 바 아니요 ⁸오직 성령이 너희에게 임하시면 너희가 권능을 받고 예루살렘과 온 유대와 사마리아와 땅 끝까지 이르러 내 증인이 되리라 하시니라_행 1:7~8

이스라엘은 오랫동안 제국들에게 시달리면서 다윗 같은 메시아가 이스라엘을 회복시켜 줄 것으로 기대했습니다. 그러나 예수님은 그런 정치적 나라를 거부했습니다. 하나님의 나라가 이 땅에 임하기는 하지만, 이 땅의 나라는 아니라고 말했습니다. 그리고 이 땅에서 사탄의 통치가 끝나고 하나님의 통치가 시작되었다고 선포했습니다. 십자가에서 "다 이루었다"(요 19:30)고 선언했습니다. 이해하든 못하든, 예수 그리스도의 십자가와 부활 사건을 통해 하나님의 나라의 약속이 이미 성취되었다고 한 것입니다.

> **Q** "다 이루었다"는 예수님의 선포가 의미하는 바는 무엇인가요?
> _____
> _____

제자들이 하나님 나라의 신비를 이해할 수 있는 날이 왔습니다. 오순절 날 성령이 하늘로부터 120명의 제자들에게 임했습니다. 예수를 대신하여 오신 성령님이 제자들 가운데 거하기 시작했습니다. 그러자 제자들도 비로소 하나님 나라를 깨닫게 되었습니다. 제자들도 예수께서 사신 대로 하나님 나라의 삶을 살 수 있게 되었습니다. 신약 성경에서 〈사도행전〉과 모든 서신은 바로 이러한 초대 교회 제자들이 하나님 나라를 살아간 역사를 기록하고 있습니다. 초대 교회에서 하나님 나라에 대한 최고의 해설자는 역시 바울이었습니다. 바울은 구약의 선지자들이 예언한 샬롬의 비전이 예수 그리스도 안에서 성령을 통해 실현되었다고 보았습니다.

> 하나님의 나라는 먹는 것과 마시는 것이 아니요 오직 성령 안에 있는 의와 평강과 희락이라
> _롬 14:17.

> **Q** 하나님 나라의 특징을 적어 봅시다.
> _____
> _____

하나님 나라의 신비

하나님 나라의 경험과 관련하여 가장 어려운 문제는 "세상에 이렇게 악이 가득한데 어떻게 하나님 나라가 왔다고 말할 수 있는가?"하는 것입니다. 이에 대해 신약 성경은 하나님이 하나님 나라를 계속 확장하기 위해 세상에 대한 심판을 미루고 있다고 설명합니다. 예수님은 이미 이 비밀을 밀과 가라지의 비유를 통해 말했습니다. 어떤 주인이 밭에 밀을 뿌렸는데 원수가 밤에 와서 가라지를 뿌렸습니다. 밀과 가라지가 함께 자라자 종들이 주인에게 가라지를 뽑아야 하는지 묻습니다. 그러자 주인은 가라지를 뽑으면 밀이 함께 뽑힐 것이니 함께 자라도록 내버려 두라고 했습니다.

> [37]대답하여 이르시되 좋은 씨를 뿌리는 이는 인자요 [38]밭은 세상이요 좋은 씨는 천국의 아들들이요 가라지는 악한 자의 아들들이요 [39]가라지를 뿌린 원수는 마귀요 추수 때는 세상 끝이요 추수꾼은 천사들이니 [40]그런즉 가라지를 거두어 불에 사르는 것 같이 세상 끝에도 그러하리라_마 13:37~40

하나님 나라는 좋은 씨처럼 이 세상에 현존해 있습니다. 이미 하나님 나라는 임해 있습니다. 그러나 가라지를 심판하는 일이 연기되었을 뿐입니다. 악에 대한 심판이 아직 남아 있습니다. 그래서 신학자들은 하나님 나라의 통치는 이미 시작되었으나 아직 다 성취되지 않았다고 말합니다.

> **Q** 유대인들은 하나님 나라를 이 땅에 임하는 정치적 나라로 이해합니다. 요즘 그리스도인들은 하나님 나라를 죽어서 가는 천국으로 이해하는 경향이 많습니다. 이 두 가지 견해에 대해 어떻게 생각하나요?

어느 날 하나님 나라를 묵상하다가, 하나님 나라와 인간 나라와 마귀 나라라는 세 왕국이 선명하게 구별되는 체험을 했습니다. 하나님 나라는 하나님이, 인간 나라는 인간이, 마귀 나라는 마귀가 다스리는 나라입니다. 인간 나라와 마귀 나라를 배경으로 하나님 나라를 이해해 보니, 하나님 나라가 더 잘 이해되었습니다. 이 세 나라는 어떻게 다를까요? 첫째, 하나님 나라는 생명의 나라이고, 인간 나라는 유지의 나라이고, 마귀 나라는 죽음의 나라입니다. 하나님이 다스리면 모든 것이 살아납니다. 인간이 경영하면 어느 정도 유지됩니다. 사탄이 다스리면 다 죽입니다. 마귀는 살인자요 거짓말쟁이요 도둑입니다(요 8:44, 10:10). 마귀는 갑자기 죽이든가 아니면 중독을 시켜 서서히 죽게 합니다.

둘째, 하나님 나라는 은혜의 나라이고, 인간 나라는 정의의 나라이고, 마귀 나라는 불의의 나라입니다. 하나님 나라는 은혜로 삽니다. 공로 없이 받고 대가 없이 줍니다. 내가 짓지 않은 집에서 살고 내가 심지 않은 열매를 거둡니다. 다른 사람을 위해 집을 짓고 다른 사람이 먹을 식물을 기릅니다. 인간 나라는 정의를 추구합니다. 나의 정당한 권리를 주장합니다. 그러나 각자 정의의 기준이 달라서 오랜 타협의 과정을 거쳐야 합니다. 지나치게 억울하지만 않으면 어느 정도 정의가 실현된 것입니다. 마귀 나라는 불의의 나라입니다. 많은 사람이 눈물을 흘리며 억울하게 삽니다. 자기 것을 지키지 못하고 빼앗기고 비통해합니다.

셋째, 하나님 나라는 축복의 나라이고, 인간 나라는 성공의 나라이고, 마귀 나라는 저주의 나라입니다. 하나님 나라는 하나님이 주시는 복을 받고 삽니다. 내가 노력한 것보다 더 많은 열매를 거둡니다. 받은 복을 유통하며 삽니다. 인간 나라는 성공을 위해 삽니다. 성공한 만큼 인정받고 대접받습니다. 실패한 사람은 인간 대접을 받지 못합니다. 마귀 나라는 마귀의 저주를 받고 삽니다. 노력한 만큼 열매를 거두지 못합니다. 빈곤의 악순환에서 벗어나지 못합니다.

> **Q** 내 삶의 영역 중에 인간 나라, 마귀 나라, 하나님 나라에 속한 영역은 어디인지 살피고 적어 봅시다.
>
> _____
>
> _____
>
> _____

하나님 나라의 영성

우리는 하나님의 나라를 믿는데, 왜 하나님 나라의 생명과 은혜와 축복을 충분히 누리지 못할까요? 아마도 우리가 세 왕국의 통치를 동시에 받기 때문에 그런 것 같습니다. 세 왕국은 개념적으로 구분되어도 분리되지 않습니다. 세 나라가 동시에 우리를 통치합니다. 우리는 어떤 때는 하나님 나라를 살고, 어떤 때는 인간 나라를 살고, 어떤 때는 마귀 나라를 삽니다. 마치 밀림 속에서 타잔이 넝쿨을 잡으며 줄타기하는 것 같습니다. 어떤 때는 하나님 나라를 붙잡고, 다른 때는 인간 나라를 붙잡고, 또 마귀 나라를 붙잡습니다. 그러면 우리는 어떻게 해야 할까요? 끊임없이 인간 나라와 마귀 나라에서 하나님 나라로 돌이켜야 할 것입니다. 성경은 이것을 '회개'라고 부릅니다. 우리는 의식적으로 말씀과 기도에 집중하지 않으면 어느새 인간 나라와 마귀 나라의 통치에 들어갑니다. 인간 나라는 어느 정도 일반 은총이 역사하기 때문에 괜찮습니다. 그러나 마귀 나라는 안 됩니다. 마귀의 통치를 받으면 바로 지옥의 고통을 맛볼 수밖에 없습니다. 그래서 예수님은 기도를 가르칠 때 하나님 나라부터 구하라고 하셨습니다.

> [9]…하늘에 계신 우리 아버지여 이름이 거룩히 여김을 받으시오며 [10]나라가 임하시오며 뜻이 하늘에서 이루어진 것같이 땅에서도 이루어지이다 _마 6:9~10_

🕊 선포합니다

† 하나님 나라는 생명의 나라, 은혜의 나라, 축복의 나라입니다.
† 성공, 유지, 적당한 정의를 추구하는 세상에서 하나님의 사람으로 살아가겠습니다.
† 나는 이 세상에서 하나님 나라를 세우는 데 충성을 다하겠습니다.

27 교회란 무엇인가

성경 〈고린도전서〉 12:12-27   요절 〈마태복음〉 16:18

지난 한주 하나님께서는

_____

_____

_____

교회는 때로 우리를 혼란스럽게 합니다. 주님을 만나 구원을 받았고 교회 안에서 신앙이 성장하는 경험을 합니다. 그러나 교회 안에서 세상이 주는 고통을 다 겪게 됩니다. 왜 그럴까요? 교회는 하나님이 부르신 영적인 공동체이면서 동시에 인간으로 구성된 사회적 공동체이기 때문입니다. 과연 교회는 무엇일까요? '교회'라는 단어로 연상되는 것은 보통 뾰족한 첨탑, 십자가, 목회자, 예배당 같은 이미지가 먼저 떠오릅니다. 과연 이런 것들을 교회 본질의 일부라고 말할 수 있을까요?

교회의 기원

교회가 무엇인지 알 수 있는 가장 좋은 방법은 교회의 기원을 알아보는 것입니다. 신약 성경을 보면 교회는 예수 그리스도의 하나님 나라 선포에서 비롯되었습니다. 복음서에서 예수 그리스도는 제자들을 부르고 하나의 공동체로 만들었습니다. 하나님 나라의 복음을 믿고 회개하는 자를 자신의 가족으로 삼고 제자 공동체를 형성했습니다. 또한 베드로에게 자신의 교회를 미리 예고했습니다.

> ¹⁸너는 베드로라 내가 이 반석 위에 내 교회를 세우리니 음부의 권세가 이기지 못하리라 ¹⁹내가 천국 열쇠를 네게 주리니 네가 땅에서 무엇이든지 매면 하늘에서도 매일 것이요 네가 땅에서 무엇이든지 풀면 하늘에서도 풀리리라_마 16:18~19

제자 공동체는 예수의 죽음으로 끝날 것 같았습니다. 그런데 예상과 달리, 예수의 제자들은 오순절 이후 성령을 받고 예수님이 전하던 하나님 나라 복음을 열정적으로 전했습니다. 그 결과 새로운 공동체가 형성됩니다. 오순절 이후 예수 그리스도의 제자들은 한동안 이름조차 없이 활동했습니다. 사람들이 "그 도(the Way)를 따르는 사람들", "그리스도인"(행 11:26), "나사렛 이단"(행 24:5) 등으로 부를 뿐이었습니다. 어느 시점부터인가 제자 공동체는 자신들을 '에클레시아'(ecclesia)라고 부르기 시작했습니다. 본디 '에클레시아'는 소집 명령에 따라 모인 군대나 정치적 목적을 위해 모인 시민들의 모임을 가리키는 세속 용어입니다. 초기 제자들은 자신들이 하나님의 특별한 부름을 받아 모인 모임이라는 의미에서 하나님의 에클레시아라 부른 것으로 추측됩니다.

> **Q** 어원적으로 볼 때 교회란 무엇인가요?

'에클레시아'라는 교회를 어떻게 이해해야 할까요? 크레이그 반 겔더라는 신학자는 교회를 이해하려면, 교회의 본성과 사명(사역)과 조직을 이해해야 한다고 말했습니다. 교회의 본성은 "교회는 무엇인가?"에 대한 것이고, 교회의 사명은 "교회는 무엇을 하는가?"에 대한 것이고, 교회의 조직은 "교회는 어떻게 자신의 사역을 구성하는가?"에 대한 것입니다.

교회의 본성 _ 교회는 무엇인가

바울은 '에클레시아'라는 교회를 주로 가족과 몸의 이미지로 이해했습니다. 가족은 서로 사랑하고 헌신하며 모든 것을 공유합니다. 몸은 지체들이 서로 연결되어 있는 유기체입니다. 한 지체가 아프면 모두가 아픕니다. 가족과 몸의 이미지를 통해 교회가 그리스도인의 공동체이며, 복음으로 하나님의 통치를 받게 된 사람들의 모임이라는 것을 설명하고 있습니다.

교회를 가리키는 신약 성경의 이미지 중에서 가장 강력한 것은 '코이노니아'입니다. 코이노니아는 교제, 참여, 사귐, 나눔, 공유 등 여러 가지 의미를 내포하고 있습니다. 코이노니아로서 교회는 두 가지 관계성을 갖고 있습니다. 하나는 하나님과의 수직적 관계이고, 다른 하나는 성도들 사이의 수평적 관계입니다.

이 두 관계를 종합하면, 교회는 예수님과 신자, 신자와 신자의 상호 관계가 사회적으로 드러난 공동체라고 말할 수 있습니다. 사도신경도 교회를 '성도의 교제'라고 하지 않습니까?

교회는 복음을 믿어 하나님과 화해하고, 사람들과 화해하는 경험을 공유하는 성도들의 공동체라는 뜻입니다. 일반적으로 교회에 대해 말할 때, 대개 건물이나 프로그램, 목회자를 생각합니다. 그러나 신약 성경은 교회를 그렇게 말한 적이 없습니다. 교회는 삼위일체 하나님과 관계를 맺고 있는 '그리스도인의 공동체'입니다. 그 외의 것들은 모두 다 그리스도인 공동체를 위해 필요한 이차적인 것들일 뿐입니다.

교회의 본성과 관련하여 이해하기 어려운 부분은 교회가 영적 공동체이며 동시에 인간적 공동체라는 것입니다. 교회는 거룩한 공동체이며 동시에 죄 많은 공동체입니다. 한편으로 교회는 타락한 세상에서 하나님 나라의 삶을 사는 '대조 사회'(contrast society)입니다. 그러나 동시에 교회는 의인과 죄인이 함께 있는 '혼합된 몸'(mixed body)이기도 합니다. 주님이 재림해 심판하실 때까지는 그 신비가 다 드러나지 않는 혼합체입니다. 알곡과 가라지가 마지막 때까지 공존합니다. 영적 순례의 과정에서 교회는 이런 이중성을 피할 수 없습니다.

> **Q** 교회를 '대조 사회', '혼합된 몸'이라 할 때 성도들은 어떤 삶을 살아야 하나요?

교회의 사명 _ 교회는 무엇을 하는가

교회는 이런 본성을 실현하기 위해 무엇을 하나요? 교회의 사명은 무엇이고, 교회의 목적은 무엇일까요? 신약 성경은 교회의 사명은 예수 그리스도의 뒤를 따라 이 땅에서 하나님 나라의 사역을 계속 이어가는 것이라고 말합니다. 교회는 하나님 나라를 확장해 가면서 마귀 세력과 한바탕 일전을 벌이고 있습니다. 십자가로 "통치자들과 권세들을 무력화하여 드러내어"(골 2:15) 승리하신 예수 그리스도의 뒤를 따라 악의 제국과 영적 전쟁을 벌이고 있습니다.

교회는 특별히 하나님 나라의 표적(sign)과 도구와 맛보기로 존재하고 봉사합니다. 교회가 하나님 나라의 표적이라는 것은 교회가 하나님 나라의 신비를 보여 주는 표적의 역할을 한다는 것을 말합니다. 그러므로 교회를 보면 하나님 나라를 알 수 있다는 말이 됩니다. 교회가 하나님 나라의 도구라는 것은 교회가 복음을 전하는 도구로서 봉사한다는 것을 말합니다. 하나님이 교회를 통해 하나님 나라를 확장한다는 것이기도 합니다. 교회가 하나님 나라를 미리 맛보는 곳이라는 사실은 교회가 이 땅에서 천국의 기쁨을 미리 맛보게 해준다는 것을 의미입니다. 우리가 교회 안에서 이미 천국을 부분적으로 경험하고 있다는 것입니다.

교회는 천국 사명을 감당하기 위해 어떤 사역을 구체적으로 수행해 왔을까요? 전통적으로 교회는 예배(leiturgia), 교육(didache), 교제(koinonia), 선포(kerygma), 봉사(diakonia)라는 다섯 가지 사역을 감당해 왔습니다. 교회는 하나님께 예배를 드리고, 성도들을 양육하고 교제를 나누게 하고, 세상에 복음을 전하고 봉사했습니다. 그리고 교회는 예배, 교육, 교제, 전도, 봉사의 공동체로 존재해 왔습니다.

> **Q** 교회의 사역 5가지를 적어 봅시다.
>
> _____
>
> _____

교회의 조직 _ 교회는 어떻게 자신의 사역을 구성하는가

교회는 하나님 나라 사역을 감당하기 위해 어떻게 자신을 구성해야 할까요? 교회는 자신의 본성과 사명을 다하기 위해 어떻게 조직되어야 할까요? 신약 성경을 보면, 교회는 신자와 사역자의 이중 구조로 구성되어 있습니다. 신약 성경은 세례받은 신자를 모두 제사장으로 봅니다. 이것이 만인 제사장설입니다.

> 너희는 택하신 족속이요 왕 같은 제사장들이요 거룩한 나라요 그의 소유가 된 백성들이니 이는 너희를 어두운 데서 불러내어 그의 기이한 빛에 들어가게 하신 이의 아름다운 덕을 선포하게 하려 하심이라 _벧전 2:9

이와 더불어 신자들이 하나님 나라 사역을 할 수 있도록 준비시키는 리더십 직분으로서 목회자가 반드시 있어야 한다고 말합니다.

> [11]그가 어떤 사람은 사도로, 어떤 사람은 선지자로, 어떤 사람은 복음 전하는 자로, 어떤 사람은 목사와 교사로 삼으셨으니 [12]이는 성도를 온전하게 하며 봉사의 일을 하게 하며 그리스도의 몸을 세우려 하심이라 엡4:11~12

교회의 인적 구성이 성도와 목회자 그룹으로 이중 구조이듯 선교 구조 또한 지역 교회와 이동성 선교 구조라는 이중 구조로 조직되어 있습니다. 현대 용어로 쉽게 말하면, 교회와 선교 단체라는 이중 구조가 있다는 것입니다. 신약 성경에서 지역 교회는 예루살렘의 성전 모임과 가정 모임, 기독교 회당, 가정 교회, 도시 교회 전체(온 교회) 등의 형태로 그 모습을 드러냈습니다. 이동성 선교 구조는 사도들, 선교팀, 순회 지도자들의 형태로 나타났습니다. 신약 성경에서 지역 교회와 이동성 선교 구조는 함께 협력하여 하나님 나라 사역을 감당했습니다.

현대의 교회 정치 형태와 관련하여, 세계 교회는 교황 제도, 감독 제도, 장로회 제도, 회중교회 제도, 형제단, 선교 단체 등 다양한 모습을 보여 주고 있습니다. 자기의 교회 형태를 절대시하고 서로 반목하고 있는 상황입니다. 그런데 신약 성경은 이미 다양한 정치 제도의 발전을 암시하고 있는 듯합니다. 교회가 본성과 사명에 맞게 다양하게 조직될 수 있는 자유를 허락한 것으로 이해하다면, 한 가지 교회 정치 형태를 절대화할 필요는 없을 것입니다. 신약 성경이 말하는 최소한의 교회 조직 형식으로서 만인 제사장과 리더십의 직분이라는 이중 구조만 있다면, 어느 정치 형태든 관용할 수 있다고 생각합니다. 사실 교회 정치 형태는 각 교회가 자기 규모와 상황에 맞게 선택할 수 있는 문제 같습니다.

선교적 교회

최근 신학자들은, 교회는 본질상 '선교적 교회'(missional church)라고 보고 있습니다. 선교적 교회론에 의하면, 선교는 교회가 행하는 수많은 사역 중의 하나가 아니라 교회의 본질에 해당된다고 합니다. 교회는 그 자체가 세상에 파송되어 있는 존재라는 뜻입니다. 선교적 교회론은 다음과 같은 네 가지 내용을 담고 있습니다.

첫째는 삼위일체 하나님입니다. 삼위일체 하나님이 선교하신다는 것입니다. 성부는 성자를 파송하고, 성부와 성자는 성령을 파송하고, 성부와 성자와 성령은 교회를 세상에 파송합니다.

둘째는 하나님 나라입니다. 삼위일체 하나님은 세상에서 하나님 나라의 역사를 펼쳐 갑니다. 성부는 하나님 나라를 계획하고, 성자는 하나님 나라를 성취하고, 성령은 하나님 나라를 실현합니다.

셋째는 교회의 성육신적 사역입니다. 세상으로 파송된 교회는 세상에서 성육신적 사역을 수행합니다. 성육신적 사역은 세상 안으로 들어가 세상의 필요를 파악하고 채우는 사역을 전개한다는 뜻입니다. 사람들을 교회로 끌어들이려고 노력하는 대신, 세상 안으로 들어가서 사람들의 필요를 채우며 그들과 함께 공동체를 건설하고 복음을 나눕니다.

넷째는 만인 제사장론입니다. 선교적 교회는 모든 제자가 하나님 나라의 선교에 참여하는 삶을 살도록 훈련시키는 일에 전념합니다. 하나님의 선교를 위해 제자들을 섬기는 사역자(제사장)로 세웁니다.

> **Q** 선교적 교회론이 담고 있는 4가지 내용을 자신의 말로 정리해 봅시다.

지금까지 교회는 세상 사람들을 교회 안으로 불러들여 "성도들이 행복하게 사는 삶"을 추구했습니다. 그러나 선교적 교회론은 교인들을 세상으로 파송할 때가 되었다고 보고 있습니다. 세상에 나가서 사람들을 섬기며 공동체를 건설함으로써 복음을 전할 수 있는 상황을 만들어야 한다고 봅니다. 이와 관련하여 비즈니스 미션, 직업 미션, 복지 미션, 자원 봉사 미션 등의 새로운 용어들이 나오고 있습니다. 앞으로 하나님 나라의 미래는 세상에서 하나님 나라의 가치를 드러내는 성도들에게 달려 있습니다. 최근 복음주의 신학자들은 하나님 나라를 이루기 위해 사회에 영향을 줄 수 있는 7개 영역으로 종교, 가정, 교육, 비즈니스, 정부, 미디어, 예술, 연예계 등을 꼽고 있습니다. 여기에 과학의 영역을 추가하기도 합니다. 세상에 파송된 교회가 이런 7~8개 영역에서 하나님 나라의 가치를 드러내는 모습이 21세기 교회의 비전이 될 것입니다.

> **선포합니다**
> † 교회는 하나님의 통치를 받는 사람들의 모임입니다.
> † 교회는 특별히 하나님 나라의 표적(sign)과 도구와 맛보기로 이 세상에 존재합니다.
> † 나는 하나님 나라의 선교에 동참하며 살겠습니다.

28 사회봉사란 무엇인가

성경 〈마태복음〉 25:31-46   요절 〈갈라디아서〉 6:10

🕊 지난 한주 하나님께서는

_____

_____

_____

요즘 사회봉사가 국가적 이슈로 떠오르고 있고, 정부는 사회 복지에 점점 더 많은 예산을 집행하고 있습니다. 기업도 사회적 책임을 다하는 기업이 인정받고 있습니다. 학교도 학생들에게 자원 봉사 실적을 요구합니다. 이러한 사회 분위기와 맞물려 많은 사람이 봉사를 통해 자기 인생의 의미를 찾고 있습니다. 사회봉사가 무엇일까요? 사회봉사는 사회의 약자들의 필요를 채우고 섬기는 것입니다. 국제구호개발기구 '월드비전'은, 1950년 한국 전쟁 때 밥 피어스 목사가 전쟁고아를 돌보기 위해 세운 단체입니다. 밥 피어스는 사회봉사와 관련하여 이렇게 말했습니다.

"우리는 먼저 사람들의 육적인 필요를 채워 주어야 합니다. 그런 다음에야 인간의 참된 영적 필요를 채워줄 수 있을 것입니다."

교회가 봉사해야 하는 이유

교회는 왜 사회봉사를 해야 할까요? 사회봉사의 성경적 근거는 무엇일까요? 첫째, 인간은 본래 섬기도록 창조되었습니다. 〈창세기〉에 기록된 하나님의 창조 과정에 의하면 인간은 하나님의 형상대로 지음받은 존재입니다.

> [27]하나님이 자기 형상 곧 하나님의 형상대로 사람을 창조하시되 남자와 여자를 창조하시고 [28]하나님이 그들에게 복을 주시며 하나님이 그들에게 이르시되 생육하고 번성하여 땅에 충만하라, 땅을 정복하라, 바다의 물고기와 하늘의 새와 땅에 움직이는 모든 생물을 다스리라 하시니라_창 1:27~28

하나님의 형상으로 창조되었다는 것은 인간이 하나님을 닮았다는 의미로, 하나님의 거룩한 성품이 잠재되어 있다는 것입니다. 하나님의 형상을 따라 지음받은 인간은 하나님 대신 땅을 다스리라는 명령을 받습니다. 이것은 인간이 세상을 돌보는 청지기라는 뜻입니다.

> **Q** 교회가 사회에 봉사해야 하는 첫 번째 이유는 무엇인가요?

둘째, 하나님이 세상을 섬기라고 인간을 구원하셨기 때문입니다. 하나님의 구원은 섬김을 위한 구원입니다. 인간이 타락한 후 세상은 약육강식의 세상이 되었습니다. 약자는 철저하게 짓밟히는 세상이 되었습니다. 하나님은 이런 세상을 구원하기 위해 한 사람 아브라함을 선택하셨습니다. 땅의 모든 민족이 아브라함을 통해 복을 받게 하기 위한 선택이었습니다(창 12:3).

〈창세기〉 12:3
땅의 모든 족속이 너로 말미암아 복을 얻을 것이라

하나님은 이스라엘을 애굽의 노예 생활에서 구원하고 이스라엘을 하나님의 백성으로 삼았습니다. 왜 그랬을까요? 열방이 제사장 나라 이스라엘을 보고 하나님 앞으로 나오게 하기 위해 그렇게 했습니다.

하나님은 이스라엘과 십계명으로 언약을 맺고, 이어서 '언약 법전'(출 20:22~23:33)을 주었습니다. 이것들의 대부분은 사회적 약자를 돌보는 내용입니다. 가나안 땅에서 살아가는 이스라엘 백성 중 가난한 자, 나그네, 거지, 고아와 과부, 노예에게 기초 생존권을 보호하라는 내용입니다.

네가 히브리 종을 사면 그는 여섯 해 동안 섬길 것이요 일곱째 해에는 몸값을 물지 않고 나가 자유인이 될 것이며_출 21:2

[21]너는 이방 나그네를 압제하지 말며 그들을 학대하지 말라 너희도 애굽 땅에서 나그네였음이라 [22]너는 과부나 고아를 해롭게 하지 말라 [23]네가 만일 그들을 해롭게 하므로 그들이 내게 부르짖으면 내가 반드시 그 부르짖음을 들으리라_출 22:21~23

[10]너는 여섯 해 동안은 너의 땅에 파종하여 그 소산을 거두고 [11]일곱째 해에는 갈지 말고 묵혀 두어서 네 백성의 가난한 자들이 먹게 하라 그 남은 것은 들짐승이 먹으리라_출 23:10~11

> **Q** 교회가 사회에 봉사해야 하는 두 번째 이유와 고아와 과부를 돌보라고 하신 이유를 말해 봅시다.
>
> _____
>
> _____

예수 그리스도와 초대 교회의 섬김

셋째, 예수 그리스도가 이 땅에 섬기기 위해 오셨기 때문입니다.

> 인자가 온 것은 섬김을 받으려 함이 아니라 도리어 섬기려 하고 자기 목숨을 많은 사람의 대속물로 주려 함이니라 _막 10:45_

예수는 세례 요한의 제자들이 찾아 왔을 때 이렇게 말했습니다.

> ⁴너희가 가서 듣고 보는 것을 요한에게 알리되 ⁵맹인이 보며 못 걷는 사람이 걸으며 나병환자가 깨끗함을 받으며 못 듣는 자가 들으며 죽은 자가 살아나며 가난한 자에게 복음이 전파된다 하라 _마 11:4~5_

예수 그리스도는 유월절 최후의 만찬에서 새 언약의 피에 대해 말씀하셨습니다(눅 22:20). 그리고 이어서 새 언약의 삶을 드러내기 위해 제자들의 발을 씻어주었습니다.

〈누가복음〉 22:20
이 잔은 내 피로 세우는 새 언약이니 곧 너희를 위하여 붓는 것이라

⁴저녁 잡수시던 자리에서 일어나 겉옷을 벗고 수건을 가져다가 허리에 두르시고 ⁵이에 대야에 물을 떠서 제자들의 발을 씻으시고 그 두르신 수건으로 닦기를 시작하여_요 13:4~5

여기서 교회의 세족식 전통이 나왔습니다. 예수 그리스도의 세족 사건은 무엇을 말해 줍니까? 바로 예수 그리스도가 성취하신 하나님의 나라는 주님이 주의 백성을 섬김으로 다스리는 나라라는 것을 말해 줍니다. 하나님의 나라는 스승이 제자를 섬기는 나라요, 윗사람이 아랫사람을 섬기는 나라입니다. 강자가 약자를 섬기는 리더십의 나라입니다.

Q 예수 그리스도의 성만찬 제정과 세족식 사건은 바로 연결되어 일어났습니다. 그 의미가 무엇인가요?

예수 그리스도의 메시지의 핵심은 하나님 나라가 이 땅에 들어왔다는 것입니다. 하나님 나라의 새로운 질서가 세상에 들어와 모든 질서를 변화시킵니다. 사람들은 죄의 용서만 다루는 속죄의 복음에 익숙합니다. 즉 예수 그리스도의 피가 우리의 죄를 대속한 것을 믿으면 죽어서 천국에 간다는 것입니다. 그러나 성경을 보면, 이런 속죄는 하나님 나라의 복음의 일부에 지나지 않습니다. 예수님은 신자들이 온 세상을 섬김으로 세상이 구원받기를 원했습니다. 신자들을 통해 하나님을 알게 되기를 바랐습니다. 그래서 먼저 제자들의 발을 씻기는 본을 보여 주신 것입니다.

초대 교회는 오순절 날 성령을 받은 후, 예수 그리스도의 섬김을 통해 확장되어 가는 '하나님 나라의 비전'을 이해했습니다. 그래서 먼저 서로 돕는 공동체가 되었습니다. 초대 예루살렘교회는 성령의 감동에 따라 자발적으로 나눔을 실천했던 것입니다.

> 44믿는 사람이 다 함께 있어 모든 물건을 서로 통용하고 45또 재산과 소유를 팔아 각 사람의 필요를 따라 나눠 주며_행 2:44~45

> 34그중에 가난한 사람이 없으니 이는 밭과 집 있는 자는 팔아 그 판 것의 값을 가져다가 35사도들이 발 앞에 두매 그들이 각 사람의 필요를 따라 나누어 줌이라_행 4:34~35

이런 초대 교회 공동체는 교회 역사에서 바로 사라졌습니다. 그러나 이런 교회의 섬김의 실천은 복음이 전파되는 곳마다 다시 그 모습을 드러냈습니다(갈 6:10). 초대 교회는 교회 성도뿐만 아니라 교회 밖의 사람도 섬겼습니다. 제자들은 예수 그리스도가 세상 모든 사람을 사랑하고 있다는 것을 잘 알고 있었기 때문입니다. 제자들은 "하나님 사랑과 이웃 사랑"(눅 10:27)이라는 큰 계명과 선한 사마리아인의 비유를 알고 있었습니다(눅 10:30~37). 더욱이 예수 그리스도는 "지극히 작은 자 하나에게 한 것이 곧 내게 한 것이니라"(마 25:40), "지극히 작은 자 하나에게 하지 아니한 것이 곧 내게 하지 아니한 것이니라"(마 25:45) 하고 말하기까지 하셨습니다. 심지어 원수도 사랑하라고 하셨습니다(마 5:44).

〈갈라디아서〉 6:10
그러므로 우리는 기회 있는 대로 모든 이에게 착한 일을 하되 더욱 믿음의 가정들에게 할지니라

〈마태복음〉 5:44
나는 너희에게 이르노니 너희 원수를 사랑하며 너희를 박해하는 자를 위하여 기도하라

세속 사회에서 교회의 섬김

21세기를 맞아 이 시대의 교회는 어떻게 세상을 섬겨야 할까요? 이 물음에 답하기 전에 우리가 섬기려는 세상이 어떤 사회인지 알아야 할 것 같습니다. 현대 사회는 인간이 하나님 없이 스스로 자기를 실현하고 행복하게 살 수 있다고 믿는 사회, 즉 세속 사회입니다. 인간 이성에 근거하여 민주주의 정치와 자본주의 경제 체제를 발전시키고 각각 자유롭게 행복을 추구할 수 있다고 믿고 있습니다. 반면 종교와 도덕은 개인의 신념이므로 각자 알아서 할 일이라고 주장합니다. 자기 신념을 남에게 강요하지 말라는 것입니다. 우리는 이런 다원주의 사회에서 어떻게 사회봉사를 실천할 수 있을까요?

첫째, 교회는 현대 다원주의 사회에서 시민 사회의 일원으로 사회를 섬겨야 합니다. 현대 사회는 정부와 기업과 시민 사회라는 세 축으로 구성되어 있습니다. 정부는 공적 영역에서 나라의 번영을 추구하고, 기업은 사적 영역에서 기업의 이익을 추구하고, 시민 사회는 자발적으로 자기 집단의 이익을 추구합니다. 세속 사회에서 국가와 기업은 더 이상 교회의 말에 귀를 기울이지 않습니다. 그러나 교회가 강력한 시민 사회의 한 축으로 하나님의 가치를 드러내면 사회에 선한 영향력을 끼칠 수 있습니다.

둘째, 교회는 모든 사람이 공유하는 '일반 은총'의 가치를 가지고 세상을 섬겨야 합니다. 하나님은 선한 사람과 악한 사람 모두에게 해와 비를 주고 일반 은총을 베풉니다. 그러므로 교회는 성경의 특별 은총의 가치를 일반 은총의 가치로 번역하여 세상과 소통하며 세상을 섬겨야 합니다.

셋째, 교회는 사회 전체의 공동선(common good)을 추구하며 세상을 섬겨야 합니다. 공동선이란 것은 사회 모든 구성원에게 유익한 것을 말합니다. 특별히 가진 자들의 횡포 앞에서 가난한 자들의 이익을 대변하여 목소리를 낸다면, 특별히 하나님의 영향력을 공적으로 드러낼 수 있습니다.

조금 더 구체적으로, 교회는 어떻게 가난한 자를 섬길 수 있을까요?

뉴욕 리디머 장로교회 팀 켈러 목사는 《정의란 무엇인가》에서 그리스도인이 가난한 사람들을 위해 사회봉사에 참여하는 세 가지 방법이 있다고 말했습니다. 첫째는 '원조'입니다. 원조는 당장 도움이 필요한 사람에게 개인적으로 도움을 주는 것입니다. 둘째는 '개발'입니다. 개발은 지역 사회가 스스로 문제를 해결할 수 있는 환경을 조성하는 것입니다. 셋째는 '사회 개혁'입니다. 사회 개혁은 가난한 이들이 불이익을 당하는 불의한 사회 구조를 법적으로 바꾸는 정치적 노력을 말합니다. 교회는 보통 첫째 단계의 구호와 원조를 행할 수 있습니다. 그러나 두 번째 개발의 단계와 세 번째 사회 구조 개혁의 단계는 선교 단체와 자발적 조직과 사회 운동이 감당해야 할 영역이며 '기독교 생태계' 안에 있는 그리스도인 전체가 참여해야 할 영역입니다.

> **Q** 가난한 사람들을 위한 교회의 봉사 3가지를 적어 봅시다.
> _____
> _____

소명을 찾아서

사회봉사는 결국 자신의 소명을 찾는 일입니다. 하나님은 우리를 구원하신 후,

어떤 영역을 섬김의 장으로 주셨을까요? 이를 위해, 첫째, 살고 있는 지역 사회에서 가장 필요한 것이 무엇인지, 이 지역에서 가장 작은 이들이 누구인지 관찰해야 합니다. 둘째, 하나님으로부터 어떤 재능과 은사를 받았는지 분석해야 합니다. 셋째, 나의 은사와 사회의 필요가 만나는 곳이 어딘지 분별해야 합니다. 그런 다음에야 각자의 은사대로 사람들의 필요를 섬기고, 하나님의 사랑을 드러내며 살 수 있을 것입니다.

[34]그때에 임금은 자기 오른쪽에 있는 사람들에게 말하기를 '내 아버지께 복을 받은 사람들아, 와서, 창세 때로부터 너희를 위하여 준비한 이 나라를 차지하여라. [35]너희는, 내가 주릴 때에 내게 먹을 것을 주었고, 목마를 때에 마실 것을 주었으며, 나그네로 있을 때에 영접하였고, [36]헐벗을 때에 입을 것을 주었고, 병들어 있을 때에 돌보아 주었고, 감옥에 갇혀 있을 때에 찾아 주었다' 할 것이다. [37]그때에 의인들은 그에게 대답하기를 '주님, 우리가 언제, 주님께서 주리신 것을 보고 잡수실 것을 드리고, 목마르신 것을 보고 마실 것을 드리고, [38]나그네 되신 것을 보고 영접하고, 헐벗으신 것을 보고 입을 것을 드리고, [39]언제 병드시거나 감옥에 갇히신 것을 보고 찾아갔습니까?' 하고 말할 것이다. [40]임금이 그들에게 말하기를 '내가 진정으로 너희에게 말한다. 너희가 여기 내 형제자매 가운데, 지극히 보잘것없는 사람 하나에게 한 것이 곧 내게 한 것이다' 할 것이다_마 25:34~40, 새번역.

선포합니다

- † 나는 하나님 대신 땅을 다스리는 존재로 창조되었습니다.
- † 하나님은 세상을 섬기라고 나를 구원하셨습니다.
- † 나는 교회 안에 있는 성도들뿐만 아니라, 교회 밖의 사람도 섬기며 살겠습니다.

29 모델이 되는 교회

성경 〈마태복음〉 25:31~46   요절 〈요한계시록〉 19:7~8

🕊 지난 한주 하나님께서는

_____
_____
_____

　20세기 중반 이후 사회봉사에서 가장 탁월한 모범을 보인 교회를 하나 소개하려고 합니다. 이 교회를 소개하는 이유는 이 시대의 교회가 무엇을 해야 하는지 구체적으로 보여 주는 좋은 모델이 되기 때문입니다. 이 교회를 거울삼아 교회들이 예수님의 신부로 온전하게 세워지기를 바라는 소망을 담았습니다.

　그 교회는 교인 수가 150명을 넘어 본 적이 없는 중소형 교회입니다. 그러나 20세기 후반 미국 사회에서 가장 큰 영향력을 행사한 교회 중의 하나입니다. 수도 워싱턴시 빈민가 아담스 모르간 지역에서 가난한 사람들을 섬기며 주택 사역, 어린이 사역, 취업 사역, 노숙자 병원 사역, 노인 복지 사역, 가정 사역 등에서

70여 개가 넘는 선교 그룹을 만들어 냈습니다. 이 일을 위해 연간 1,000만 달러 이상의 예산을 썼습니다. 세상에 어떻게 이런 교회가 가능할까요? 이 교회가 바로 세이비어교회(Church of Saviour), 우리말로 구세주 교회입니다.

교회 개척과 입교 프로그램

세이비어교회는 1947년 고든 코스비에 의해 설립되었습니다. 고든 코스비는 버지니아 주 린치버그에서 태어나 남침례교회에서 성장했습니다. 그는 15세 때 백인 소년으로서 목사가 없는 흑인 교회에서 3~4년 동안 직접 목회해 본 경험이 있었습니다. 그리고 19세 때 루이빌 남침례교신학교에 들어가 신학을 공부했습니다. 신학 공부를 하며 일반 대학의 공부를 병행하여 1942년 햄든시드니대학을 졸업했습니다. 그리고 졸업 후 1년 동안 알링턴의 볼스톤침례교회에서 목회했습니다.

고든 코스비는 세이비어교회를 설립하기 전에 2차 대전에 참전했습니다. 101공수부대와 함께 유럽으로 파병되어 2년 6개월 동안 종군 목사로 일했습니다. 특별히 노르망디 상륙 작전에 참여했는데, 그는 거기서 삶과 죽음의 문제를 전혀 준비하지 못하고 죽음의 전장에 내몰리는 젊은 군인들을 보고 큰 충격을 받았습니다. 그리고 만일 살아tj 돌아간다면, 사람들이 깊은 신앙을 가질 수 있도록 돕는 교회를 세우겠다고 결심했습니다. 교인들의 신앙을 제대로 세울 수 있는 새로운 교회 구조와 목회 방법을 개발하기로 마음먹었습니다.

드디어 고든 코스비는 수도 워싱턴에서 그의 비전에 동의하는 9명의 지체를 모아 세이비어교회를 세웠습니다. 전통적 교회 건물을 포기하고 교인들의 양육과 훈련에 집중하는 본부 건물을 마련했습니다. 이후 세이비어교회는 철저한 입교 과정과 확실한 실천으로 유명한 독립 교회로 발전했습니다.

고든 코스비는 개척하고 바로 '그리스도인의 삶을 위한 학교'라는 입교 훈련 프로그램을 실시했습니다. 세이비어교회 정교인이 되려면 누구나 1년 또는 1년 반 동안 이 과정에 참여하여 기독교 윤리, 구약 성경, 기도, 가난한 자들과 함께하는 시간, 부르심의 분별 등을 배웁니다. 인턴 교인은 후원자의 인도를 받으며 소그룹 모임에 참여합니다. 자기 삶을 개방하여 동료 교인들과 함께 공동체 생활에 들어갑니다. 매일 한 시간의 기도, 커리큘럼에 따른 성경 공부, 십일조를 비롯한 균형 잡힌 헌금 생활, 매년 1회 침묵 수련회 참여, 삶의 단순화를 실천합니다. 공동체 안에서 자기 소명을 발견하면, 그리스도 안에서 자신의 인생 여정을 정리하고 영적 자서전을 작성합니다. 그리고 전교인 앞에서 함께 나누고 공식적으로 입교 서약을 합니다. 세이비어교인은 정교인이 된 것을 성직을 받는 것으로 이해합니다. 그리고 정교인은 하나님이 주신 권위를 가지고 자신에게 주신 독특한 소명에 헌신하며 매년 입교 서약을 갱신합니다.

세이비어교회 정교인 서약문은 다음과 같습니다.

- 나는 오늘 특정한 의미의 '교회'에 참여하려고 이곳에 왔습니다. 여기서 말하는 교회는 하나님의 은혜와 진리를 증거하기 위하여 부름받은 사람들로 이루어진 하나의 몸을 일컫습니다. 나는 교회의 역할이 찬양과 예배를 통해 하나님께 영광을 돌리고 예수 그리스도를 통한 하나님의 구원하시는 은혜를 이 땅에 증거하는 하나님의 증인이 되는 것을 깨달았습니다.
- 사도 베드로가 고백했던 것과 같이 예수는 그리스도시요 살아 계신 하나님의 아들이심을 믿습니다.
- 아무 주저함 없이 내 삶의 모든 일 가운데 그분이 최우선 순위가 될 것을 약속하며 나의 삶과 운명을 예수 그리스도에게 맡깁니다. 나는 가장 먼저 하나님의 나라와 그의 의를 구할 것입니다.

- 이 일을 위해 아무리 시간과 노력과 재물이 많이 들지라도 그와 상관없이 성숙하고 깨어 있는 그리스도인이 될 것을 약속합니다.
- 나는 하나님께서 내 삶의 주인이시며 근원이심을 믿습니다. 내 삶의 재물과 관련하여 하나님께 주권을 드리겠습니다. 하나님께서 주인이시고 나는 빚진 자입니다. 하나님께서 후하게 주시는 분이시기 때문에 나 또한 남에게 베풀 때에 후하고 거리낌 없이 베풀겠습니다.
- 예수님께서 사랑의 삶을 가르치시고 몸소 본을 보이셨던 것을 기억하며 나 또한 한 사람 한 사람을 사랑하고, 그룹을 사랑하며, 모든 계층과 인종과 나라를 사랑하겠습니다. 그리고 개인적 분쟁, 공적인 다툼과 전쟁을 끝마치기 위하여 화해의 삶을 사는 중재자가 되도록 노력하겠습니다.
- 그리고 내 삶의 모든 부분을 예수 그리스도의 주권 아래 맡기겠습니다.
- 내가 이곳을 떠나게 된다면 그곳에서도 비록 전과 다른 모습일지라도 그곳의 그리스도의 교회에 참여하겠습니다.

Q 1. 세이비어교회의 입교 프로그램에 대해 어떻게 생각하나요?

2. 세이비어교회 정교인 서약문을 읽고 결심하게 된 것이 있나요?

내적 여정과 외적 여정의 조화

고든 코스비는 세이비어교회 사역의 초점을 내적 여정과 외적 여정을 조화시키는 데 두었습니다. 내적 여정은 개인 영혼이 하나님 사랑, 자기 사랑, 이웃 사랑으로 성장하는 영적 훈련의 여정을 말합니다. 외적 여정은 가난한 사람을 위한 봉사 훈련을 말합니다. 내적 여정은 기도와 성경 연구, 믿음의 공동체 안의 양육을 포함하고, 외적 여정은 구체적으로 사회의 필요를 채우는 봉사를 포함합니다. 사람들은 대개 영적 훈련에는 열심이지만 사회봉사에는 무심합니다. 어떤 사람들은 가난한 사람을 위해 열심히 일하지만, 영적인 훈련에는 시간을 내지 않습니다. 고든 코스비에 의하면 영적 훈련과 사회봉사를 함께 실천한 소그룹만이 변화되었다고 합니다.

세이비어교회는 사회봉사에서 탁월한 교회로 알려져 있으나, 그보다 먼저 영적으로 하나님을 바라보는 침묵의 영성을 발전시켰습니다. 개신교회로서 수도사들의 영성에 근접한 영성을 추구했습니다. 교회 초기에 한 교인이 고든 코스비의 비전을 강의로 듣고 수양관을 위한 거라고 1,310달러를 헌금했다고 합니다. 고든 코스비가 말하는 비전을 이루기 위해서는 먼저 기도할 장소, 수련회 장소가 필요하다고 말했다는 것입니다. 이 비용으로 고든 코스비는 1953년 메릴랜드 저먼타운 데이스프링에 수양관 부지를 구입하고, 1956년 목수들의 숙소를 짓고, 1962년 침묵 수련 센터를 설립했습니다. 세이비어교인들은 적어도 1년에 한 번은 여기서 침묵과 센터링 기도를 중심으로 영성 훈련을 실시합니다. 현재 데이스프링 센터는 침묵 훈련뿐만 아니라 도시 어린이들의 여름 놀이터와 선교 그룹의 휴양지로 유용하게 쓰이고 있습니다.

> **Q** 주변에서 영적 훈련에는 열심이지만 사회봉사에 별 관심이 없는 교회를 보았습니까? 사회봉사에는 열심이지만 영적 훈련에는 게으른 교회를 보았습니까? 당신은 어느 쪽에 더 치우쳐 있는 것 같습니까?

선교 그룹과 사역의 열매

1950년대 말 고든 코스비는 교인들에게 각자 받은 은사와 소명을 따라 지역 사회의 필요를 섬기는 자원 선교 그룹을 만들도록 격려했습니다. 10여 년 소그룹을 통한 영성 훈련에 집중한 후, 교인들을 사회봉사의 장으로 인도한 것입니다. 그러자 워싱턴 빈민가를 섬기는 선교 그룹이 여기저기 세워졌습니다. 한 예로 일부 교인들은 '청소년 마을'이라는 시립 고아원을 섬겼습니다. 처음에는 아이들의 필요를 채워 주다가 1965년부터 다른 교회와 힘을 합하여 아이들에게 가정을 찾아 주는 사역을 시도했습니다. 18개월이 지난 후 청소년 마을은 910명에서 560명으로 줄어들었고, 결국 1973년 문을 닫을 수 있게 되었습니다.

세이비어교회 사역 중 가장 유명한 것은 1960년에 시작된 '포터스 하우스'(토기장이의 집) 사역일 것입니다. 포터스 하우스는 커피숍과 서점을 동시에 운영하는, 워싱턴에 최초로 세워진 카페입니다. 포터스 하우스를 위해 70여 명의 사람들이 각자 일 주일 중 하루를 바쳤습니다. 저녁 7시에 만나서 새벽 1시까지 6시간 동안 일했습니다. 이후 포터스 하우스는 사람들이 믿음이 없어도 신앙의 문제에 대해 대화를 나눌 수 있는 곳이 되었습니다. 포터스 하우스는 개인의 고유한 의견을 표현하고, 차이를 넘어 대화하고, 성(聖)과 속(俗)의 경계가 무너지고, 자연스럽게 하나님 이야기를 할 수 있는 공간이 되었습니다. 사회가 직면하고 있는 문제들에 대해 토론을 하며 극복하는 방법을 자유롭게 연구하는 곳으로 발전했습니다. 포터스 하우스는 이후 평신도 목회, 대화, 공동체 경험, 선교를 목표로 하는 새로운 주일 예배 형태를 발전시키기도 했습니다.

고든 코스비는 1963년 마틴 루터 킹 목사의 인종 차별 반대 캠페인을 따라 워싱턴 행진에 참여했습니다. 1965년 셀마에서 몽고메리까지 걸어가는 행진에 참여했습니다. 1968년 루터 킹 목사가 암살당한 후 도시에서 폭동이 벌어질 때, 포터스 하우스는 고통받는 사람들에게 피난처와 희망의 장소가 되었습니다. 불신과 두려움의 장벽을 넘어 사랑과 신뢰의 다리를 놓는 역할을 했습니다.

1974년 세이비어교회는 각종 선교 그룹들이 작은 신앙 공동체로 흩어지는 형태로 발전했습니다. 1989년에는 '서번트 리더십 학교' 사역이 시작되었습니다. 서번트 리더십 학교는 '기도', '성경 연구', '신앙 공동체', '소명', '빈부를 떠나 공동체 안에서 자유롭게 되는 관계', '영성' 등 6가지 분야를 가르칩니다. 이곳은 세이비어교회의 교인과 비교인들이 함께 교회의 사역과 삶을 배우는 일종의 신학교가 되었습니다. 세이비어교회의 선교 그룹은 1994년 대부분 독립 법인이 되어 독자적으로 운영되고 있습니다.

이처럼 세이비어교회는 150명이 안 되는 정교인으로 70여 개 이상의 선교 그룹을 만들고 연간 1,000만 달러 이상의 예산을 집행하는, 미국에서 가장 역동적이고 영향력 있는 교회로 성장했습니다. 고든 코스비는 교회 사역의 열매보다 교회의 공동체적 본질을 더 중요하게 여겼다고 했습니다.

> 이 세상에서 가장 어려운 일은 바로 교회를 이루는 일입니다. 교회를 이룬다는 것은 우리가 생각하는 것처럼 교회의 일을 하는 것이 아니라 서로가 서로에게 속하여 진정한 교회가 되는 존재의 물음입니다. 여럿이 연합하여 하나의 완전을 이루는 것이 바로 예수가 원하는 것이었습니다. 그렇지만 우리는 언제나 우리의 비전과 프로그램에 초점을 맞추고 본질적인 문제들로부터 멀어지게 됩니다.

Q 교회의 일을 하는 것과 교회를 이루는 것의 차이는 무엇인가요?

세이비어교회는 어떻게 사회봉사에서 탁월한 열매를 거두었을까요? 아마도 세이비어교회가 사회봉사의 업적을 거두기 전에, 예수 그리스도를 따르는 철저한 제자 공동체가 되기 위해 노력했기 때문인 것 같습니다. 세이비어교회는 진정한 교회됨을 회복하기 위해 노력했습니다. 그래서 20세기 후반에 문제 많은 수도 워싱턴 시의 뒷골목에서 하나님 나라라는 그림의 일부를 그릴 수 있었을 것입니다.

21세기 교회는 고요함을 추구하는 수도원 영성과 사회적 약자를 돌보는 사회 정의 영성이 합류할 것이라고들 전망합니다. 이런 미래 교회의 흐름을 세이비어교회는 20세기에 미리 보여 주었다고 평가됩니다. 교회는 완결체가 아닙니다. 함께 지어가는 것입니다. 어떤 교회가 될 것인가 하는 문제는 성도들 앞에 놓인 또 하나의 과제입니다. 앞으로 한국에도 세이비어교회와 비슷한 교회 공동체들이 많이 나타나기를 기도합니다.

[20]너희는 사도들과 선지자들의 터 위에 세우심을 입은 자라 그리스도 예수께서 친히 모퉁잇돌이 되셨느니라 [21]그의 안에서 건물마다 서로 연결하여 주 안에서 성전이 되어 가고 [22]너희도 성령 안에서 하나님이 거하실 처소가 되기 위하여 그리스도 예수 안에서 함께 지어져 가느니라_엡 2:20~22

> **선포합니다**
> † 예수님은 그리스도시요 살아 계신 하나님의 아들이심을 믿습니다.
> † 나는 먼저 하나님의 나라와 그의 의를 구할 것입니다.
> † 나는 영적 훈련과 사회봉사를 함께 실천하는 신실한 성도가 되겠습니다.